송와 이희의 생애와 사상

송와 이희의 생애와 사상

연세대학교 송와이희연구단

초판 1쇄 발행 2015년 5월 4일

펴낸이 오일주
펴낸곳 도서출판 혜안

등록번호 제22-471호
등록일자 1993년 7월 30일

주소 ⑦ 121-836 서울시 마포구 서교동 326-26번지 102호
전화 3141-3711~2
팩스 3141-3710

이메일 hyeanpub@hanmail.net

ISBN 978-89-8494-529-6 93910

값 26,000 원

송와 이희의 생애와 사상

연세대학교 송와이희연구단

혜안

서

　송와(松窩) 이희(李墍, 1522~1600)는 1555년 식년 문과에 급제하여 관직을 받은 이후 1600년(선조 33) 지돈녕부사(知敦寧府事)를 끝으로 벼슬에서 물러났다. 명종·선조연간의 정치 일선에서 주요 정책을 결정하고 집행하였으며 임진왜란과 정유재란을 겪었다.

　그는 16세기 동인과 서인, 남인과 북인의 분열이 전개되는 시기, 동인과 대북파로 분류되는 정치노선을 따른 것으로 평가되었다. 1583년(선조 16) 대사헌으로서 사헌부 관인을 이끌고 서인 율곡(栗谷) 이이(李珥)의 탄핵에 가담하였고, 1594년에는 기축옥사 당시 송강(松江) 정철(鄭澈)이 취한 정치행위의 무리함을 드러내고 그 탄핵에 앞장섰다. 정유재란시 핵심관료로서 각종 대책을 논의하는 데 참여하고 전쟁 후 주전론을 주장한 북인의 입장에서 서애(西厓) 류성룡(柳成龍)의 주화론을 공격하는 쪽에 섰다. 그는 1603년에 청백리에 뽑히고 영의정에 추증되었다.

　최근 16, 17세기 정치·사상사 연구가 활발하게 이루어져 인물과 사상 분야에서 기존의 수준에 비해 그 폭과 외연을 크게 확장시키고 있다. 당시 핵심적인 관료였던 송와 이희의 사상과 정치활동 연구 역시 이에 기여할 수 있으리라 여겨진다.

　그런데 조선중기 정치, 사상적으로 주요한 위치를 점했던 이희에 대한 연구는 많지 않다. 그 이유는 병화를 거치면서 이희의 사상을 담은 저술이 상당수 분실되었고 문집이 남아있지 않은 데 기인한다. 이희 본인의 저술인 『송와잡기(松窩雜記)』『송와잡설(松窩雜說)』·『간옹우묵(艮翁疣墨)』의 합철

본)의 자료는 현재 영인본으로 오영교편,『원주학 사료총서 2권 : 한산 이씨 동족마을과 "송와잡기"』(연세대학교 매지학술연구소, 2001)로 발간되었고, 문중에서 펴낸 국역 번역본으로서『국역 송와잡기』(송와사상연구회, 2000)가 있다.『송와잡기』의 일부인『송와잡설』이 한국고전번역원 DB 서비스에서 제공되고 있으며, 2010년 한국학중앙연구원에서『간옹우묵』이 번역되었다. 2004년 원주시립박물관에서『원주 한산이씨가 고서, 고문서』(오영교 해제)를 출판하여 교지(敎旨), 홍패(紅牌), 간찰(簡札) 등 한산 이씨가의 고문서자료를 탈초, 영인하여 자료로 제시하고 있으나, 이희 본인(14세)은 물론 이희의 부친인 이지란(李之蘭 : 13세), 자식과 손자들인 15세, 16세 후손들이 직접 저술한 자료는 없고 대부분이 18~19세기의 자료들이다. 그 중에서 제일 오래된 것도 증손자인 17세 이인화(李仁華)부터 시작되고 있다.

본 연구에는 조선시대 정치사상사·사회사, 문학사 연구자가 공동 참여하여 서술을 진행하였다. 본 연구서 집필에 참여한 연구자들 역시 자료의 한계로 어려움을 겪으면서,『선조실록』·『선조수정실록』등의 연대기와 후손들이 정리한『송와잡설(松窩雜說)』·『간옹우묵(艮翁疣墨)』및 관련 당론서 등을 참고하여 글을 작성하고 있다. 본서에서는 송와 이희의 생애와 사상, 그리고 정치활동에 대한 고찰과 직계 후손들의 사회·정치활동에 대한 분석을 모색하였다.

먼저 김정신의「16세기 조선의 정치론과 사화·붕당」에서는 송와 이희의 정치활동과 행적의 시대적 배경이 되는 16세기 조선의 정치와 정치사상의 흐름을 개관하여 서술하였다. '사화'나 '붕당'이 보여주는 정쟁의 양상은 당시 조선이 현실 지배질서와 정치운영의 지향을 둘러싸고 극심한 갈등과 대립을 겪고 있었음을 반증하는 역사적 사실이었음을 지적하고, 이희가 활동했던 16세기 조선의 정치사·정치사상사를 전반과 후반으로 나누어, 전반을 훈구·사림세력의 정치적 갈등이 사화를 통해 노정된 시기로, 후반을 사림세력이 분화하고 붕당이 전개된 시기로 개괄하여 그 흐름을 살피고 있다. 이희의 정치 행적은 붕당이 형성, 분화되던 시기에 집중되어 나타났던 바, 동인과 서인의 첨예한 대립의 장이었던 1583년 계미삼찬(癸未三竄) 사건에서 동인의 입장을, 그리고 동인이 다시 남인과 북인으로 분열되는 계기가 되었던 기축옥사(己丑獄事)의 처리과정에서 북인의 입장을 대변하며 활발한 정치활동을 펼쳤음을 지적하고 있다.

특히 기축옥사 이후 토역론에 기반한 대북세력의 독주 과정과 정국에서 배제된 서인과 남인의 격심한 반발 속에 인조반정이 단행되어 북인의 대부분이 몰락의 길을 걷게 되는 과정을 상세히 서술하였다. 바로 이희와 그 일파의 정치활동을 이해하기 위한 배경과 전제로써 16세기 정치사의 의미와 구체적인 개념 정리를 시도하였다.

오영교의 「송와 이희의 정치활동과 한산 이씨 문중」에서는 출사(出仕)한 이희가 서인과 붕당화된 유생들의 초야 언론에 대응하며 언관으로 또는 당색(동인·북인)의 입장에서 여러 정론을 전개하고 서인으로 자정한 이이에 대한 탄핵과 기축옥사를 둘러싼 서인 정철의 엄혹성을 탄핵하는데 깊이 관여한 사실이 지적되었다. 곧이어 발발한 왜란의 과정에서 관동호소사로서 활동하며 원주·여주 일대에서 근왕병을 모으고, 정유재란 과정에서 왜군에 맞설 여러 정책을 수립하는 데 참여한 사실이 확인된다. 정치적 격변기와 국가 존망이 달린 전란의 한가운데서 그의 정치활동이 표면적으로는 동인, 북인이라는 당색으로 분류될 수도 있으나, 당파간 정치적 주도권이 오가는 것과 상관없이 각 시기마다 주어진 자신의 직임에 최선을 다한 모습이 확인된다. 이희에 대한 사평은 『선조실록』과 『선조수정실록』이 상반되지만, 공통적으로 지적하고 있는 것은 그의 '청백(淸白)'이었다. 이는 사후 청백리로 선출될 만큼 처신을 분명히 했던 자신에 대한 금언이었던 것으로 보인다. 이어 가정(稼亭) 이곡(李穀)·목은(牧隱) 이색(李穡)으로 대변되는 그의 선대와 직계 후손들의 사회·정치활동이 서술되고 간현의 동족마을이 형성되어 오늘에 이르는 과정을 정리하고 있다.

다음으로 원재영의 「『송와잡설』·『간옹우묵』을 통해 살펴본 이희의 사회 인식과 사군자(士君子)론」에서는 두 서적의 저술 항목에 대한 종합적인 분석을 통해 전체를 관통하는 그의 사상을 이상적 인간상으로서 사군자론, 절의 정신이라는 두 가지 큰 주제로 설명하고자 하였다. 이희가 임진왜란을 겪으면서 목격한 참상은 당대의 여러 가지 현실 제도의 문제점에 대한 비판의 출발점이 되었는데, 그는 무엇보다 전란에 대비하지 못한 지배층의 안일함을 질타하고 국가 경영의 근간인 인사(人事)의 문제점을 적시하여 반성을 촉구하며 이를 통해 전란의 수습과정에서 이반된 민심이 회복되길 기대하였다는 것이다. 그의 시대와 대비된 합리적인 제도의 운용이 이루어졌던 조종조(祖宗朝)의 국가 원칙과 기준이 다시 회복되길 바라는 간절한 심정이 반영되었다는 것이다.

이희는 이상적인 인간상으로 '청렴'과 '명분과 절개[名節]'를 겸비한 사군자(士君子)를 염원하며, 자신이 추구한 이념과 규범상의 덕목이 개인[私人]의 차원에 한정되는 것이 아닌 국가의 사회·정치 속에 관인[公人]의 규범으로 자리 잡아 가기를 기대하였다는 것이다. 이희의 사군자론은 효의 실천에서 시작되어 개개인의 청렴, 정치적인 명분과 의리, 여기에 더하여 불사이군의 지조와 절의 정신을 통해 완벽한 이상적 인간상으로써 완성될 수 있다는 것이다.

이철희의 「『연려실기술』을 통해 본 『송와잡설』의 특성」에서 필자는 두 필기 작품이 16세기 필기문학사에서 주목할 만한 것으로 내용의 다양성과 함께 야사로서의 성격을 강하게 지니고 있어 "엄정한 사관을 가지고 기록한 역사물"로 평가 받고 있음을 강조하였다. 특히 18세기 이긍익의 『연려실기술』에 수록된 작품들을 상호 비교하여 인물과 역사사실에 대한 풍자적 비평이 가해지고, 정세와 인물관계에 대한 세부적 묘사가 있으며, 당대의 정치체제와 문물제도에 대한 실증적 기술이 이루어지고 있음을 강조하였다. 여타 필기작품과 비교하여 이희가 두드러지게 비평적 관점에서 역사와 현실을 인식하고 있음을 특징으로 지적하였다.

필자는 이희가 언관으로 재직하면서 공론의 중요성을 매우 강하게 인식하고 있어 기본적으로 흥미를 이끄는 소재로 구성된 필기류에서 정치사회에 대한 비평을 가할 수 있었다고 본다. 유가지식인이란 시대의 평판과 역사기록을 중시하게 될 때 자신의 도덕성을 담보할 수 있다고 하여 이희에게 필기는 하나의 흥미로운 이야기를 쓰는 것을 넘어 도덕적 인간과 건전한 사회를 위한 진지한 성찰의 글쓰기였고, 이는 16세기 정치관료가 필기문학을 담당하며 보여준 현상 중 주목할 만한 특성임을 주장하였다.

이희가 남긴 직접적인 문집이 없어 그의 다양한 학문관과 경세론을 다각도로 분석하는 데에는 어려움이 뒤따랐다. 한산 이씨 문중의 소장 자료를 거듭 꼼꼼하게 추적하고, 계미삼찬이나 기축옥사에 대해 보다 면밀한 연구가 수행되며 더불어 동일 당색으로 분류된 주요 인물들의 자료를 체계적으로 분석한다면 이 시기 정치사에 있어 이희의 역할이나 정치사상 및 그 의미가 보다 명확하게 비정될 수 있을 것이다. 본 연구가 관련 연구자들이 새로운 이희연구를 수행하게 되는 계기가 되기를 진심으로 기원한다.

본 연구를 진행하는 데 있어 흔쾌히 연구비와 책자 제작비를 지원해주시고 자료제공과 구술작업에 임해주신 한산 이씨(봉화공파·송와공파) 문중에 깊은 감사를 드리고 기존 연구와 제공된 자료가 풍부하지 못한 상황에서도 열심히 연구에 참여해준 이철희 박사, 김정신 박사, 원재영 박사에게 진심으로 사의를 표한다.

2015년 3월
연구자를 대표하여 오영교 삼가씀

목 차

16세기 조선의 정치론과 사화·붕당

김 정 신

Ⅰ. 머리말

송와(松窩) 이희(李墍, 1522~1600)의 관계 진출과 정치활동은 16세기 중·후반에 걸쳐 전개되었다. 이 시기는 훈구세력에서 사림세력으로 정치적 주도권이 교체되는 시기이자 동서분당, 기축옥사, 임진왜란, 남북분당 등 정치적 격변이 잇달았던 시대이기도 하였다.

조선전기, 특히 16세기 전반(前半)의 정치권력은 세조대 이래 양산된 공신세력을 근간으로 한 훈구세력에 의해 장악되었다. 개국(開國)·정사(定社)·좌명(佐命) 등 국초의 3공신이 책봉되면서 공신 자신이나 그 후손들은 관직과 토지의 재분배에 있어서 수많은 특혜를 누리게 되었으며, 그 권력과 부는 후대에 가면서 더욱 증대되어 갔다. 이러한 추세에 더욱 큰 계기를 마련해 준 것은 세조의 즉위와 관련된 정난(靖難)·좌익(佐翼)·적개(敵愾) 등 3공신과 예종대의 익대공신(翊戴功臣), 그리고 성종의 즉위 후 책봉된 좌리공신(佐理功臣) 등 5공신의 등장이었다. 세조대의 정난·좌익공신은 같은 왕 12년까지의 의정부 3의정과 병조판서를 독점하였으며, 이조판서 7명 중 5명도 이들 공신이었다.[1] 이 같은 양상은 공신집단이 대개 겸대되었고, 이후 중종대 정국공신(靖國功臣), 명종대 위사공신(衛社功臣)으로까지 이어졌기 때문에 더욱 심화되었으며, 이에서 파생되는 소외집단의 불만도 높아졌다.

중앙의 정치권력이 훈구세력에 의해 독점되고 있던 정국 속에서 사림세력은 주자성리학에 기반하여 도덕적 지배층으로서 자기 정체성을 강조하는 정치적 주장을 확산시켜 나갔다. 이들 사림세력은 학문적·인간적 접촉을 거듭하면서 동질 의식을 높여갔으며, 이를 바탕으로 중앙정계에서의 조직력을 더욱 강화하였다. 그리하여 이들은 주자학을 사상적 근거로 개혁을 도모한다는 구체적인 공동의 목표를 지니게 되었다.[2] 군주와의 공치(共治)를 주장할 정도로 분명히 표현된 적극적인 정치참여의식이 그것이다. 이들은 스스로를 천리를 체득하여 현실의 명분 세계를 주도하는 군자와 등치시키는 가운데 능동적으로 현실 정치에 참여하고자 하였다. 이 과정에서 사림세력이 자신들의 정치적 입지가 보장되는 현실정치의 장을 원하게 되고 이를 정치에 반영시켜 줄 수 있는 정치체제, 군주권의 행사를 기대하게 된 것은 당연한 결과였다.

이로 인해 지배층 내부에서 갈등과 대립이 격발하고 결국 정치세력간의 격돌로 표면화되었다. 이른바 훈구세력과 사림세력의 정치적 대립이 그것이며,[3] '사화(士禍)'란 그것이 극단적인 양상으로 표면화된 것이었다.

기본적으로 훈구세력과 사림세력의 정치적 갈등은 신분제와 지주제라는

1) 鄭杜熙, 1983, 『朝鮮初期政治支配勢力硏究』, 一潮閣.

2) 李秉烋, 1984, 『朝鮮前期畿湖士林派硏究』, 一潮閣 ; 李泰鎭 編, 1985, 『朝鮮時代 政治史의 再照明』, 汎潮社 ; 李泰鎭, 1989, 『韓國社會史硏究-農業技術 발달과 社會 變動』, 지식산업사 ; 李泰鎭, 1989, 『朝鮮儒敎社會史論』, 지식산업사 ; 李樹健, 1995, 『嶺南學派의 形成과 展開』, 一潮閣.

3) '훈구'의 원뜻은 盡忠報國한 '元勳舊臣'이지만 이 글에서는 주로 정난공신의 책봉을 통해 정치적 지위를 확보하고 그 성세를 유지한 친세조파의 훈신들을 가리키는 말로 사용하였다. 세조와 성종 대를 거치면서 공고해진 공신세력은 권력을 세습하며 긴밀한 혼인망을 공유하였으며, 연산군 주변의 대신들도 대개가 세조대 이래 권력을 누려온 공신 가문의 출신들이 다수였다. 한편 '사림'도 중앙의 관인은 물론 재야의 독서인 및 布衣의 儒士까지 포괄하는 용어이나 이 글에서는 세조의 왕위 찬탈을 '不義'로 간주하는 공통의 정치적 성향을 가지고 이에 대해 비판적이거나 부정적인 시각을 가지고 있는 사람들을 가리키는 용어로 사용하였다.

기존 체제의 유지를 전제로 하는 개량론의 성격을 갖는다고 할 수 있다. 따라서 체제에 대한 근본적인 변혁을 구상하거나 봉건적 신분관을 벗어나는 민본주의와 같이, 중세적 질서의 두 축인 신분제와 토지제를 전면 개혁하려 한 변법적 논리는 거의 등장하지 않는다. 양 세력 간의 정치적 갈등은 크게 보아 중앙정치의 주도권을 둘러싸고 제한된 범위의 대립관계를 표출하였으며 지배층 내부의 교체와 부침 속에 있다고 보아야 할 것이다. 즉 훈구세력과 사림세력의 정치적 갈등은 조선전기 양반지배층 내부의 정치·사회·경제적 불균을 내부에서 조정하는 과정이었던 것이다.

조선전기, 특히 16세기에 집중적으로 격발된 정치적 갈등은 정치 지배세력의 교체, 즉 훈구세력에서 사림세력으로의 지배세력 교체를 가져왔고, 이는 조선의 봉건적 집권체제를 다시 한번 재정립하고 새롭게 도약할 수 있는 계기를 마련하고 있다는 점에서 중요한 의미를 갖는다고 할 수 있다. 사림세력이 훈구세력을 정치적으로 구축(驅逐)해 나가는 과정은, 동시에 스스로 분화해 가는 과정이기도 하였다.

16세기 중반 이후 본격화된 학파의 분화와 사림 내부 정파의 분열, 주자학 학리논쟁의 배경에는 지역과 사승관계 또는 정치적 입장과 이념의 차이 등 그 내부 다양한 분화 가능성이 내재되어 있었음을 잘 보여주는 것이라 하겠다. 사림세력은 공적(共敵)이라 할 수 있는 훈구세력와의 대립적 국면에서는 일단 주자성리학을 공통의 정치이념을 내세워 결속력을 다지는 한편, '권력의 도덕적 통제'를 한 목소리로 주장하였다. 그러나 체제의 위기를 타개해 나가는 방안에 있어서는 다양한 방식과 원칙이 존재하고 있었다. 훈구세력의 구축 이후 10년도 채 안 되어 붕당이 일어나고 사림세력 내부의 정쟁이 치열하게 전개되었던 것은 이러한 이유였다고 하겠다.

1567년 선조가 즉위하면서 정국의 주도권을 장악한 사림세력은 잔여 척신세력을 축출하고 을사피화인의 사면·복권을 적극적으로 추진함으로써 자신들의 정치적 기반을 강화하였다. 동시에 이들은 주자학의 정치원리를 앞세워 척신정치를 대체할 새로운 정치질서를 모색하였다. 그러나

이 과정에서 사림세력은 서로 다른 사유방식으로 인한 대립과 갈등으로 정치·사상적 분열을 겪게 되었고, 이는 결국 동·서·남·북의 붕당으로 귀결되게 되었다.

이른바 서인이 율곡 이이·우계 성혼 학파를 중심으로 한 이들로 구성되었다면, 동인 내부에는 퇴계 이황과 남명 조식, 그리고 화담 서경덕의 학문적 전통을 계승한 이들이 다양하게 포진하고 있었다. 때문에 이황과 조식, 이황과 서경덕의 사상적 차이가 제자들 단계에 이르러 표면화되었고, 급기야 기축옥사를 계기로 남인과 북인으로 갈라지게 되었다. 남인과 북인으로의 분기 이후에는 단일 붕당으로서 동인의 동질성은 더 이상 부각되지 않았다.

붕당이 형성된 배경이나 원인에 대해서는 사림세력 및 사림정치에 대한 선행 연구에서 이미 여러모로 언급되어 왔다. 서원이나 공론정치의 발달, 양반 관료제 내부의 인사권을 둘러싼 이해관계의 대립, 척신정치 척결의 범위와 정도, 학파의 분화 등이 그것이다. 그러나 선조대 붕당에 대한 연구의 대부분은 먼저 각 붕당별 소속 논자들을 구분하고 그들의 학연·지연 등을 뒤이어 확인하는, 일종의 연역적 방식을 취하고 있기 때문에 실제 붕당의 형성 과정은 단면적이거나 분절적인 설명에 그치고 있는 형편이다. 물론 여기에는 임진왜란과 병자호란의 과정에서 사초들이 산실되어 빈약하게 편찬될 수밖에 없었던 선조대 실록 자료의 문제, 그리고 당파적 입장이 깊게 투영된 사료에서 실체적 사실을 확보하기 쉽지 않은 사정 등이 있다. 이러한 점들로 인해 붕당이 형성되기까지 어떠한 정치적 쟁점이 있었으며 이 과정에서 표출되는 논자들의 현실 인식과 대응 방식의 차이는 무엇이었는지, 그리고 이러한 차이가 이후 붕당의 분화 과정에 어떠한 영향을 미쳤는지에 대한 연구는 아직 미진한 상황이다. 이에 따라 사림세력 내부의 자기 분열 과정이 동태적으로 밝혀지지 않았으며, 특히 이를 구체적으로 확인할 수 있는 정치 현안과 그 속에서의 갈등과 대립 등도 충분히 밝혀졌다고 하기에는 여전히 미흡한 실정이다.

만약 붕당이 형성된 원인을 야사(野史)에서 전해지듯 단지 논자들 간의 사사로운 감정 대립에서 찾는다면 올바른 역사적 판단이 아닐 것이다. 붕당의 포괄적 원인은 정파·학파의 성장이 빠른 속도로 일어나고, 그들 사이의 연대와 협력 혹은 갈등과 투쟁이 다양한 양태로 전개되는 가운데, 각기 정치적 실권을 장악하거나 또는 학문적 우위를 점하려는 의도와 맞물리며 반목하고 갈등하였던 것에서 찾을 수 있다. 이 시기가 다양한 학문 경향이 공존하는 가운데 학파가 분화하는 시기[4]였음을 감안한다면 더더욱 그러하다. 즉 붕당은 단순한 정쟁이나 권력투쟁의 부산물이 아니라 사림정치의 지향과 그것을 구현하는 방법을 놓고 견해와 이해를 달리하는 논자 혹은 정파 간의 정책대결·집권경쟁의 결과였던 것이다.

요컨대, 16세기 전반 '사화'로 귀결된 정치세력의 대립은 통상 훈구세력과 사림세력 간에 벌어진 일이었으며 16세기 후반 '붕당'의 발생을 초래한 정치적 갈등은 사림세력 내부의 것이었다. 16세기에 들어와 조선은 한층 증폭된 사회변동과 구조적인 모순에 따라 위기의식은 점차 심화되었고, 이에 대응하여 집권체제 집권질서를 재정립할 수 있는 정치사상, 정치운영이 요구되고 있었다. 이에 경국대전체제의 동요를 무마하고 집권적 봉건체제의 안정을 지향하는 방안을 둘러싸고 전반에는 훈구세력과 사림세력이, 후반에는 사림세력 내부에서 정치론과 정치적 입장을 둘러싼 이해관계의 갈등이 일고 있었다. 사화와 붕당은 이러한 정치적 갈등의 격렬한 충돌 양상이었다고 할 수 있다.

이 글에서는 이희의 관계 진출과 정치활동이 펼쳐졌던 16세기 조선의 정치사·정치사상을 전반과 후반으로 나누어, 전반을 훈구·사림세력의 정치적 갈등이 사화(士禍)로 노정된 시기로, 후반을 사림세력이 분화하고 붕당(朋黨)이 전개된 시기로 개괄하여 대략의 흐름을 살펴보고자 한다.

---

4) 鄭萬祚, 2001, 「朝鮮中期 儒學의 系譜와 朋黨政治의 展開(1)」, 『朝鮮時代史學報』 17.

II. 16세기 전반 훈구·사림세력의
정치적 갈등과 사화(士禍)

　유교정치이념에 어긋나는 세조대의 정변과 그로부터 파생된 세신정치구조를 바라보는 시각에서 훈구세력과 사림세력은 서로 대립하는 존재였다. 공신이 자신들이 추대한 군주에 대해 친왕적(親王的) 성격을 갖는 것은 곧 그들의 존재 가치를 확인하는 일이었으며 정치적 기반을 대대로 이어나갈 수 있는 전제가 된다. 훈구공신들의 정론에서는 공신이야말로 국가와 휴척(休戚), 존망(存亡)을 같이 하는 가장 믿을 수 있는 존재이므로, 왕권·국가는 훈벌에 의지함으로써 안정적으로 지켜질 수 있는 것이었다.[5] 이 과정에서 훈구 공신들은 주요 관직을 독점하였으며, 자신들의 정치·경제적 특권을 더욱 강화해 나갔다. 이들은 왕권·국가의 안녕과 공신·훈벌의 확대, 존속을 밀접히 연관시킴으로써 공신 집단의 권력 집중과 특권 강화를 합리화하였다.[6] 또한 이들은 왕권을 정점으로 한 관료 내부의 직분과 위계질서를 강조하였다. 훈구세력은 위계질서를 침범하지 않는 범위 내에서 대간 언론이 실현되어야 함을 주장하면서도 동시에 관료제도 전체를 조망하는 거시적인 관점에서 대간 언론의 존재와 기능, 그 효용성 또한 인정하고 있었다. 다만 언론의 내용이 세조의 즉위와 그로부터 배출된 공신의 정통성과 존재 명분을 직·간접적으로 부정하거나 세신정치 구조를 동요시킬 수 있는 것은 그들 또한 결코 용인하지 않았다.

　그러나 성종 7년(1476) 친정(親政)의 시작과 성종 자신이 정치적인 지위를 강화하려는 의지로 말미암아 원상제가 폐지되자 세조대 이래 훈신들의 정치적 지위는 약화되지 않을 수 없었다. 성종은 훈구세력 일변도의 정치질서를 지양하고 그들의 독주를 견제할 수 있는 대응세력을 기대하였다.[7] 이에 성종은 친정 이후 훈구세력 일변도의 정치체제를 지양하고 대간의 언론권을

---

5) 김정신, 2011, 「조선전기 '勳舊'·'士林'의 出處論과 功臣觀」, 『韓國思想史學』 37.
6) 김정신, 2011, 앞의 논문.
7) 李秉烋, 1984(1987년판), 『朝鮮前期 畿湖士林派 硏究』, 一潮閣, 47쪽.

제고시킴으로써 신하들 내부의 세력 균형과 견제 구도를 조성하였다.[8] 성종의 친정 이후 새롭게 등장한 신진 관료들이 삼사언론에 포진하여 훈구대신들의 권력 독점과 비리 행위를 비판하기 시작한 것은 그 가시적인 성과였다. 실제로 성종대에는 '경연정치(經筵政治)'라 할 정도로 경연의 정치적 기능과 비중이 확대 심화되기 시작하였다.[9] 대간과 홍문관은 경연에서 국정을 논의하는 기회를 갖게 되었을 뿐 아니라 대신들을 면대하여 그들의 정국운영을 비판했으며 언론 관행으로서의 '불문언근(不問言根)'에 의한 풍문탄핵(風聞彈劾) 또한 확대되었다.[10]

사림세력의 언론활동은 정치세력으로의 결집을 본격화한 성종 중기 이후부터 활기를 띠기 시작하여 집단의 결속력이 더욱 굳어져가던 연산군 초에 가서 한층 강화된 추세를 보였다. 이들은 무오·갑자사화에도 불구하고 잠재적인 성장을 지속하여 중종대에 보다 결집된 모습으로 등장, 여러 개혁정치를 시도하는 한편 양대 사화 희생자들의 신원을 요구하였다. 성종조 사림세력의 정치활동은 대체로 언론활동에 한정되었으나, 중종대 조광조(趙光祖), 김정(金淨), 김구(金絿), 박상(朴祥), 한충(韓忠), 기준(奇遵) 등을 중심으로 한 사림세력은 중앙정계의 주요 관직에 포진하기 시작하여 위훈삭제와 같은 훈구세력의 부당성에 대한 직접적인 공격을 강화하였다.

1. 훈구공신의 양산과 세신정치론(世臣政治論)

1) 세조의 집권과 훈구공신의 양산

조선왕조의 통일권력, 집권체제는 외형상 전제군주권을 정점으로 한 일원

---

8) 李秉烋, 1999, 『朝鮮前期 士林派의 現實認識과 對應』, 一潮閣, 47쪽 ; 김범, 2007, 『사화와 반정의 시대』, 역사비평사, 38~64쪽.
9) 權延雄, 1981, 「朝鮮 成宗朝의 經筵」, 『한국문화의 제문제』, 국제문화재단.
10) 김용흠, 2004, 「조선전기 勳舊·士林의 갈등과 그 政治思想的 含意」, 『조선 건국과 경국대전체제의 형성』(오영교 편), 혜안, 373쪽.

적 정치구조를 지향하고 있었지만 조선은 본질상 양반지주층의 이익을 우선적으로 보장·반영하는 봉건국가였다. 군주는 '대천리물(代天理物)', '대천공(代天工) 치천민(治天民)' 하는 천명의 대행자였으나 군주의 전제권이 곧 권력의 자의적 남용으로 이어지는 것은 아니었다. 이 시기의 집권체제는 양반사대부층의 정치사회적 이해관계를 기반으로 하여 확립, 유지되는 것이었으므로 집권체제의 운영을 주도하는 군주 또한 어디까지나 지배신분계급 전체의 이해관계를 고려한 권력을 행사해야만 했다.

15세기는 조선왕조의 개창 및 유교적 제도와 질서 아래 국가기반을 구축하는 과정이었다. 한 세기 동안의 문물제도는 통치체제의 측면에서 볼 때 『경국대전(經國大典)』의 완성으로 일단 정비되었다. 그 체제는 상징적으로 군주가 왕정의 핵심에 위치하면서 실질적으로 의정부·육조·삼사를 중심으로 한 관료지배체제를 의미하였다. 왕권과 신권이 균형과 조화를 이룬 가운데 이상적인 유교정치를 수행할 수 있도록 구성되었다.[11] 요컨대 봉건적 집권국가 조선은 왕권과 신권의 균형을 유지하고 정조(政曹)와 언관의 상보적 관계를 보장함으로써 유교사회의 이상을 실현하고자 하였던 것이다.

조선 초 봉건국가의 집권체제를 구축하는 과정에서 무엇보다도 우선적인 과제는 왕권의 정통성을 확립하는 문제였다. 정치적 알력과 변란으로 인한 정국의 혼란을 거치며 조선은 적적상승(嫡嫡相承)의 적계주의(嫡系主義)라는 왕위 승계의 원칙을 포함한 일련의 개혁 과정을 거쳐서 점차 수성의 시대로 접어들고 있었다.[12] 그 분기점이 된 것이 태종의 집권이었으며, 태종대 이후에는 창업의 개혁보다는 수성의 보수가 필요하다는 인식이 대세가 되었다. 수성의 시대를 책임지는 군주는 명분에 하자가 없는 정통의 군주여야 했다. 적장자인 문종과 단종이 대를 이어 즉위함으로써 종법을 근간으로 한 왕위승

---

11) 崔承熙, 1976, 『朝鮮初期 言官言論硏究』, 韓國文化硏究所 ; 남지대, 1993, 『朝鮮初期 中央政治制度硏究』, 서울대학교 박사학위논문 ; 金燉, 1997, 『朝鮮前期 君臣權力關係硏究』, 서울대학교 출판부.

12) 池斗煥, 1994, 『朝鮮前期 儀禮硏究-性理學 正統論을 中心으로』, 서울대학교 출판부.

계가 자리잡게 되었고, 조선의 왕권은 안정기에 접어들었다.

계유정난 이래 세조의 즉위에 이르기까지 일련의 사건들은 바로 이러한 상황에서 또 다시 발생한 변란이었다. 때문에 이 사건이 조선 사회 전반에 끼친 충격은 매우 컸다. 정변을 동반한 세조의 왕위계승은 정통성에 대한 의심을 필연적으로 불러일으켰고, 이에 지배층 일각에서는 지금껏 공들여 확립해 온 국가의 통치질서가 세조의 정변으로 말미암아 근본적으로 위협받고 있다는 정치적 문제의식을 심각하게 공유하게 되었다. 나아가 이 사건은 주자성리학을 국정교학으로 한 조선사회에서 지배층 내부의 분열을 야기하였다.

집현전 학사들의 경우는 그 대표적인 사례이다. 집현전은 세종대 이래 고제(古制)의 연구와 편찬 활동을 통한 전장제도의 확립, 그리고 왕실의 교육을 담당하였던 학문기관으로서 그곳에 소속된 관리들은 작품(爵品)의 고하에 관계없이 같은 연구 활동에 종사할 정도로 강한 학문적 유대감을 가지고 있었다. 또한 집현전 학사의 대부분은 여말선초의 유력한 가문 출신으로 혼인관계나 교유관계를 통해 서로 밀접히 연관되어 있었으며, 동일한 신분적 속성을 유지하였다.[13] 그러나 세조의 정변을 두고 집현전 학사들은 직·간접적으로 가담하거나 저항함으로써 정치적으로 분열하였다. 또 세조의 즉위를 '불의(不義)'로 규정하고 많은 재경 관인들이 낙향, 은거함으로써 재지사족 세력의 확대는 물론 관인유자들의 출처론(出處論)에 변화가 초래되었음도 익히 지적되어 온 사실이다.[14] 요컨대 명분과 정통성에서 취약점을 지니고 있었던 세조의 즉위는 향후 절의와 명분을 중시하는 가운데 이를 부정적으로 바라보는 논자들이 이른바 '사림세력'으로 결집해 나가는 근원적

---

13) 김홍경, 1996, 『조선초기 관학파의 유학사상』, 한길사, 25쪽 ; 姜文植, 1998, 「集賢殿 출신 官人들의 學文觀과 政治觀」, 『韓國史論』 39.

14) 李樹健, 1981, 「嶺南士林派의 在地的 基盤－朝鮮前期 安東地方을 중심으로－」, 『新羅伽倻文化』 12 ; 정진영, 1998, 『조선시대 향촌사회사』, 한길사, 53쪽 ; 김훈식, 2003, 「16세기 군신윤리의 변화와 출처론」, 『역사와 현실』 50 ; 김영두, 2013, 「亂言과 隱居, 세조 정권에 저항하는 대항 기억의 형성」, 『사학연구』 112.

인 계기를 제공한 사건이라 하겠다. 성종 9년(1478) 4월 이심원의 훈구세력 중심의 정치운영 비판과 남효온의 소릉(昭陵) 복위 상소, 그리고 연산군 4년(1498) 무오사화를 촉발시킨 김일손의 사초(史草) 등은 세조와 그 정치세력 에 대한 비판적인 움직임이 처음으로 가시화된 사건들이었다.

2) 공신봉건(功臣封建)과 세신정치론

세조가 집권의 기틀을 마련하였던 단종 원년(1453) 10월부터 성종 2년(1471) 까지 약 20여 년 동안 5차례에 걸친 공신의 책봉이 지속적으로 이루어졌다.[15] 왕조의 교체과정에서 등장한 공신가문이나 구래의 전통가문은 세조의 즉위 와 이후 몇 차례의 정치적 변란을 극복해가는 과정에서 생겨난 정난·좌익·적 개·익대 등 제공신 가운데에서 하나 또는 여럿을 겸대하며 정치세력화해 갔다. 이들은 세조대 정난공신의 책봉 이래 지속적인 공신의 배출을 통하여 가문의 세습적 지위를 유지하고 나아가 왕실과의 혼인관계를 통하여 정치권 력의 핵심에 자리함으로써 중종·명종대의 정국에까지 커다란 영향력을 행사 했다.

공신은 관료제도 속에서 군주와의 특별한 유대관계가 전제된 존재였다. 숙위(宿衛)와 정란(定亂)으로 대표되는 공신들의 공업은 모두 종사를 위하여 진충보국(盡忠報國)한 결과였으므로,[16] 군주에게는 반드시 남다른 봉작의 영예로써 공신들을 지극하게 대우할 것이 요구되었다. 특히 세조의 '정난(靖 難)'이나 중종의 '반정(反正)'은 물론 성종, 명종과 같이 이른바 적장자 계승이 아닌 변칙적 왕위계승과 관련해서는 공신을 책봉하는 것이 당연히 수반되어 야 할 행사로 여겨졌다.[17] 변칙적 왕위계승의 경우 군주 개인의 능력이나

---

15) 世祖의 즉위와 관련된 靖難·佐翼·敵愾 등 3공신과 예종대의 翊戴功臣, 그리고 성종의 즉위 후 책봉된 佐理功臣이 이에 해당된다. 李泰鎭, 1976, 「15世紀 後半期의 '鉅族'과 名族意識-《東國輿地勝覽》人物條의 分析을 통하여-」, 『韓國史論』3 ; 鄭杜熙, 1983, 『朝鮮初期政治支配勢力研究』, 一潮閣, 1983 ; 金泰永, 1994, 「朝鮮초기 世祖王 權의 專制性에 관한 一考察」, 『韓國史研究』87 참조.

16) 『訥齋集』卷4, 奏議, 「便宜十六事」, 8ㄴ.

공업에 더하여 "대신들이 협찬한 공",[18] 혹은 "군신(群臣)이 협책하여 대계가 정"[19]해진 결과라 생각하였기 때문에 그에 대한 보답은 당연하다는 인식이었다.

이에 군주는 공신을 녹훈(錄勳)하고 도형(圖形), 기공(紀功)으로써 그들의 공훈을 역사에 남겨 그 공로에 보답해야 했다.[20] 살아 있을 때는 그 자신은 물론 부모와 처에 대한 봉작과 조상과 자손에게까지 봉증(封贈)의 은택이 미치도록 하고,[21] 납세의 의무가 없는 세록(世祿)=공신전(功臣田)을 비롯한 봉록을 후히 내리며, 죽은 뒤에는 적장자로 하여금 그 작위를 세습하도록 하여 제사가 끊이지 않도록 보살펴야 했다.[22] 또한 역모와 같은 대역죄만 아니라면 공신은 비록 죄가 있어도 주나라의 '의공(議功)'과 같이 법의 적용에 여지를 두고 예로써 대하는 것이 당연한 것으로 간주되었다.[23] 진충보국하는 훈구공신의 공업은 나라의 성세를 가져오는 근간이었으므로, 이들을 존귀하게 대우하는 것이 나라의 큰 예에 맞기 때문이었다.[24] 태조가 넉넉한 휼전(恤典)과 부증(賻贈), 잦은 연향을 베풀어 공신들에게 '상하무간(上下無間)'함을 몸소 보여준 것과, 더불어 재위 기간 동안 공신 중에서 형을 받고 죽은 자가 한 사람도 없었다는 사실은 그의 가장 큰 미덕이자 공신을 대우하는 군주의 이상적인 모습으로 두고두고 거론되는 사례였다.[25]

이렇듯 군주가 공신에게 지급하는 세록(世祿), 세유(世宥)는 군신 간 특별한 유대감을 형성하고 자손만대에까지 그 관계를 이어갈 수 있는 물적 기반이자

---

17) 『明宗實錄』 卷1, 明宗 卽位年 8月 30日 庚申. 洪彦弼, 鄭順朋.
18) 『訥齋集』 卷4, 奏議, 「便宜十六事」.
19) 『中宗實錄』 卷1, 中宗 元年 9月 2日 戊寅.
20) 『三峰集』 卷7, 「朝鮮經國典」 上, 禮典 總序.
21) 『陽村集』 卷26, 「陳情箚字」 ; 『明宗實錄』 卷8, 明宗 3年 8月 26日 戊辰.
22) 『三峰集』 卷7, 「朝鮮經國典」 上, 治典 封贈承襲.
23) 『國朝寶鑑』 卷3, 太宗 9年 己丑 ; 『訥齋集』 卷1, 奏議, 「論君道十二事」 ; 『訥齋集』 卷4, 奏議, 「便宜十六事」 ; 『中宗實錄』 卷72, 中宗 27年 3月 1日 庚戌.
24) 『明宗實錄』 卷10, 明宗 5年 5月 15日 戊寅.
25) 『國朝寶鑑』 卷1, 太祖朝 1年.

정치적 신뢰의 표시였다. 이를 매개로 맺어진 군신 관계는 '신의(信義)'라는 명목 하에 별도의 강제 규범을 필요로 하지 않는 특별한 것으로 인식되었다.[26] 때문에 어떠한 이유에서건 공신의 세록·세유를 변경하는 것은 '실신(失信)'하는 것으로 간주되었다.[27] 반정공신에 대한 과람한 작상(爵賞)이 집중적으로 제기되었던 중종대에, 훈구세력은 일단 공신으로 책봉하여 삽혈동맹(歃血同盟)하였으면 그에 대해 재론해서는 안 된다고 주장하였다.[28] 또한 이미 지급된 세록에 대해서는, 설령 그것이 흉황 때문이거나 국가의 부족한 재정을 보충하기 위한 것이라 할지라도 변경은 불가함을 주장하였다.[29] 공신에게 분급된 전토나 노비, 관직 등을 회수하거나 변경한다면 당사자인 공신은 수치스러운 처지에 놓이게 될 것이고, 군주는 공신의 신망을 잃어 원망이 한 몸에 모아지게 될 것이라는 이유에서였다.[30]

훈구세력에게 공신에 대한 세록의 분급과 작위의 세전(世傳)은 이미 지나간 공을 논하기 위한 것만은 아니었다. 오히려 후일에 대한 공신의 힘과 충성을 담보하는 의미가 더욱 컸다. 이른바 황하가 띠처럼 좁아지고 태산이 숫돌같이 되더라도 영원히 변치 않을 것이라는 대려(帶礪)의 맹서는 왕실·국가와 휴척을 함께 하는 한 공신의 집안을 영원히 단절시키지 않겠다는 군주의 맹서이자, 군주의 후은(厚恩)에 힘입어 세신으로서 충성을 바치겠다는 공신의 맹서이기도 하였다. 군주가 삽혈동맹과 후은으로써 공신의 충성·봉공을 뒷받침하면, 공신은 자손만대의 변함없는 충성을 기약하여 이에 보답하는 것이다.[31] 공신의 맹약을 계기로 군주와 공신, 공신들 상호간의 관계는 공동운명체로서 특별한 유대감을 형성하게 되었다. 즉 공신에게 군주는 의리로는 임금이지만 은혜로는 부모와 같은 존재가 되었으며,[32] 함께 훈맹에 참여한 공신들 간의

---

26)『中宗實錄』卷4, 中宗 2年 12月 21日 庚寅.
27)『中宗實錄』卷4, 中宗 2年 12月 16日 乙酉.
28)『中宗實錄』卷37, 中宗 14年 11月 21日 辛亥.
29)『中宗實錄』卷4, 中宗 2年 12月 21日 庚寅.
30)『中宗實錄』卷7, 中宗 3年 11月 26日 庚申.
31)『陽村集』卷26,「陳情箚子」;『訥齋集』卷4, 奏議,「便宜十六事」.

관계 또한 그 정의가 일가와 같은 것으로 인식되었다.[33] 따라서 그들 간의 친밀함은 골육이나[34] 형제에 버금가는 것으로 지칭되었다.[35]

이처럼 군주가 공신에게 특별한 은전을 내려 그 후손에게까지 충후한 대우를 받도록 하는 것은 공신이 국가의 '세신(世臣)'으로서 존재할 수 있도록 기반을 제공하는 것이며, 공신과 그 자손들에게 군주·국가와 영원히 휴척을 같이 하겠다는 믿음을 심어주는 계기가 되는 것이었다. 군주에 대한 충성은 신하라면 가져야 할 당연한 의리였지만, 나라의 후은을 입은 세신일수록 군신간의 신뢰는 두터울 것이고 의리는 더욱 엄격하게 적용될 수 있다는 이유에서이다.

양성지는 공신의 책봉은 자손대대로 휴척을 함께 할 수 있는 친위세력을 양성한다는 장원(長遠)한 계책 아래 봉해지는 것이라 하였다.[36] 그는 국가가 존속할 수 있는 것도, 간웅이 함부로 내란을 일으킬 수 없는 것도 모두 세가거족이 군주와 국가의 든든한 친위세력으로 존재하기 때문이라 보았다.[37] 태조대의 개국공신 이래로 수많은 공신들이 지속적으로 책봉되어 왔던 것도 이러한 까닭이라 하였다.[38] 박원종, 윤원형 또한 원훈은 왕권의 형세를 굳건히 하고 인심을 진정시키며 국맥을 당당하게 하는 존재이므로, 공신이 아니면 국가의 평안이 유지될 수 없다고 주장하였다.[39] 공신이야말로 국가와 휴척, 존망을 같이 하는 가장 믿을 수 있는 존재이므로, 군주의 지위는 공신세력이 뒷받침될 때 안정적으로 지켜나갈 수 있다는 것이 훈구세력의 생각이었던 것이다. 왕권·국가는 훈벌세신에 의지함으로써 지켜나갈 수

---

32) 『東文選』 卷113, 疏, 「誕日祝壽齋疏」.

33) 『燃藜室記述』 3, 明宗朝故事本末. 大妃垂簾聽政.

34) 『明宗實錄』 卷22, 明宗 12年 2月 24日 戊申.

35) 『陽村集』 卷19, 序類, 「送平壤府尹李公原詩序」.

36) 『訥齋集』 卷4, 奏議, 「請封功臣」.

37) 『訥齋集』 卷4, 奏議, 「便宜十六事」.

38) 『訥齋集』 卷4, 奏議, 「請封功臣」.

39) 『中宗實錄』 卷5, 中宗 3年 2月 28日 丙申 ; 『明宗實錄』 卷4, 明宗 元年 8月 28日 壬子.

있음을 강조하는 훈구세력의 이와 같은 주장은 곧 '공신 중심의 봉건적 사고'였다고 할 수 있다.

원래 봉건제도는 주(周)나라에서 기원한 것이다. 주나라는 천자가 그의 일족과 공신을 각지에 분봉하여 세록을 분급하고 작위를 세전하게 함으로써, '공치(共治)'로 표상되는 일종의 간접지배 구조를 취하였다. 이후 역사에서는 봉건제의 '공치' 개념을 둘러싸고 그에 대한 해석과 변용이 다양하게 이루어졌다.[40] 양성지는 조선의 현실에서 봉건론을 적극 수용, 활용하고자 하였던 대표적인 논자였다. 그가 과전법의 폐지와 직전법의 시행에 반대하였던 것은 단순히 현실적 이익에 급급해서가 아니었다. 오히려 훈구공신을 근간으로 삼아 조선의 정치구조, 지배체제를 공고히 하고자 하는 정치적 의도의 측면이 강했다.

과전은 수득자(受得者)에게 세전이 보장되어 흔히 세록·세업이라고 불리었다.[41] 양성지는 과전을 부활, 전국에 확대 시행한다면 조신(朝臣)은 빈곤해질 염려가 없고, 나아가 민의 안정과 선정까지 이룰 수 있다고 보았다.[42] 군현제 하의 수령은 주인 의식이 없기 때문에 자기의 이익만을 꾀하고 백성을 침어하기 쉽지만, 과전을 세록·세업으로 하는 조신이나 공신은 '민안(民安)'이 곧 자신의 이익이 되므로 수조(收租)하는 농민을 앞장서서 구휼하게 될 것이라는 이유에서였다. 이처럼 양성지를 비롯하여 훈구세력의 대부분이 과전법의 축소 폐지에 부정적이었던 것은 단지 공신의 물적 손실을 우려해서만은 아니었다. 이들에게 과전은 봉건제도에 근원을 두고 있는 세록이자 세신으로서 민을 통치할 수 있는 정치적 상징으로서의 측면이 강했다.

나아가 양성지는 맹자가 논한 바,[43] 세신(世臣)과 친신(親臣), 사직지신(社稷

---

40) 이에 대해서는 민두기, 1973, 「中國의 傳統的 政治像－封建郡縣論議를 중심으로－」, 『中國近代史硏究』, 一潮閣 참조.
41) 『太宗實錄』卷26, 太宗 13年 11月 14日 庚寅 ; 『世宗實錄』卷93, 世宗 23年 8月 20日 甲申.
42) 『訥齋集』卷4, 奏議, 「便宜三十二事」.
43) 『孟子』, 梁惠王 下, 7章 1節.

之臣)은 모두 오늘날의 공신을 가리키는 것이라 하며,[44] 공신이 봉건의 형세를 이루어 왕권을 안정시키고 변방을 굳건히 해야 한다고 주장하였다.[45] 양성지는 중국이 당요(唐堯)로부터 명나라에 이르기까지 모두 23대나 되는데, 그에 비해 단군으로부터 조선이 7대에 그칠 수 있었던 것은 공신을 필두로 한 대가세족이 군주를 보필하여 나라를 지켜왔기 때문이라 보았다. 그는 원나라의 침략과 지배에 신음하던 고려가 끝까지 나라를 유지할 수 있었던 것도 권부(權溥)·이제현(李齊賢) 같은 세족들의 협력에 힘입은 것이라고 보았다.[46] 그가 양계 지방에 근왕하는 세신·세족 수십 가(家)만 있었더라도 이시애(李施愛)가 일으킨 길주의 변란은 없었을 것이라고 한탄하였던 것은 이러한 이유에서였다.

당시 영안도(永安道, 함경도)와 평안도는 명나라와 경계를 인접한 국방상의 요지로서 사민(徙民) 정책에 의해 강제로 이주되어 온 백성들이 제대로 정착하지 못하고 있는 상황이었다. 이에 양성지는 양계의 백성들을 위무 안정시키고 국방을 강화하기 위한 방법으로서 이곳에 종친과 공신을 직접 봉건할 것을 주장하였다.[47]

양계 지방에 공신을 봉건하고, 이로써 식읍을 분사하자는 양성지의 주장은 일단 경제적 수혜를 목적으로 하기보다는 중앙의 통제가 미약한 변방지역을 공신의 통제 아래 둠으로써 국방과 치안을 강화하자는 데 일차적 목적이 있는 것으로 보인다. 즉 양성지는 군현의 통치가 아직 미흡하고 국방이 취약한 지역에 대한 집권화 정책의 일환으로서 공신의 봉건을 생각하였던 것이다.

이때 주목되는 점은 봉건의 대상이 종친을 제외한다면 철저하게 공신과 그 후예에 국한되고 있다는 점이다. 이는 양성지가 봉건의 원리, 이념을

---

44) 『訥齋集』 卷4, 奏議, 「請封功臣」.
45) 『訥齋集』 卷4, 奏議, 「請封功臣」.
46) 『訥齋集』 續編 卷1, 「北方備禦三疏四策」.
47) 『訥齋集』 卷3, 奏議, 「軍國便宜十事」 ; 『訥齋集』 卷4, 奏議, 「便宜三十二事」 ; 『訥齋集』 續編 卷1, 「便宜二十八事」.

훈구공신 중심으로 운용하고자 하였음을 잘 보여주는 점이라 하겠다. 양성지는 세가공신이 많으면 많을수록 국가가 안정될 수 있다고 주장하였다.[48] 국가를 위해 한마음으로 공동운명체를 이루는 군주의 친위세력, 즉 공신이 얼마나 확보되느냐, 나아가 이들 공신과의 관계가 자자손손 얼마나 굳건하게 유지되느냐에 국가의 평안이 달려 있다는 것이다.

이러한 주장은 "공신이 많은 것은 나라의 복이다[多有功臣 國之福也]"라 하여 중종·명종대까지 훈구세력의 공통된 의론으로 자리잡았다.[49] 종사를 위하여 역적을 다스리고 환란을 예방하는 훈구대신은 국가와 운명을 같이 하는 존재이며,[50] 그만큼 국가의 안위와 밀접히 관계되는 존재로 인식되었다.[51] 공신세가의 존재가 국세·기강의 문제로까지 인식되는 이유가 바로 여기에 있었다.

이와 같이 훈구세력들은 '봉건'을 매개로 공신의 세력을 확대, 세신으로 좌정하게 하고 이로써 천하의 기강을 유지하고 군주의 고립을 방지할 수 있다고 보았다. 이른바 세신정치론이었다. 공신·훈벌은 봉건의 이념과 원리에 근거한 세신정치로써 군주에게 가장 믿을 수 있는 측근이자 정치적 동반자로 자리하게 되었다. 나아가 세신정치론은 그 자체로 조선전기 공신의 지속적인 배출을 합리화하고 정당화하는 논거가 되었다. 양성지는 그 대표적인 논자로서 그는 태조·태종대에는 개국·정사·좌명공신이 있고, 세조대에는 정난·좌익·적개공신이 있으며 예종대에는 익대공신이 있듯, 일대가 일어나면 반드시 이를 뒷받침할 일대의 신하, 즉 공신이 있어야 한다고 보았다.[52] 이에 양성지는 문·무의 조신으로서 공훈이 있는 자, 충성으로 협찬하는

---

48) 『訥齋集』卷4, 奏議, 「便宜十六事」, 8ㄴ(333쪽). "世家之臣 固貴乎多而不貴乎少也 亦萬世之慮也".
49) 『冲齋集』卷3, 日記, 丁卯 12月 2日 辛未. 左議政朴元宗右議政柳順汀 啓.
50) 『明宗實錄』卷7, 明宗 3年 4月 19日 甲子.
51) 『中宗實錄』卷5, 中宗 3年 2月 28日 丙申 ;『明宗實錄』卷4, 明宗 元年 8月 28日 壬子.
52) 『訥齋集』卷4, 奏議, 「請封功臣」 ;『訥齋集』卷4, 奏議, 「便宜十六事」.

자들은 물론 힘과 지력, 가세가 있는 자들을 모두 망라하여 이들에게 논공행상의 은전을 거행함으로써 왕정의 친위세력에 포함시킬 것을 주장하였다. 또한 '배향공신(配享功臣)'의 제도를 새로 만들어 종묘에 배향된 대신들을 모두 공신으로 책봉하여 그 자손을 녹용하고 공신의 은전으로써 대우할 것을 주장하였다.[53] 나아가 고려는 물론 조선의 장수와 재상 중 공덕이 있다고 일컬어지는 이들의 자손도 최대한 찾아내어 은전을 내려야 한다고 주장하였다.[54] 이는 종묘사직을 보위할 신하를 최대한 많이 확보하고, 이들을 중앙과 지방에 고루 배치하여 군주의 이목과 팔·다리로 삼고자 함이었다. 이와 같은 양성지의 주장은 공신의 지속적인 배출을 통하여 봉건의 형세를 이루고, 이로써 인심의 화합과 왕권을 강화, 안정시킬 수 있는 여건을 형성하고자 하였던 훈구세력의 정치적 구상을 잘 보여주는 것이라 하겠다.

세조가 집권의 기틀을 마련하였던 단종 원년(1453) 10월부터 성종 2년(1471)까지 약 20여 년 동안 5차례에 걸친 공신의 책봉이 지속적으로 이루어졌음은 주지의 사실이다. 아울러 중종대의 정국공신, 명종대의 위사공신의 책봉 과정에서 공신들 스스로도 '위람(僞濫)'함을 인정할 정도로 원종공신이 과다하게 배출되었다. 그러나 이에 대한 수많은 비난 여론에도 불구하고 훈구세력이 녹훈을 끝까지 밀어붙인 것은 공신의 존재가 당장의 공훈만을 따지는 것에 그치지 않는 것으로 보았음을 반증하는 것이기도 하였다.

이들은 공신을 고래의 봉건제후와 같은 세신의 위치에 비정하고 국방을 비롯한 국가 통치의 근간으로 삼고자 하였다. 이에 이들은 왕정에 도움이 될 요소가 있는 사람을 최대한 확보하여 인심을 모으고 그들을 공신에 봉함으로써 군주를 구심점으로 한 친위세력을 형성하고자 하였다.[55] 비록 제한적이나마 직접적인 봉건책을 주장한 것은 양성지뿐이었으나, 봉건제의 원리를 활용하여 공신·세신 중심의 정치운영을 꾀하고자 하였던 그의 정치적 의도는

---

53) 『訥齋集』 卷2, 奏議, 「便宜二十四事」.
54) 『訥齋集』 卷2, 奏議, 「便宜二十四事」.
55) 『明宗實錄』 卷1, 明宗 元年 1月 24日 壬午.

훈구세력에게 공통된 것이었다고 할 수 있다. 세신정치론은 훈구대신이 군주와 함께 정치운영의 구심점으로 대두할 수 있는 논거가 되었다. 이에 전체적인 군신관계는 절대적인 지배 복속의 관계로 표상되었음에도, 군주에 대한 훈구대신의 관계는 무조건적이고 절대적인 복종이 아니라 군주와 상호 상보(相輔)·상자(相資)하는 관계를 형성할 수 있었다.

한편 세신정치론을 표방하는 훈구세력에게 대신이란 인재의 진퇴로부터 실질적인 정책의 시행에 이르기까지 국사의 모든 범위를 포괄하는 존재였다. 정령은 군주와 백관을 총섭하는 재상, 대신의 직무이고 대간의 책무는 그것을 도와야 할 뿐이므로 대간이 그 직분을 벗어나 무리하게 시비를 거론하는 것은 불가했다. 이를테면 모의는 의정부에 맡기고, 왕명의 출납은 승정원에 맡기며, 간쟁과 탄핵은 대간에 맡기고, 논사(論思)는 강관(講官)에게 맡기고 일을 맡기는 것은 육조에 위임56)하듯이 관직과 관위를 기준으로 각자의 직분을 충실히 지킬 때 조정의 기강은 확립될 수 있다는 것이다.

이렇듯 관료 내부의 위계질서를 엄히 하여 기강을 확립해야 한다는 주장은 훈구대신을 중심으로 한 고위관료 중심의 정치 운영으로 귀결되는 것이었다. 대간에게는 훈구대신 중심의 정치질서를 긍정하는 가운데 관료제도 전반의 개선이나 운영상의 폐단을 시정하는 제한적인 역할만을 기대했다고 할 수 있다.

훈구세력은 세신정치론에 기반하여 정치적·사회적 기강의 확립을 표방하는 한편 체제를 위협하는 '능상(凌上)'의 풍조와 '변란(變亂)'의 조짐에 대처해 나갔다. 훈구세력은 종래 하층민을 대상으로 강조하였던 상하, 존비, 귀천의 명분 질서를 지배층 내부에도 철저하게 적용, 하관이 상관에게, 후진이 선배에게 상하의 예의를 갖춤으로써 관료 내부의 직분과 위계질서를 엄히 세울 것을 강조하였다. 이들은 지배층 내부에서부터 직분에 따른 위계를 솔선수범하고 기강을 세워 나갈 때, 사회 각 신분층의 명위와 직분을 강제하고 그

---

56) 『訥齋集』 卷1, 奏議, 「論君道十二事」.

상하 위계질서를 안정적으로 유지할 수 있다고 보았다.

이러한 맥락에서 훈구대신들은 포의(布衣), 즉 관직이 없는 유생 등의 언론에 대해 부정적으로 바라보았다. 이들은 국사의 사정(邪正)과 시비(是非)의 분변, 국정의 모의와 국론의 주도는 사람마다 모두 참여할 수 있는 일이 아니라고 인식하였다. 유학 신분인 남효온이 소릉을 추복하자는 상소를 올렸을 때 임사홍과 서거정은 '한낱 포의의 선비가 사람의 잘잘못을 평하고 국가의 정사를 논하는 것은 옳지 못한 일'[57]이라 하며 부정적 시선을 보냈다. 삼공육경으로부터 일반 사대부에 이르기까지 현실 정치의 위계와 서열에 따라 각자 맡은 바 직분에 충실해야 한다고 본 훈구대신들에게 외부의 의론, 즉 유생과 초야의 언론이 주어진 직분으로부터 이탈하는 것으로 비추어졌던 것은 당연한 일이었다.

그러나 훈구공신 중심의 정치운영은 필연적으로 이들의 권귀화 현상을 수반하는 부작용도 초래하였다. 훈구가문은 지속적인 공신의 배출을 통하여 가문의 세습적 지위를 유지하는 한편 왕실과의 혼인관계를 통하여 정치권력의 핵심에 자리하였다. 이 과정에서 훈구공신들은 주요 관직을 독점하였으며, 자신들의 정치·경제적 특권을 더욱 강화해 나갔다. 이때 세신정치론은 왕권·국가의 안녕과 공신·훈벌의 확대·존속을 밀접히 연관시킴으로써 공신 집단의 권력 집중과 특권 강화를 합리화하는 정치적 명분을 제공하였다.

그러나 이러한 상황은 선초 이래 수취기반의 확보와 집권력 강화 등 국가의 공적 영역을 확고히 하기 위해 강조되었던 법의 이념과 그것이 구현되는 현실이 괴리되는 계기가 되고 있었다. 실제 이로 인한 세제상의 폐해와 하층민에 대한 피해는 매우 컸거니와 현실적인 사회 모순으로 대두하고 있었다. 공신에 기반을 두고 정통성을 확보하였던 군주의 입장에서도 이들의 죄상을 묻는다는 것은 껄끄러운 일이 아닐 수 없었다. 훈구공신의 위법을 일일이 찾아내는 것은 공연한 정치적 분란을 초래할 따름이라는 중종의

---

57) 『成宗實錄』 卷91, 成宗 9年 4月 15日 丙午 ; 成宗 9年 4月 20日 辛亥.

전교는[58] 이러한 현실을 반영하는 것이었다.

이처럼 공신의 특권이 국가의 공적 영역인 법보다 앞서 고려되었던 것은 훈구세력이 주장하는 법 인식이 말 그대로 상하귀천을 막론한 공정 무사한 것이 아니었음을 잘 보여주는 것이라 하겠다. 훈구세력은 법과 형률을 근간으로 사회를 통합하고 공신의 봉건을 근간으로 집권체제를 재정립하고자 노력하였던 이들이었지만, 동시에 비대해진 정치권력과 경제적 특권으로 인해 오히려 국가의 통치 질서를 위협할 수 있는 세력으로 등장하게 되는 모순된 상황에 놓이고 있었던 것이다. 16세기에 들어와 공신의 존재가 진충보국한 동맹원훈이라는 일반론보다, 권력과 밀착함으로써 정치·경제적 특권에 접근할 수 있는 가장 빠르고 직접적인 수단으로 인식되어 비판의 대상이 되고 있었던 것은 이러한 이유에서였다.

계층 이동의 폐쇄성이 두드러지는 신분제 사회에서 공신으로서 세록, 세유를 향유하였던 훈구세력은 조선시대 어느 정치세력보다도 귀족관료적 성격이 두드러진 집단이었다고 할 수 있다. 이들의 세신정치론은 군주의 고립을 방지하고 왕권의 안정을 뒷받침한다는 '성취'의 측면에도 불구하고, 조선전기 공신의 지속적인 배출을 합리화하고 그 정치·경제적 특권을 정당화하는 '한계'를 함께 지니고 있었다.

2. 사림세력의 세신정치 비판과 군신공치론(君臣共治論)

성종대 삼사 언론의 급격한 팽창은 연산군대로 들어와 국왕·대신과 삼사의 갈등을 고조시켰다. 연산군대에 들어와서도 사림은 주자학 의리론에 입각하여 훈구세력의 정치적 영향력을 약화시킴으로써 정국운영의 방향을 새롭게 규정하려 하였다. 도덕 정치 또는 왕도 정치의 구현을 주장하며 새로운 권력구조, 새로운 정치운영방식을 요구하는 사림세력의 정계진출은 그동안

---

58) 『中宗實錄』 卷7, 中宗 3年 10月 19日 癸未.

권력을 장악하고 있던 훈구세력의 정치적 기반을 동요시키기에 충분하였다. 특히 주자학의 의리명분론을 내세운 이들의 도덕정치론은 패도를 긍정하며 세조정권을 합리화했던 훈구세력의 존재 자체를 부정하는 것이었다. 명분론에서 취약점이 있는 세조의 왕위찬탈은 사림세력이 정치세력화할 수 있는 정치적 명분을 제공하였던 만큼 사림은 주자학의 절의와 명분론에 의거, 세조의 찬탈을 '불의'로 간주하는 공통의 정치적 성향을 가지고 있었다.

위에서 살펴보았듯이 훈구세력에게 '공신'이란 봉건의 이념과 원리에 근거한 세신으로서, 군주에게는 가장 믿을 수 있는 측근이자 정치적 동반자였다. 그러나 사림세력은 세조대 이래 공신들의 녹공 자체를 이욕과 탐욕의 소산으로 보았다. 사림세력은 권력을 이용한 치부와 민에 대한 침탈,[59] 국가재정 침식[60] 등 현실의 폐단들이 모두 공신들이 공훈을 믿고 멋대로 위복을 행사하는 데서 기인하는 것이라 보고, 이들의 '편사리기(便私利己)'는 결국 "군주는 약하고 신하는 강하며, 국가는 쇠약한데 사가는 성세를 누린다[主弱臣强 國衰家盛]",[61] "이익은 아래로 돌아가고 원망은 위로 돌아간다[利歸於下 怨歸於上]"[62]는 지경에 이르게 될 것이라 비판하였다.

이렇듯 공신을 의리와 이욕을 가리지 않은 채 공명과 작록만을 탐하는 세력으로 바라보는 비판적 시각은 조선전기 '훈구'들을 비판한 사림세력 일반의 정론이었다. 나아가 사림세력은 당시의 현실을, 공신이 위복을 모두 손아귀에 쥐고 군주의 권한을 방불케 하는 권세를 휘둘러 나라를 위망으로 몰아넣고 있는 상황으로 보았다.[63] 사람에게는 다 부귀를 꾀하는 마음이 있으므로 당연히 부와 권세를 쥔 공신들을 추종하며 몰려들게 될 것이고,[64]

---

59) 『中宗實錄』 卷1, 中宗 元年 11月 16日 辛卯 ; 『明宗實錄』 卷3, 明宗 元年 4月 25日 辛亥.
60) 『中宗實錄』 卷4, 中宗 2年 9月 9日 己酉 ; 『中宗實錄』 卷4, 中宗 2年 9月 13日 癸丑 ; 『中宗實錄』 卷4, 中宗 2年 12月 2日 辛未 ; 『明宗實錄』 卷30, 明宗 19年 2月 10日 癸丑.
61) 『思菴集』 卷4, 「論尹元衡啓」(乙丑八月初三日), 1ㄴ.
62) 『明宗實錄』 卷5, 明宗 2年 5月 11日 辛酉.
63) 『明宗實錄』 卷22, 明宗 12年 2月 24日 戊申. 史論.

공신은 더욱 거리낌 없이 위복을 떨치며 일신의 이로움만을 위하여 공가의 이익을 침해할 것이기 때문이다. 일례로 조광조는 군주를 시해하고 나라를 빼앗는 일은 모두 다 공신들로부터 말미암는다고 비판하였다.65) 군주는 공신이 많으면 많을수록 돕는 사람이 많아진다고 생각하여 작상을 후히 하여 공신을 우대하고 세신을 양성하지만, 세신을 근간으로 한 정치의 운영은 결국 군주보다 권세가 높고 세력을 키우는 신하를 계속해서 양산하는 것에 불과하다는 것이 사림세력의 생각이었다. 이에 사림세력은 군주가 나라를 잘 다스리고자 한다면 공신들이 일으키는 화란의 은미한 조짐부터 경계하며, 그들의 세력이 너무 뻗어나지 않도록 잘 통제할 것을 주장하였다.66)

사림세력이 생각하기에 무엇보다도 문제가 되는 것은 연산군대 이래 권간이 서로 뒤를 이어 '사화'를 일으켜 공신이 된 뒤로, 조정에는 공신이 되기만을 바라 아첨으로 진출한 이들만 가득하게 되었고, 고인(古人)의 뜻과 도를 회복하고자 하는 사람은 모두 논박과 공격을 받아 용납되지 못하게 되었다는 점이었다.67) 권신들에게 위복이 옮겨가 군주가 고립되었는데도 누구도 구하려 하지 않아 국가는 점점 위망한 지경에 이르고 있다는 사림세력의 주장은,68) '사기(士氣)'를 국가의 성쇠와 직결시키는 가운데 이러한 사기를 꺾은 훈구공신이야말로 사림과 군주의 '공적'임을 역설하는 것이었다. 이는 곧 군주와 훈구대신만이 정치를 주도할 수 있다는 세신정치론에 대한 문제제기임에 다름 아니었다.

이상에서 살펴보았듯이 사림세력에게 훈구공신의 집권과 세전은, 권세는 외척에게로 돌아가고 정치는 사문(私門)에서 이루어지며 사류는 모두 제거되

---

64) 『明宗實錄』 卷20, 明宗 11年 5月 11日 戊辰. 茂長儒生 安瑞順 上疏.
65) 『中宗實錄』 卷37, 中宗 14年 10月 25日 乙酉.
66) 『中宗實錄』 卷2, 中宗 2年 2月 13日 丁亥. 檢討官 安處誠 ; 『宣祖實錄』 卷1, 宣祖 卽位年 11月 19日 庚午. 奇大升.
67) 『中宗實錄』 卷36, 中宗 14年 5月 11日 癸卯. 趙光祖.
68) 『明宗實錄』 卷27, 明宗 16年 8月 6日 癸亥. 史論 ; 『眉巖日記草』 卷2, 宣祖 2年 8月 28日.

고 뭇 소인배들이 득세하는 상황을 의미하였다.[69] 사림세력이 지향하는 정치운영은 '사림'으로 표상되는 양반지배층 전반의 '공론'을 바탕으로 하는 것이었다. 이에 사림세력은 권력과 경제적 이권을 독점하는 훈구세력을 '공론'에 위배되는 인욕=사=소인의 집단으로 규정, 국왕과 사림세력이 함께 극복해야 할 공동의 적으로 간주하고 군주에게 그 척결을 요구하였다.

그러나 중종대와 명종대에도 각각 '반정'과 을사·정미사화로 인한 수백 명의 공신이 추가로 배출되었다. 그러나 집중된 권력을 이용해 남수(濫受)의 혐의가 뚜렷한 공신 책봉의 강행과, '사화'의 부산물이라는 도덕적 약점을 가진 사람들이 상당수 있었다는 사실은 공신세력이 정치적으로 공격당할 수 있는 충분한 구실을 제공해주었다. 이러한 상황 속에서 삼사는 공신에 대한 정치적 비판을 더욱 강력하게 제기하였다. 형세상 훈구대신들의 우세한 위상에도 불구하고 그들이 정국을 완전히 '장악'했다고 보기에 어려운 국면이 계속되었으며, 결국 선조대에 들어오면 훈구척신 정치의 청산이라는 시대적 과제 앞에 세신정치에 기반한 훈구세력의 정치적 주도는 몰락하고 말았다.

사림세력이 세신정치를 비판하며 그 대안으로 제시하였던 이상 세계는 사람들 스스로 자신의 도덕적 본성을 자각하고 발현함으로써 성인군자로 거듭나는 사회, 즉 지치주의(至治主義)·왕도정치(王道政治)가 실현된 도덕국가였다. 유교 국가로서 당연히 지녀야 할 도덕적 가치가 바로 서야 한다는 신념과, 도덕적으로 올바르고 정의로운 사람이 집권하면 부정한 사회문제는 해결된다는 낙관적 믿음은 조광조가 주장하는 정치적 개혁의 대전제였다. 이를 위해서는 조선 사회가 도덕적 윤리적으로 바른 인간형으로 가득 채워져야 했다. 그러나 현실 속의 인간은 선·악이 혼재된 존재이다. 그것은 인간에게 선한 본성과 악한 본성이 따로 존재하기 때문이 아니다. 각자에게 내재된 선성을 올바로 발현시키느냐, 발현시키지 못하느냐이 문제이다.

---

69) 『明宗實錄』 卷3, 明宗 元年 2月 13日 庚子. 史論.

중종대 조광조를 비롯한 사림세력은 사람의 본성은 천리가 내재되어 모두 선하지만, 그것이 선하게 발현되는가 악하게 발현되는가의 여부는 본성을 가리는 자신의 기질을 극복하고자 하는 노력에 달려있는 만큼 끊임없는 학문의 연마와 수양을 통하여 자기의 선한 본성을 올바로 발휘하는 것이 중요하다고 주장하였다.[70] 그들은 개인의 도덕적 수양, 즉 수신(修身)을 통해 기질을 변화시킬 수 있다는 믿음을 낙관했다. 기질을 변화시켜 선성을 온전하게 발현시키는 정도는 어디까지나 개인적 노력에 따른 상대적인 차이가 있을 뿐, 변화가 불가능한 선천적 요소가 아니라는 것이다.

1) 군신(君臣)의 관계를 사우(師友)의 관계로

모든 인간의 도덕성을 낙관하는 사림세력의 인간관은 정치사회를 보는 견해에 그대로 투영되어 인성의 함양, 인간의 윤리도덕을 회복하는 정치론으로 전개되었다. 군자가 되기 위한 극기와 금욕의 학문에서 자유롭지 못하기는 군주 또한 예외가 아니었다. 군심(君心)이 천하의 대본(大本), 만화(萬化)의 근원이라거나 출치(出治)의 근본이라는 것은 조광조를 비롯한 사림세력에게서 가장 빈번하게 들을 수 있는 말들로 국가·사회의 치란을 모두 군주의 도덕심으로 귀결시키는 논리였다.

한대(漢代) 유학을 주도하였던 동중서의 정치론에서도 볼 수 있듯이 주자학 이전의 군주는 천·지·인 삼재(三才)를 연결하는 유일의 축으로서 신성하고 절대화된 존재, 즉 성인(聖人)이었다. 그러나 통치자의 인격 완성을 정치론의 근간으로 삼는 주자학에서는 군주의 절대성조차도 천리 앞에 새롭게 조명, 군주와 성인을 곧바로 등치시키는 종래의 관념을 철저히 전복하였다. 천리는 특정인의 사유물이나 일정 영역에만 한정되는 것이 아닌, 모든 사회 성원, 사회 영역을 포괄하는 통일적 원리였다. 때에 따라서는 군주, 국가, 그리고 법의 행사까지도 천리 앞에 개체화된 '사(私)'적 존재로서 비판할 수 있는

---

70) 『中宗實錄』 卷32, 中宗 13年 4月 28日 丁酉.

이념적 기저가 형성되고 있었던 것이다. 종래 천명을 대행하는 절대적 존재로 간주되었던 군주는 이제 학문에 대한 끊임없는 정진과 자기수양에 매진함으로써 성인이 될 것을 지향하는 한 사람의 '학인(學人)'이자 '사(士)'로서 성학(聖學)에 대한 의무를 지게 되었다.

삼대(三代)의 정치, 즉 도덕 국가의 실현은 이렇게 성학을 통한 군주의 수양이 반드시 전제되어야 했다. 중종대에 들어와 조광조를 비롯한 사림세력이 본격적으로 성인군주와 삼대지치를 지향하는 지치주의·왕도정치를 주창한 이후로 이러한 생각은 널리 확산되고 있었다. 사림세력은 군주에게 성인과 같은 높은 도덕성을 갖출 것과 천리를 현실 정치에 충실히 실현해야 하는 책임과 의무를 부여하였다. 이러한 조건이 충족될 때 군주의 권위와 권력은 그 도덕적 정당성을 인정받을 수 있으며 이로써 도덕국가의 실현이 이루어질 수 있다고 보았기 때문이다. 문제가 되는 것은 성인을 향한 군주의 '의지'였다. 성인은 극기를 방불케 하는 엄격한 금욕의 결과로 얻어진다. 그러나 현실의 군주는 권력의 소재이자 아부하는 소인들이 항상 곁에서 떠나지 않아 방종해지기 쉬운 나약한 존재일 뿐이었다.[71] 사림세력은 이를 극복할 방법으로서 군주의 굳건한 의지[立志]와 성인군주가 되기 위한 학문적 노력[君主聖學]을 제시하였다.

사림세력은 성학을 강론하는 경연을 통해 군주에게 인격적 완성과 도덕적 솔선수범을 요구하였다. 이에 경연에 입시할 때마다 인간의 마음과 성정, 선과 악, 의리와 이욕, 왕도와 패도 등 도학의 이론과 내용을 하나하나 살펴가며 종횡으로 분석하고 논의하였다. 또한 군주의 언행으로부터 정사에 이르기까지 그 마음이 공정한가, 호오(好惡)에 혹 편사(偏私)의 개입은 없는가 등을 집요하게 따져 들어감으로써 군주의 일체의 행위가 도덕적 표준에 합당한가를 끊임없이 검증해 나갔다. 조광조를 비롯한 사림세력은 군주의 절대 지위와 권위의 상징성을 결코 부정하지는 않았지만, 동시에 군주의 권력이 전제화,

---

71)『恥齋遺稿』卷1,「故大司憲靜庵行狀」, 29ㄴ.

절대화할 가능성에 대해서는 강하게 경계하고 있었다. 세습 군주는 으레 혼명강약(昏明强弱)의 차이가 있기 마련이고 또 그 속성상 전제적이고 자의적일 소지도 다분하다. 군주도 수양이 필요한 '인간'이란 도덕적 원론을 부정하는 연산군과 같은 폭군이 언제라도 나올 수 있는 것이다. 이러한 위험을 방지할 수 있는 방법은 군주의 권위와 권력을 천리에 종속시켜 도덕적, 윤리적으로 교정하고 통제하는 것이다.

사림세력이 주창한 지치주의·왕도정치론으로 말미암아 군주는 한 사람의 학인으로서 유자 관인들과 동렬에 서게 되었다. 이제 군주의 성학에는 현자인 신하들의 도움이 절대적으로 필요하였고, 이 과정에서 사림세력은 군주를 바른 길로 이끌어야 할 역할을 사대부의 책무로서 자임하였다. 군주의 도덕적 솔선수범과 이를 보도하는 신하의 도리와 직분을 강조하는 사림세력의 의론은 자연스럽게 군신관계가 곧 사우의 관계와 등치된다는 인식으로 이어졌다. 주자학에서 사우의 관계는 도를 체득하는 성학을 수행함에 필수적으로 맺어야 할 인간관계이다. 군주의 학문도 예외는 아니었다. 성인이라 해도 반드시 스승을 높이고 벗의 책선보인(責善輔仁)에 힘입을 때 그 도를 체득할 수 있다. 하물며 성인이 되고자 노력하는 자연인 군주에게 사우와 함께 하는 절차탁마의 과정은 성인의 경지에 도달하기 위해 반드시 거쳐야 하는 과정이었다.

조광조를 비롯한 사림세력은 군주가 마음을 바르게 하여 왕도정치를 행하기 위해서는 그 학문 과정에서 반드시 스승이자 벗과 같은 신하의 보도가 필요함을 주장하였다.[72] 군주는 자신의 독단을 막아주고 학문을 이끌어 줄 현인군자를 두루 등용하여 존경의 자세로 친히 하고, 신하는 군주의 사(邪)·정(正)을 가려 그 허물을 기탄없이 말할 수 있는 사우의 관계야말로 그가 꿈꾸었던 이상적인 군신관계였다. 군주가 경연에서 현인군자와 함께 고금치란의 도와 정사를 논하는 것이나 신하의 간쟁권을 적극 보장하고

---

72) 『中宗實錄』 卷27, 中宗 12年 2月 19日 乙丑 ; 『中宗實錄』 卷31, 中宗 13年 1月 10日 庚戌.

초야의 의론까지 널리 '공론'으로 받아들여, 이를 기꺼이 정치에 반영하는 것은 그 대표적인 내용이다. 이를 통해 그는 군주권의 행사에 양반사대부층 일반의 주장과 이해를 능동적으로 반영할 수 있으리라 기대하였다.

중종 13년 소격서 혁파가 정치쟁점화 되었을 때 조광조 등 사림세력이 문제로 삼았던 것은 소격서의 혁파 여부에만 그쳤던 것이 아니었다. 사직을 불사하는 대간의 간언에도 불구하고 소격서 혁파를 완강히 반대한 중종의 태도가 그에게는 더 큰 문제였다. 조광조는 당시 중종에 대해 군주가 신하들의 간언을 무시하고 왕권이 권위와 위엄만을 앞세워 독단하는 우매한 군주와 같으며 이러한 태도는 나라에 위망의 조짐을 드리우는 것이라고 혹독하게 비판하였다.[73] 직접적으로 표현하지는 않았지만 조광조가 말한 암군이란 신하들의 조언이 듣기 싫다 하여 경연과 삼사를 혁파하고 언로를 완전히 차단한 연산군을 가리키는 것이었으며, 위망의 조짐이란 연산군의 말로를 의미하는 것이었음을 어렵지 않게 짐작할 수 있다. 조광조로서는 진심어린 우려가 깃든 진언이었으나 군주가 듣기에는 거의 '협박'에 가까운 이 발언을, 성학의 세계에 이미 발을 들여놓은 중종으로서는 묵묵히 받아들여 소격서 혁파에 찬성할 수밖에 없었다.

국왕의 부덕이 죄목으로 내세워졌을 때 신하의 불충은 문제가 되지 않음은 이미 반정과 연산군의 폐위로서 현실이 된 상황이었다. 조광조 등 사림세력은 이러한 현실을 도덕적인 의리명분론으로 더욱 강고하게 뒷받침하고자 하였다. 그들은 반정을 그 자체로 옹호하지는 않았지만 그렇다고 군주를 존재 그 자체로서 절대적 충의 대상이라 생각하지도 않았다. 군주가 군주의 도리를 지키지 못해 천명이 떠났다면 그는 이미 필부에 불과한 존재일 뿐이다. 필부로 전락할 군주를 올바로 보도하기 위해서라도 군명이라 하여 무조건 따를 것이 아니라 먼저 의리에 비추어 따를 수 있는지 없는지를 판단해야 한다는 것이 그들의 생각이었다. 군신은 함께 의리를 실천하는 관계이지,

---

73) 『中宗實錄』 卷34, 中宗 13년 8월 丁酉.

한갓 형세만을 가지고 지배하고 복종하는 관계가 아니기 때문이다.

이렇듯 사림세력은 군주에게 성학을 이미 주어진 학문목표로 제시함으로써 자신들의 학문적·정치적 역할을 배가해 나갔다. 사림세력은 개인이나 특정 소수집단의 이해관계를 초월하는 보편적 원리인 천리를 군신이 함께 공유하는 가운데 군주에 대한 자유로운 비판과 평가의 여지를 남겨두고 이로써 양반사대부층 전반의 이해를 관철시켜 나가고자 하였다. 이를 정치에 실현하는 구체적인 방법으로서 '구현(求賢)'과 '공론'의 수용을 통해 군신이 함께 정치의 주체가 되는 군신공치의 정치운영을 제시하여 상호 상제(相濟)하는 군신관계를 지향해 나갔다.

2) 수직적 세신정치를 수평적 사림정치로

사림세력은 사우의 관계론을 군신관계뿐만 아니라 양반사대부층 전역에 확산시켜 지배층 내부의 질서를 새롭게 재정립하고자 하였다. 학연을 매개로 한 인간관계는 자연적으로 주어지는 것이 아니라 그 관계를 형성하기 위한 상호 능동적이고 자율적인 노력이 요구되는 것이었다. 사림세력은 조정이 현덕의 군자로 채워진 가운데, 모든 신료가 서로를 스승으로 삼고 벗으로 여기며 존경하고 화합하는 사회를 실현하고자 하였다. 이는 종래 훈구공신 중심의 권력구조와 사회 전반의 운영 원리를 송두리째 뒤집는 혁신적인 주장이었다. 사림세력은 도가 같고 뜻이 합하면 귀천이 다를지라도 더불어 벗할 수 있다는 도덕적 원론으로 공신호, 혹은 관직을 매개로 상하의 직분을 엄격히 분별하는 종래의 질서를 무력화시키고자 한 것이다.

'공론'의 주체와 범위를 둘러싼 정치적 논쟁은 이로 인해 파생된 것이었다. 상하의 직분과 기강을 엄격히 강조하는 가운데 공론의 범위와 주체를 조정 관료로, 나아가 대신 중심으로 제한하였던 기존 질서에 맞서, 사림세력은 천하의 선에는 귀천이 없으며 공론의 소재 또한 존비의 차이가 없다는 원칙론을 견지함으로써 조정과 초야, 공경과 유생의 의론이 동일한 비중과 가치를 지니고 있음을 강조하였다. 절대적이고 보편적인 도 앞에 직위는 부차적인 문제였다. 사림세력에게 중요한 것은 지배층 내부의 위계질서가 아니라, 옳고 그름의 시비 변별이었다. 말하고자 하는 내용이 옳은 것이라면 그것은 곧 '공론'이며, 공론의 소재는 직급과 등위의 체통을 넘어선다는 것이 그의 주장이었던 것이다.

조광조 등 사림세력이 면신례(免新禮)를 반대하였던 것도 이러한 견지에서였다. 오늘날의 신고식에 해당하는 면신례는 그 폐해에도 불구하고 관료조직 내부의 위계와 상하 기강을 확립한다는 미명 아래 묵인되는 관습이었는데 이에 대해 사림세력이 정면으로 그 폐해를 거론하고 나섰던 것이다. 이들은 선배와 후배는 서로 예로써 대해야 하며, 도·의 앞에 서로 화합하는 사군자로서 함께 군주를 섬겨야 하는 관계임을 강조하였다.

사우론과 공론의 확대를 통하여 사림세력은 종래 훈구공신 중심의 정치체제를 해체하고 군신 간의 권력균형과 양반지배층 전체의 권익 균점을 보장하는데 핵심을 두는 정치방식을 추구하였다. 과거제의 비판과 현량과의 시행, 위훈삭제 주장 등의 개혁 방안도 모두 이를 위한 것이었다고 할 수 있다. 문벌숭상·청탁풍조 등으로 소인은 득세하는 반면 군자의 등용은 폭넓게 이루어지지 못하고 있다는 그 나름의 현실 비판 아래 이를 극복할 대안을 모색한 결과였다. 사림세력은 공신에 대한 지나친 은전이 불균·불공한 인재등용의 근본 원인이며, 사람의 현부(賢否)는 논하지 않는 문음(門蔭)과 사장학(詞章學) 중심의 과거제가 이러한 상황을 더욱 부추기고 있다고 보았다.

혈연·가문을 매개로 관직을 취득하는 문음·남행제도는 특권적 인재등용 방식으로서 훈구공신 가문의 지위를 영속시키는 역할을 하였다. 또한 능력을 시험하는 과거제의 합리성은 시문을 숭상하는 사장학과 결합함으로써 개인의 공명과 작록만을 탐하는 기회주의이 풍조를 양산하며 이익을 꾀하는 도구로 전락하였다.[74] 이는 곧 대다수 사대부층의 관직 참여가 제한됨을 의미하는 것으로써 조광조 등 사림세력의 반발을 사는 주요 요인이 되고 있었다. 그들이 보기에 문음의 은택을 받거나 내면의 덕행보다는 조충전각(彫蟲篆刻)의 기술만 익혀 요행히 과거에 합격하려 드는 이들은 대부분 권세 있는 훈구공신의 자손이거나 뇌물을 바친 이들이었다. 사림세력은 이들로 인해 한미한 집안의 선비는 비록 학덕이 있더라도 등용길이 막히게 되어, 조정에는 일신의 이익에만 급급한 소인들만 가득할 뿐 선정을 펼칠 군자는 찾아보기 어렵게 되었다고 비판하였다.

이에 사림세력은 인재등용에 문음과 같은 혈연에 기초한 사적 요소를 배제하고 관료로서의 능력과 함께 '인품'을 검증할 공정하고 객관적인 과거제의 운영을 요구하였다. 그들은 그 방안으로서 사장학 중심의 과거제를 강경 중심의 과거제로 변경할 것과 과거의 명리에 뜻을 두지 않은 채 초야에 묻혀있는 유일(遺逸)을 천거, 등용하는 천거제를 시행할 것을 주장하였다. 두 방안 모두 인재등용에 있어 혈연에 기초한 사적 요소와 기회주의의 이익 풍조를 가능한 배제해 나가고자 하는 의도를 담고 있었다.

중종 14년(1519) 4월에 강행된 현량과(賢良科)는 이러한 노력의 소산이었다. 현량과는 천거제에 별시(別試)의 형식을 더한, 천거제와 과거제의 결합이라고 할 수 있다. 조광조는 먼저 천거를 통하여 덕행 있는 유일(遺逸)을 뽑은 후 대책(對策)으로써 그 재행을 시험하여 발탁한다면 과거제를 폐지하지 않으면서도 그 폐단을 보완할 수 있다고 주장하였다.75) 당시 현량과에 급제한 사람은 28인이었는데, 이들에게는 관료제의 정해진 위계를 뛰어넘어 6품의 실직(實職)을 곧바로 제수하였다. 현량과 인사들에 대한 파격적 초입사(初入仕)와 순자법(循資法)을 무시한 빠른 승진, 청요직 기용 등은 기성 관료들의 거센 반발을 불러왔다. 이들에게 현량과는 과거제와 도목정사(都目政事)라는, 관료로서 정상적으로 거쳐야 할 과정을 모두 무시한 처사였으며, 분경(奔競)이나 붕당과 같이 권력을 농단하고 국사를 어지럽히는 행위로 받아들여지고 있었다. 조광조를 비롯한 사림세력 또한 현량과가 너무 단기간에 많은 무리수

---

74)『中宗實錄』卷32, 中宗 13年 3月 11日 庚戌.
75)『中宗實錄』卷32, 中宗 13年 3月 11日 庚戌.

를 두는 방안임을 모르지 않았다. 그러나 그들은 현량과가 재지사림의 정치 참여를 확대해 가는 한편 양반지배층 내부의 권력구조를 수평적인 방향으로 재편하여 치자로서 양반지배층 내부의 동질성을 확보할 수 있는 방책이라 확신하였으므로 이로 인한 정적들의 비판을 무릅쓸 충분한 가치가 있다고 생각하였다.

현량과를 통하여 군자를 널리 등용한 다음의 수순은 개혁에서 일탈하거나 저항하는 '소인'들을 철저히 배척하여 몰아내는 일이었다. 그 제일가는 표적 은 당연히 첨예한 대립각을 세웠던 훈구공신을 비롯한 기성관료들에 맞춰졌 다. 사림세력은 '공론'에 저항하는 이들을 예외 없이 모두 정치운영의 책임감 과 도덕성이 결여된 소인으로 규정하였다. 군주를 요·순과 같은 성군이 되게 하고, 인격과 학문이 뛰어난 도덕군자를 천거 등용하여 이들의 경륜으로 민생을 평안케 하자는 도덕적 원론, 나아가 이러한 문제는 실천하고자 하는 의지만 있다면 해결할 수 있다는 당위적 확신 앞에 제기되는 반론은 구구한 변명일 뿐이었다.

사림세력은 '군자와 소인이 같은 조정에서 함께 일하기는 어려운 일'이라 고 전제하면서 그런 소인들의 세력이 커지기 전에 처벌하여 그 싹을 잘라버려 야 한다고 주장하였다.[76] 위훈삭제(僞勳削除)의 주장은 이러한 배경에서 제기되고 있었다. 일례로 조광조는 반정 당시 공신들의 훈공은 대부분 청탁에 의해 무분별하게 녹공된 것이므로, 이를 삭훈하여 의를 뒤로 하고 이익만 앞세우는 근원을 막아 버려야 한다고 주장하였다.[77] 나아가 공신은 그 존재 자체로 이(利)를 추구하는 풍조를 확산시킴으로써 종국에는 군위를 찬탈하고 나라를 화란에 빠뜨릴 위험성을 가지고 있음을 경고하고,[78] 국왕 과 사림세력이 함께 극복해야 할 공동의 적으로 간주, 중종에게 그 척결을 요구하였다.

---

76) 『中宗實錄』 卷33, 中宗 13년 5월 丁巳.
77) 『中宗實錄』 卷36, 中宗 14年 5月 11日 癸卯.
78) 『中宗實錄』 卷37, 中宗 14年 10月 25日 乙酉.

이처럼 공신의 작호를 '위훈(僞勳)'이라 낙인찍고 그 삭제를 제기한 것은 단순히 공신의 권리와 특권을 공격하고 권력의 헤게모니를 장악하는 차원을 넘어, 세조대 이래 대를 이어 재생산되어 온 공신의 권위와 위상, 나아가 과거의 특권과 편안함에 안주하였던 공신 중심의 권력구조를 직접적으로 부정하는 것이었다. 공신을 임금을 위협하는 권간으로 치부하며 위훈을 삭제하고 도덕적 질서를 확고히 구축하자는 조광조의 주장이 제기되었을 때 훈구공신들은 물론 이에 동조하거나 묵인하며 살아온 기성관료들의 불안 감은 극도로 치솟았다. 중종반정으로 양산된 공신 집단, 그 중에서도 공신의 세를 불리느라 공이나 명분 없이 녹공된 수많은 공신들에게 자신들이 결여한 명분과 도덕성이 공격받는다는 것은 뼈아픈 일이었으며, 이는 결국 기묘사화 로 이어졌다.

지금까지 살펴보았듯이 조광조 등의 도학정치론은 이른바 삼대의 왕도정 치를 표준으로 내세워서 공의(公義)가 사리(私利)에 쫓기는 현실 정치의 비리 를 배격하고 국왕 중종과 훈구대신을 향하여 치자로서의 책무·도덕의식을 회복하도록 촉구하는 내용이었다. 그들은 스스로를 '소인'과 구별되는 '군자' 로 표방하는 가운데, 훈구 공신의 비리와 전횡을 주자학적 명분론에 입각하여 비판하고 당시 사회의 모순을 주자학적 이념과 제도의 실천으로 극복하고자 노력하였다. 조광조 등의 사림세력이 볼 때, 단종을 몰아내고 왕이 된 세조의 즉위과정에서 보인 훈구세력의 처신은 사림세력이 이념으로 내세우는 도학 적 가치관으로 보아 극히 우려할 일이 아닐 수 없었던 것이다.

또한 조광조 등 사림세력은 이 시기 민의 유망과 그 내면의 성장에 대응하면 서 농민지배를 실현할 필요가 있고, 이를 위해서는 15세기 이래 강화된 소수 훈척세력의 권력 집중, 그리고 자신들을 포함한 지배층 전체의 비리와 부정부패에 대한 적절한 통제와 제도적 장치가 필요하다는 데 사회적 공감대 를 형성하고 있었다. 이에 그들이 주장하는 주자학적 도학정치의 구현은 종래 훈구세력이 주도해 온 정국운영에 대한 비판과 극복을 위한 대안으로서 제시되었다고 할 수 있다.

그러나 이들의 도학정치론과 그에 따른 사회적 개혁은 지나치게 과격하고 급진적이라는 평을 받았으며, 결국 위훈삭제를 계기로 정치적 생존에 위협을 느낀 훈구세력의 공격을 격발시켰다. 1519년 조광조를 위시한 다수의 사류가 기묘사화에 피화됨으로써 사림의 정치활동은 크게 꺾이게 되었다. '기묘사화'에서 중종 말, 이후 명종대까지에 이르는 치세는 대체로 훈구대신들에 의해 주도되었다고 할 수 있다. 기묘사화 이후 26년까지는 남곤(南袞)·심정(沈貞)·홍경주(洪景舟) 등 사림세력의 개혁에 반대하였던 인물들을 주축으로 하여 훈구세력 주도의 정국이 지속되었다. 중종 26년부터 32년 말까지는 권신(權臣) 김안로(金安老)의 집권기였다. 그는 남곤·심정 이후의 정국을 주도하다가 문정왕후(文定王后) 폐위 음모의 혐의를 받고 중종 32년 사사되었다.[79] 김안로의 실권 이후 김안국(金安國), 김정국(金正國), 권벌(權橃), 이언적(李彦迪), 송세형(宋世珩), 구수담(具壽聃) 등 사림세력들이 다시 등용되었다. '기묘사화' 피화인의 재등용은 인적 쇄신을 통해 정치의 변화를 시도하려는 중종의 조처였다. 중종 말에 이르면 이들은 향약·향음·향사례와 천거제의 재지실시를 건의하고 조광조 등 '기묘사림'의 신원 논의 등을 활발하게 전개하여, 인종의 짧은 치세 동안 사림세력의 복권을 실현하나, 인종이 곧 승하한 가운데 명종대에 들어와 재차 을사년의 '사화'로 실패를 맛보게 되었다.

'을사사화(乙巳士禍)'를 비롯한 일련의 옥사는 좁게는 대윤(大尹)·소윤(小尹)을 둘러싼 외척 간 실력대결에서 비롯된 것이었지만, 넓게는 사림세력의 정치론·정치운영에 대한 훈구세력의 정치론·정치운영론이 부딪치면서 전자에 대한 후자의 위기의식과 거부가 폭발한 것이었다. 그러나 '을사사화'를 고비로 점차 사림이 정계와 학계를 장악하게 되면서 훈구와 사림의 정치적 대항관계는 점차 후자의 우위 속에 전자가 구축되는 방향으로 전개되었다. 사림세력이 부침을 거듭히면서도 결국 정치적으로 재부상할 수 있었던 기반

---

79) 『中宗實錄』 卷85, 中宗 32年 10月 乙亥.

은 향촌 사회에서 자신의 세력을 확대 재생산할 수 있는 조직체인 서원과 향약을 통한 향촌 자치제의 실현 덕분이었다. 특히 서원은 재지 사림세력의 정치적 역량을 축적하고 지지기반을 확장하는 데 크게 기여하였다. 벼슬에서 물러난 퇴계 이황이 향리인 예안에 도산서당(陶山書堂)을 세우고 그 문인들과 함께 본격적인 성리학 연구에 침잠하면서, 사림양성을 담당할 전초기지로서의 서원 보급운동을 벌인 것은 전형적인 하나의 예였다. 그 결과 명종 말년경에 이르면 사림은 주자성리학에 바탕을 둔 탄탄한 학문적 기반 위에서, 학연으로 연결된 지방여론의 지지세력을 가진, 가장 유력한 정치집단으로 성장할 수 있었다.

Ⅲ. 16세기 후반 사림세력의 분화와 붕당의 전개

1. 훈척정치의 청산과 사림세력의 분화

선조대 동서분당의 주요 원인 중 하나는 척신정치의 청산, 나아가 척신정치의 청산을 논점으로 한 정치운영론의 차이 때문이었다고 할 수 있다. 선조대 정계에 진출한 이들은 거의 대부분 훈구척신의 권력 주도에 반대함으로써 '사림'이라는 비교적 동일한 자기 정체성을 가지고 있었다. 인사의 전횡을 일삼아 관료사회의 기강을 문란하게 하고 부정을 야기하며, 사적인 이익 추구에 관권을 남용하여 국고의 허갈과 민생의 파탄을 야기한 척신정치의 폐해는 사림세력의 정치적 결집을 유도한 가장 근간의 공감대였다.[80] 무엇보다도 척신정치는 광범위한 사대부 계층의 공론이 배제됨을 의미하는 것으로, 이는 필연적으로 소수지배층으로의 권력집중을 야기하기 마련이었다. 그리

---

80) 김돈, 1997, 『조선전기 군신권력관계 연구』, 서울대출판부 ; 김우기, 2001, 『조선중기 척신정치연구』, 집문당 참조.

고 이러한 파행적인 정치운영이 종국에는 왕권마저 약화시키고 국가의 공권력을 무력하게 하였음은 이미 윤원형·이량 일파의 전권이 자행된 전대의 경험이 반증하는 바였다. 때문에 선조 초반 정국을 장악한 사림세력이 가장 시급한 정치적 과제로 꼽았던 것은 구체제의 혁신, 곧 척신정치의 청산이었다.

선조 초반 척신정치의 청산은 크게 두 가지 방안으로 제시되고 있었다. 위사공신의 삭훈, 즉 위훈(僞勳)삭제의 문제가 그 하나의 방안이었고 외척인 심의겸을 정치적으로 완전히 배제시킴으로써 척신정치의 재발을 원천적으로 봉쇄하는 것이 다른 하나의 방안이었다.

1) 위사공신(衛社功臣) 삭훈(削勳) 문제

사림세력이 정계에 진출한 성종대 이래로 세조의 집권과 그를 도운 공신의 녹훈이 '부정'한 것이었음을 직·간접적으로 주장하는 발언들은 끊이지 않고 계속되었다. 사림세력에게 훈구공신의 집권과 세전은, 권세는 외척에게로 돌아가고 정치는 사문에서 이루어지며 사류는 모두 제거되고 뭇 소인배들이 득세하는 상황을 의미하였다.[81] 사림세력이 지향하는 정치운영은 '사림'으로 표상되는 양반지배층 전반의 '공론'을 바탕으로 하는 것이었다. 이에 사림세력은 권력과 경제적 이권을 독점하는 훈구세력을 '공론'에 위배되는 인욕(人欲)=사(私)=소인(小人)의 집단으로 규정, 국왕과 사림세력이 함께 극복해야 할 공동의 적으로 간주하고 군주에게 그 척결을 요구하였다. 소릉복위론(昭陵復位論)과 위훈삭제의 주장은 이러한 배경에서 제기되고 있었다.

성종대 이래 제기되었던 소릉 복위 주장은 세조의 즉위와 그로 인해 배출된 공신의 존재 명분을 간접적으로 부정하는 논의였다. 훈구세력에게 단종의 모후 능인 소릉을 복위하자는 주장은 훈구세력 중심의 지배체제에 대한 도전이자 왕조의 정통성에 대한 도전으로 받아들여졌다. 이에 소릉복위론은 연산군대에 들어와 무오사화의 도화신이 되었으며, 갑자사화 때도 재차

---

81) 『明宗實錄』卷3, 明宗 元年 2月 13日 庚子. 史論.

문제가 되었다.

소릉복위론은 중종 7년 약 5개월여에 걸친 치열한 논쟁 끝에 이듬해 소릉을 복위하기로 결론이 지어졌다. 이때의 논쟁에서도 사림세력은 선왕인 세조의 잘못을 드러낼 수 없다는 훈구세력의 입장에 대해, 선왕이 한 일일지라도 도에 비추어 어긋나는 일이라면 고칠 수 있다는 주장을 내세웠다.[82] 훗날 조광조는 소릉 복위와 노산군(魯山君)에 대해 치제한 일이 국가의 금기를 건드린 일이므로 소인들이 화란의 단서로 삼을 수 있음을 우려하였다.[83] 그러나 그는 군자라면 이러한 위험을 무릅쓰고서라도 '정론(正論)'을 지켜내야 한다고 주장하였다. 이는 곧 세조의 집권과 그를 도운 공신의 녹훈이 '부정'한 것이었음을 밝혀야 한다는 것임에 다름 아니었다.

사림세력의 이러한 신념 아래 중종대 정국공신, 명종대 위사공신에 대한 비판 양상은 성종대, 연산군대에 비해 훨씬 직접적인 양상으로 전개되어 갔다. 중종 14년 정국공신의 위훈삭제 문제는 결국 '기묘사화'로 귀결되었으며, 선조 초반 위사공신 삭훈 문제는 선조 10년 마침내 삭제하기로 결정될 때까지 정국을 뜨겁게 달구었던 민감한 문제였다. 명종의 대상이 끝나는 기사년(선조 2년, 1569)은 위사공신 삭훈 문제가 본격적으로 거론되기 시작한 시기였다.

그러나 삭훈은 그 파장이 훈구공신의 위상과 권위를 직접적으로 부정하는 것에 그치는 문제가 아니었다. 국왕에게는 삭훈이 선왕에 대한 부정적인 평가를 동반하게 하는 민감한 사안이었고 자칫 자신의 정통성까지도 훼손시킬 수 있는 위험 부담을 안은 것이었다.[84] 중종이 정국공신에 대한 삭훈 주장을 '위망(危亡)의 화(禍)'로 받아들인 것이나,[85] "그 훈적은 선왕께서 삽혈하여 함께 맹세한 것이고 문정대비가 종사를 위하여 정한 일이니, 내가

---

82) 『中宗實錄』 卷17, 中宗 7年 12月 4日 甲辰. 臺諫 상소.

83) 『中宗實錄』 卷36, 中宗 14年 7月 21日 壬子.

84) 이 점은 昭陵復位가 世祖의 즉위와 그로 인해 배출된 功臣의 존재 명분을 부정하기 위해 제기되었음을 감안하면 더욱 분명해진다.

85) 『中宗實錄』 卷37, 中宗 14年 12月 29日 己丑.

어찌 감히 고칠 도리가 있겠는가."[86]라는 선조의 말은 삭훈이 야기할 민감한 정치적 파장에 대한 군주의 고민을 잘 보여준다.

당시 정국을 주도하였던 영의정 이준경은 삭훈의 논의에 대해 앞장서서 반대하여, 삭훈을 주도한 이이로부터 '용렬하기만 한 전배(前輩)이며 세속적인 대신으로 지향하는 바가 같지 않다'[87]는 비난을 받았다. 이황도 삭훈의 논의가 본격적으로 발의되기 전에 중지시킬 것을 권하는 등 삭훈에 반대하는 자신의 입장을 분명히 하였다.[88] 그는 삭훈의 발의를 성급하고 장황하게 일을 만들어 소란을 일으키는 행위라고 규정,[89] 매우 근심스럽고 두려운 일이라 하였다. 기대승 또한 정작 삭훈의 문제에서는 "을사의 녹훈이 위훈이 아닐 뿐만 아니라 선왕이 이미 정한 일이니 삭제할 수 없다"[90]고 하여 이황과 같은 입장을 취하였다. 이황·기대승은 삭훈에 반대하는 이유로 대윤이 다른 생각이 없었다는 것을 명백하게 알 수 없다는 것을 들었다.[91] 실제로 이들은 윤임의 순역(順逆)에 대해 분명한 언급을 회피하거나 의심의 여지가 있다고 보았다.

반면 삭훈을 주장하는 논자들은 윤임은 사특한 마음이나 의심스러운 점이 전혀 없었으며 그의 역모 혐의는 날조된 것이라 하여 전면 부정하였다.[92] 이는 윤임 자체에 대한 평가라기보다는 "만약 윤임이 역모한 사실이 있다고 하면 이는 정순붕(鄭順朋), 이기(李芑), 임백령(林百齡), 허자(許磁) 등 을사사화를 일으킨 사흉(四兇)을 공이 있다고 여기는 것"[93]이라거나 '위사공신은

---

86) 『宣祖實錄』 卷4, 宣祖 3年 8月 5日 庚子.

87) 『栗谷集』, 「年譜」.

88) 『退溪先生全書遺集』 卷4, 內篇, 「與鄭子中別紙」(丁卯), 13ㄱ~ㄴ.

89) 『退溪先生全書遺集』 卷4, 內篇, 「與鄭子中別紙」(丁卯), 13ㄴ.

90) 『燃藜室記述』 卷18, 宣祖朝儒賢, 奇大升.

91) 『退溪先生全書遺集』 卷3, 外篇, 「與鄭子中別紙」; 『論思錄』 下, 선조 2년 윤6월 6일.

92) 『鶴峯集』 續集 卷4, 「上退溪先生」, 13ㄱ~ㄱ. 하봉 김성일은 이 편지에서 위사공신 삭훈을 주도하는 이들의 여론이 이러하다며 그 내용을 전하고, 이에 대한 퇴계의 생각을 물었다.

93) 『鶴峯集』 續集 卷4, 「上退溪先生」, 15ㄱ.

위훈(僞勳)이므로 이때 죄를 얻은 자는 모두 선사(善士)'[94]라는 흑백 논리로써 삭훈을 강제하기 위한 의도가 강하게 포함된 것이었다.

마찬가지로 이황, 기대승이 "윤임이 전혀 죄가 없다고 하는 것은 치우침이 있는 말"[95]이라고 한 것 또한 윤임의 모역을 확신해서라기보다는 윤임에 대한 신원이 곧 삭훈을 강제할 수 있는 명분이 되는 것을 경계한 것이라 할 수 있다. 즉 윤임(尹任)·계림군(桂林君) 유(瑠)의 신원은 곧 위사공신이 위훈임을 증명하는 논리가 되기 때문에, 삭훈에 반대하였던 이황으로서는 윤임·계림군 유의 신원에 부정적일 수밖에 없었던 것이다.

그러나 이황은 윤임·계림군 유를 제외한 나머지 피화인들의 신원은 추진해도 무방하다고 보았다. 그는 신원과 삭훈은 어느 쪽은 하고 어느 쪽은 하지 않을 수 없다고 하여 힘써 다툴 일이 아니라고 하였다. 이황은 공신호는 그대로 두되 제한된 선에서 신원을 시행하면 양자가 굳이 다투지 않더라도 서로 모순되지 않고 병존할 수 있는 문제라고 보았다.[96]

기본적으로 이황은 군주의 위상과 권위를 약화시키고 정통성을 침해할 우려가 있는 삭훈 문제에 소극적이었다. 이황은 어떠한 사안이든지 그것을 들어주고 안 들어주고는 임금에게 달린 일이며, 군주가 반드시 들어줄 것이라 기필해서는 안 된다고 주장하였다. 이황이 을사년의 일은 사세의 어려움·의리의 미안함 때문에 들어줄 희망이 없다고 한 것, 설령 군주가 들어준다 하더라도 이는 정당한 도리를 얻지 못한 것이라 한 것[97]은 삭훈으로 말미암아 군주의 위상이 흔들리고 위축될 수 있음을 우려한 것이라 할 수 있다. 그의 이와 같은 생각은 사류들이 임금의 허물을 공공연히 드러내니 큰 걱정이라는 말에서도 잘 드러난다. 의리로 볼 때 조종의 일을 드러내 놓고 말해서는 안 된다는 이유에서였다.[98] 그 형국이 마치 임금을 강요하는 듯한 유생들의

---

94) 『栗谷集』, 「年譜」.
95) 『退溪集』 卷27, 「書」, 答鄭子中, 9ㄴ.
96) 『退溪先生全書遺集』 卷3, 外篇, 「與鄭子中別紙」.
97) 『退溪集』 卷27, 「書」, 答鄭子中, 23ㄴ ; 『退溪集』 卷27, 「書」, 答鄭子中, 22ㄱ~ㄴ.
98) 『退溪先生言行錄』 卷4, 論時事, 212ㄴ.

공관(空館)과 같은 사안이 그 예로[99] 국가의 대사를 아래에서 속박하여 군주의 결정을 강요하는 것은 부당하다는 주장이었다. 이는 곧 군주의 권위가 손상될 수 있는 상황에 대한 우려임과 동시에 정치에 대한 주도권과 결정권은 최종적으로 군주에게 귀속되어야 함을 주장한 것이었다고 할 수 있다.

이들과는 달리 삭훈의 문제를 처음 거론하고 이를 실질적으로 주도한 이는 이이였다. 당시 이이는 홍문관 부교리로 있으면서 무려 41차례에 걸쳐 삭훈을 청하는 차자를 작성, 이 논의를 이끌었다.[100] 그 전까지 이준경을 비롯한 대신들은 정미(丁未, 1547, 명종 2)·기유(己酉, 1549, 명종 4)의 신설(伸雪)을 청하였고, 삼사에서는 을사년의 신원까지 논의를 진척시켜, 선조 1년(1568) 을사사화, 정미년 익명서 및 기유년 이홍윤(李洪胤)의 난과 관련하여 피화된 이들의 방환이나 복직이 이루어지고 있던 상황이었다. 그러나 아직 위사공신의 삭훈만은 거론하지 않고 있었다. 즉 대신들 뿐 아니라 대간들도 위사공신 삭훈은 쉽게 이룰 수 없다는 의견이 지배적이었고, 여기에 이황·이준경까지 가세함으로써 오히려 이이의 주장이 지나치다는 말이 나올 정도였다.[101]

그러나 이이는 선왕이 정해놓은 일을 후왕이 감히 고칠 수 없다는 말은 유속(流俗)의 소견[102]일 뿐이며, 조정에 권간이 없는 지금이야말로 변무주간(辨誣誅奸)을 단행할 일대 기회[103]라고 주장하였다. 그는 위사공신에 대해 정순붕·윤원형·이기와 같은 간흉들이 한 시대의 충현들을 반역으로 몰아 참혹하게 살육하고 적몰한 재물로 이욕을 꾀한 부정한 결과물이라 평하였다.[104] 따라서 을사사화의 위훈을 삭제하는 일이 곧 국시를 정하는 일이자 명분을 바로잡는 일이므로[105] 지체 없이 삭훈을 시행해야 한다고 보았다.

99)『退溪先生言行錄』卷4, 論時事, 216 ㄱ~ㄴ.
100)『宣祖修正實錄』卷1, 宣祖 3年 4月 ;『石潭日記』, 宣祖 3年 5月.
101)『沙溪全書』卷1,「李珥行狀」.
102)『眉巖日記』2, 宣祖 2年 9月 1日.
103)『宣祖修正實錄』卷1, 宣祖 3年 4月.
104)『栗谷全書』卷15, 雜著,「東湖問答」, 論正名爲治道之本.

나아가 그것은 곧 군주로서 표상되는 국가의 도덕적 본체의 회복을 지향하는 길이었다. 이이에게 군주는 치세의 모범 혹은 도덕적 표준이 되어야 하며 이를 성취하기 위해 부단히 노력해야 하는 존재였다.[106] 때문에 선조가 삭훈에 끝까지 반대한다면 이는 곧 을사인으로 피화된 사림세력을 반역으로 대하는 것이며, 이로써 시비가 불명해지고 급기야는 나라의 존망까지도 장담할 수 없는 지경에 이를 것이라 하였다.[107]

기대승 또한 이이처럼 '사화'를 시비의 문제로 거론하였던 논자였다. 기대승은 기묘사화·을사사화에 대하여 시비를 명확히 밝혀야 한다고 주장하였다.[108] 그러나 그의 시비명변은 이이처럼 삭훈으로까지 이어지지는 않았다. 삭훈에 대한 시비명변을 명분·국시의 차원에서 논하였던 이이와는 달리 기대승은 조광조·이언적에게 직을 추증하여 도학에 대한 일시의 추향을 정해준다면 시비가 다시 분명해지고 인심도 흥기(興期)할 것이라 보았다. 이황·기대승이 삭훈의 문제를 군주의 위상과 권위를 약화시키고 정통성을 침해할 수 있는 여지가 있다고 보아 반대하였던 것과는 달리 이이는 의리[천리]에 의거, 군주의 권위에 일정한 제한을 가하는 한이 있더라도 삭훈은 반드시 이루어져야 한다고 보았다. 의리에 어긋나는 위훈을 깎는 일이야말로 군주가 치도의 근본이라 할 수 있는 정명(正名)을 바로 세우고 지치(至治)를 회복하는 일[109]이라 한 주장은 이러한 그의 생각을 잘 보여준다.

이이가 주도하는 삼사 여론에 의해 윤임·계림군 유에 대한 신원과 삭훈이 한창 제기되었을 때 후일 동인의 영수라 불린 허엽(許曄) 또한, 당시 사헌부 장령이었던 아들 허봉(許篈)에게 이 논의에 참여해서는 안 된다고 말함으로써 삭훈에 반대하는 자신의 입장을 분명히 하였다.[110] 이때 허봉은 부친의

---

105) 『宣祖實錄』 卷1, 宣祖 2年 9月 25日 乙未.
106) 이이의 『聖學輯要』는 그의 이러한 정치론을 집대성한 책이라 할 수 있다.
107) 『宣祖修正實錄』 卷1, 宣祖 3年 4月.
108) 『宣祖實錄』 卷1, 宣祖 卽位年 10月 23日.
109) 『眉巖日記』 卷2, 宣祖 2年 9月 1日.
110) 『宣祖實錄』 卷3, 宣祖 10年 12月 4日.

견해를 좇아 사피하여 체직되었다.

류성룡, 김성일도 스승인 이황과 뜻을 같이 하여 삭훈 논의에 소극적으로 임하였다. 삭훈 논의가 한창이던 때, 홍문관원으로 재직하였던 류성룡은 이이처럼 삭훈을 앞장서 거론하지는 않았으며 김성일 또한 예문관 검열로 있던 경오년, 윤임에게 의심스러운 행적이 있음을 사책(史冊)에 직서하려 하나 상관이 반드시 그르게 여길 터이니 걱정[111]이라는 내용의 서신을 이황에게 보냄으로써 삭훈에 반대하는 자신의 입장을 간접적으로 표명하였다.

삭훈 논의를 전후로 대신들과 대립하였던 이들로는 이이 말고도 이탁(李鐸)·박순(朴淳)·윤두수(尹斗壽)·윤근수(尹根壽)·정철(鄭澈)·이후백(李後白) 등을 들 수 있다. 이들은 모두 무진년(1568, 선조 1)이래, 낭천제 문제로 이준경(李浚慶)·홍섬(洪暹) 등과 대립하였고 기사년에는 문소전 문제로 이준경과 갈등을 빚던 중, 대사헌 김개(金鎧)가 논핵하려다 미수에 그쳤다는 인물들로, 이이와 교유관계가 두터운 이들이 대부분이었다.[112] 실제로 이이를 중심으로 삭훈을 추진한 논자들의 대부분은 이후 분당 과정에서 서인으로 지목된 인물들이었다. 반면 삭훈에 반대하거나 소극적이었던 논자들은 이후 대부분 동인으로 좌정하였다. 앞서 예를 든 허엽·노수신·류성룡·허봉·김성일 등은 그 대표적인 인물들이었다.

위사공신의 삭훈을 둘러싼 대립은 결국 1577년 윤임·계림군 유의 관작이 회복되고 위사공신이 삭훈됨으로써 일단락되었다. 그러나 이 문제에서 드러난 논자들의 서로 다른 정치적 성향은 이후 동·서 분당의 주요한 쟁점으로

---

111) 『鶴峯集』 續集 卷4, 「上退溪先生」, 13ㄴ.

112) 이들은 李鐸을 제외하고는 무진년(1568, 선조 1)에 당시 대사헌 金鎧가 논핵하려 하였다는 17명에도 포함되어 있음을 볼 수 있다. 그 17명은 朴淳, 朴應南, 奇大升, 金繼輝, 李後白, 鄭惟一, 具鳳齡, 李珥, 鄭澈, 尹斗壽, 尹根壽, 具思孟, 朴謹元, 洪聖民, 李海壽, 辛應時, 吳健 등이었으며(『栗谷集』, 「行狀」 ; 『松江集』, 「行錄」), 李後白, 奇大升, 沈義謙, 尹斗壽, 尹根壽, 鄭澈, 具忭, 吳健 등 8인으로 압축되어 전해지기도 하였다(『眉巖日記』 卷2, 선조 2년 6월 11일). 여기에 기대승이 포함되어 있는 것은 문소전 문제를 두고 그가 이준경과 날카롭게 대립하였기 때문이다. 위에서 살펴보았듯이 기대승은 삭훈 문제에서는 이준경과 일치된 의견을 보였다.

작용하였다. 이이는 삭훈 문제에 공식적인 입장을 표명하지 않음으로써 완곡한 반대 의사를 나타낸 이황이나 기대승, 허엽 등을 비판적으로 바라보았던 한편 삭훈 논의를 조속히 정계(停啓)하고자 하였던 영의정 이준경과는 날카롭게 대립하였다. 앞서 언급하였듯이 이준경은 이이로부터 '용렬한 전배'[113]라는 비난을 받았으며, 이준경과 대립하였던 이들이 기대승에게 불복하고, 이황에 대해 허물을 돌렸다는 기록[114]은 사림세력 내에서 삭훈 문제를 둘러싼 갈등이 깊었음을 잘 보여준다.

2) 외척 심의겸(沈義謙)의 정치적 배제 문제

삭훈 문제에 소극적으로 임하였던 이들은 동·서 분당의 과정에서 동인으로 간주되는 인물들이 대부분이었다. 동인세력은 삭훈 문제에는 상대적으로 소극적으로 임했던 반면 외척인 심의겸의 용사를 비판하고 그를 정치적으로 배제시킴으로써 척신의 정치 간여를 원천적으로 봉쇄하는 데에는 훨씬 적극적인 면모를 보였다. 이로 인해 야기된 심의겸과 김효원(金孝元)의 갈등과 반목은 조선시대 정치사의 분기점을 이룬 사건으로 통칭되어 온 동·서 분당의 주요 원인으로 거론되는 사건이다.

심의겸은 처음부터 친사림적 성향과 척신적 기반이라는 이중적 요소를 지닌 인물이었다.[115] 심의겸의 학문적 계보는 김안국·이황에 닿아있었고 그 정치적 성향 또한 훈척세력에 비판적이었던 사림세력과 크게 다르지 않았다. 심의겸은 그의 척신적 요소를 윤원형이나 이량과 같이 뚜렷하게 노정하지 않았고 오히려 명종조 말기에는 사림을 보호하는 역할을 하였기 때문에 종래의 척신과는 차별성이 강조되는 인물이었다.

그러나 동시에 심의겸은 명종비 인순왕후(仁順王后)를 후광으로 하는 척신

---

113) 『栗谷集』 卷33, 「年譜」(上), 35ㄴ.

114) 『退溪集』 卷30, 「書」 答金而精, 43ㄱ ; 『兩先生往復書』 卷3, 「明彦令前拜白 奇承旨宅」, 47ㄴ.

115) 김돈, 2001, 「선조대 심의겸·김효원의 갈등 요인 검토」, 『歷史敎育』 79.

적 배경으로 발신한 인물이기도 하였다. 그는 28세인 명종 17년(1562), 별시문
과의 을과에 급제한 이후,[116] 청요직을 두루 역임하였고 출신한 지 5년
만에 차서를 뛰어넘어 이조참의에 이를 정도로 출세가도를 달렸다. 실제로
명종 18년 이후의 실록 기사와 그 밑의 사관 세주(細註)에는 출신한 지 5년
만에 갑자기 당상의 반열에 오르게 된 것이 자신의 능력이 아닌 척리의
기반 때문임에도 인혐할 줄 모른다는 비판이 빈번하게 기록되어 있다.[117]

　그래도 명종대까지 심의겸에 대한 기사는 그의 친사림적인 성향으로 인해
여전히 우호적인 기사가 다수였다. 심의겸이 본격적인 비판의 대상으로
떠오른 것은 명종이 승하하고 선조가 즉위한 직후부터였다. 선조대에 들어와
심의겸은 조정의 의론을 앞장서서 주장하여 그의 문정에는 항상 빈객이
가득하였고[118] 선조 2년 왕비책봉 과정에서 직접적으로 간여하여 주선하는
등[119] 종래 척신의 정치적 행태를 답습하는 면모를 보였다.[120]

　이 시기 심의겸의 척신적 면모는 박점(朴漸)이라는 그의 친우를 통해서도
잘 드러나고 있다. 박점은 이량이 전권을 휘두를 때 심의겸으로 하여금
그를 탄핵하여 실권시키도록 힘껏 권한 인물이었다. 이렇듯 박점이 심의겸과
함께 이량의 제거에 공을 세우게 되자 그의 명망이 한껏 높아졌는데, 이후

---

116) 같은 시험에서 장원으로 급제한 인물은 훗날 서인의 영수가 된 정철이었다(『國朝
　　榜目』卷7, 명종조).

117) 『明宗實錄』卷29, 明宗 18年 10月 辛未 ; 卷29, 明宗 18年 9月 甲辰 ; 卷30, 明宗
　　19年 3月 丙寅 ; 卷32, 明宗 21年 1月 癸丑 ; 卷32, 明宗 21年 2月 丁卯 ; 卷32, 明宗
　　21年 3月 辛亥 ; 卷32, 明宗 21年 5月 戊申 ; 卷33, 明宗 21年 閏10月 丙申 ; 卷34,
　　明宗 22年 1月 辛酉.

118) 『明宗實錄』卷32, 明宗 21年 1月 21日 癸丑 ;『宣祖實錄』卷1, 宣祖 元年 10月 14日
　　己丑.

119) 『石潭日記』宣祖 2年 12月 ;『眉巖日記』宣祖 2年 12月 29日.

120) 특히 1569년(선조 2) 간택령이 내려졌을 당시 沈義謙, 朴應男이 양사를 장악하고
　　있었고, 李珥는 홍문관에 재직하고 있었으니 朴淳은 이조판서로 있었나. 외척 심의겸
　　이 또 다른 외척 양산에 직·간접적으로 간여한다는 비난에도 불구하고 그와 친교를
　　이어갔던 이이, 박응남, 박순, 정철 등의 행보는 이후 이들이 외척 심의겸의 성세를
　　키워주거나 그에 편승한다는 비판을 야기하게 되었다.

그는 심의겸과 함께 국론을 주도하고 인사권에 대한 영향력을 행사하는 등 월권을 자행하였다. 당시 그에 대한 평판은 '박점은 백의(白衣)이면서도 권세가 있어 그의 편지 한 장이면 주군(州郡)을 진동시킬 수 있다'고 할 정도였다.121) 이와 같은 박점의 월권은 바로 심의겸의 후광이 있기에 가능한 것이었다.

이조전랑직을 둘러싼 심의겸과 김효원의 갈등과 반목은 심의겸의 척신적 정치 행보를 김효원이 '외척이 정사에 간여한다[外戚干政]'라고 비판한 것에서 비롯된 것이었다. 이 과정에서 이발, 김우옹, 허엽, 류성룡, 김성일 등 동인은 김효원을 옹호하는 한편 심의겸에 대한 비판의 목소리를 높였고, 이준경·백인걸 등 노신들까지도 심의겸이 대비의 지친으로서 뭇 소인들과 결탁하여 정치에 간여함으로써 붕당을 조성할 징조를 보인다고 경고하고 나섰다.122) 백인걸은 "심의겸은 외척으로서 어떻게 정사에 간여할 수 있는가? 지금 선비들이 대개 의겸과 서로 좋게 지내고 있는데 외척의 권세를 너무 키워서는 안될 일이다."123)라고 하였다가, 선을 질시한다는 비판을 받고 귀향하였으며, 이준경은 유차(遺箚)에서 붕당의 조짐을 경고하였다. 그러나 심의겸은 외척인 자신의 권세가 치성함을 지적하는 일군의 비판에 대해 오히려 자신을 옹호하는 여론을 적극적으로 형성하고 동인에 대한 인사에 부당한 영향력을 직·간접적으로 행사하는 것으로 맞섰다.

물론 동인들 또한 심의겸을 윤원형이나 이량처럼 국가에 화를 끼친 전대의 척신들과 동일하게 평가하지는 않았다. 이발(李潑)은 이이에게 보낸 편지에서 심의겸과 김효원을 둘러싼 갈등에는 시비를 가려야 할 요소가 없지는 않으나 심의겸 또한 대단한 죄를 지은 것은 아니므로 그를 소인이라 배척하거나 그를 옹호하는 서인을 사당(邪黨)이라 편척할 수는 없다고 하였다.124) 김우옹

---

121) 『宣祖修正實錄』 宣祖 3年 4月.
122) 『燃藜室記述』, 宣祖朝故事本末, 李浚慶의 遺箚 ; 『宣祖實錄』 卷6, 宣祖 5年 7月 7日 庚寅 ; 『宣祖修正實錄』 卷1, 宣祖 元年 7月.
123) 『宣祖修正實錄』 卷1, 宣祖 元年 7月.
124) 『宣祖修正實錄』 卷25, 宣祖 20年 3月.

또한 예로부터 외척이 뜻을 얻으면 반드시 국가에 화를 불러왔던 사례에 비추어보면 심의겸은 오히려 사림을 보호한 공로가 있고 전대의 척신들과 비교하여 악행이라 할 만한 일은 없다고 하였다.125)

그러나 동인이 주목하였던 것은 심의겸의 친사림적 성향보다 그의 외척·척신적 요소였다. 동인은 척신의 발호로 인한 전대의 폐단에 비추어 보아 외척의 등용은 어떠한 경우에라도 원천적으로 막아야 한다는 원칙을 고수하였다.126) 동인이 보기에 궁금(宮禁)과의 내밀한 교통이 용이한 외척의 지위는 언제든지 권간화할 수 있는 가능성이 농후하였다. 일단 외척·척신이 권간화되면 대부분 자신들의 사적 권력을 옹호하고 그에 반대하는 사림세력을 제거하는데 앞장서서 '사화'가 필연적으로 야기되기 마련이었다. 때문에 외척이 아무리 어질다 하더라도 군주가 그를 의지해서 정사를 펴서는 안 되는 것이었으며 선비들 또한 외척과 정사를 논해서는 결코 안 되는 일이었다. "고금에 외척이 아니고서 권간이 되었던 자는 없었습니다."127)라는 송응개(宋應漑)의 발언은 이러한 동인의 사고를 잘 드러내주는 내용이라 할 것이다.

실제로 심강(沈鋼)과 심의겸 등 청송 심씨 일파는 이량을 발탁하여 윤원형 일파를 견제·축출하는 과정에서 중전인 인순왕후를 배경으로 한 척신적 기반을 이용하였고, 다시 이량 일파를 축출하는 과정에서도 척신적 기반을 이용하였다.128) 심의겸의 친사림적 성향에도 불구하고 결국 심의겸이 위기에 처한 사림을 구제하기 위해 결정적인 통로로 이용한 것은 인순왕후 심씨를 통한 척신적 관계였다. 따라서 동인들에게 심의겸은 크게 보아 '척리(戚里)'라고 하는 범주에서 제외될 수 없는 한계를 지닌 인물로 비추어지고 있었다. 비록 심의겸이 명종 18년(1563)에 이량을 실권시킴으로써 척신세력을 제거하고 '사림의 화'를 방지하는 데 커다란 역할을 하여 종래의 척신과 구별되는

---

125) 『宣祖修正實錄』 卷25, 宣祖 12年 2月.
126) 『燃藜室記述』, 宣祖朝故事本末, 「分東西黨論」.
127) 『眉巖日記』 宣祖 7年 7月 26日.
128) 김돈, 2001, 「선조대 심의겸·김효원의 갈등 요인 검토」, 『歷史教育』 79, 29~39쪽.

차별성을 지니고 있다고 하더라도, 그 과정에서 그가 취한 방법은 결과적으로 '부정(不正)'에 가깝다는 것이 동인들의 공통된 의론이었다.129) 요컨대 척신정치의 폐단을 제거하고 정국을 일신하는 즈음에 동인들은 척신인 심의겸을 그가 권간이기 때문이 아니라 '권간이 될 가능성' 때문에 정치 일선에서 원천적으로 배제해야 하는 존재로 간주하고 있었던 것이다.

명종 말에 앞장서서 이량을 제거한 공로로 얻은 명망과 위세에 힘입어 노정된 심의겸의 정치적 행보가 '외척간정(外戚干政)'이라 하여 동인들의 즉각적인 반발을 샀던 것은 이렇듯 외척의 정치적 배제를 통해 최종적으로 척신정치의 청산을 이루고자 하였던 정치적 사유 때문이었다. 이발·김우옹은 심의겸이 인순왕후와 직접 교통하는 가운데 왕비의 간택을 주선하고, 김효원을 비롯 자신에게 비판적인 이들의 인사에 직·간접적으로 영향력을 행사하는 것을 비판하였다.130) 최영경 또한 척리─심의겸─와 만나보라는 말에 마치 자기 몸이 더럽혀지는 것 같이 여겼으며,131) 심의겸과 교류하는 성혼과 절교하고 심의겸을 옹호하는 정철을 '색성소인(索性小人)'이라 하며 거침없이 비난하였다.132)

반면 서인들은 심의겸의 척신적 요소보다는 오히려 그 척신적 기반을 이용하여 사림의 화를 진정시킨 심의겸의 공로와 친사림적 경향에 더욱 주목하였다. 비록 외척이지만 윤원형과 이량을 제거하였던 그의 공로 덕에 공론이 부식되고 사림이 편안할 수 있었다는 것이다.133) 정철, 이이 등은 심의겸이 척신임에도 불구하고 전배사류들에게 용납될 수 있었던 것은 이처럼 사림을 구제하고 보호하였기 때문이며, 이는 선을 추구하는 마음에서 나왔을 뿐 다른 뜻이 없었다고 주장하였다.134)

---

129) 『燃藜室記述』, 宣祖朝故事本末, 「李珥卒逝」. 동인의 이러한 의론은 선조 16년(계미 1583) 7월 傳敎로서 공식화되었다.

130) 『宣祖修正實錄』 卷25, 宣祖 19年 10月 ;『宣祖修正實錄』 卷25, 宣祖 12年 2月.

131) 『大東野乘』 「己丑錄」 上, 守愚堂崔先生碑銘.

132) 『大東野乘』 「己丑錄」 上, 書守愚堂事跡後(許穆).

133) 『明宗實錄』 卷33, 明宗 21年 閏10月 9日 丙申.

이이나 이귀와 같은 서인들 또한 외척으로서 심의겸의 정치 간여는 잘못된 처사임을 원론적으로 인정한다. 예로부터 두무(竇武)나 장손무기(長孫無忌)와 같이 충성스럽고 어진 신하라 할지라도 외척으로서 정사에 참여하면 실패하지 않은 자가 거의 없었는데, 심의겸과 같은 사람됨으로 감히 정사에 참여하려 한 것은 분명 허물이라는 것이다.[135] 그러나 한명회(韓明澮) 이래 전대의 수많은 외척의 전횡에 비추어본다면 심의겸은 별다른 죄악을 저지른 것도 없는데, 그 정상을 자세히 따져보지도 않고 단지 외척이라는 이유로 한결같이 비난하는 것 또한 잘못이라 주장하였다.[136] 나아가 이이는 타고난 지벌(地閥)은 그 사람의 죄가 아니라고 주장하였다.[137]

윤근수, 신응시는 윤원형이 국권을 전횡하여 인군이 고립된 20여 년 동안 신하 중에 한 사람도 그의 죄악을 말하는 사람이 없었다고 함으로써[138] 상대적으로 심의겸의 공로를 높이 평가하였으며, 척리라 하더라도 한대(漢代)의 두무와 같은 현능한 인물이라면 함께 정사를 도모할 수 있다고 주장하였다.[139] 실제 서인 중에는 위사공신의 삭훈이 선조의 완강한 반대에 부딪쳤을 때 심의겸에게 자전을 통해 일이 성사되도록 할 것을 권한 이가 있었는데 결국 무위로 끝났다.[140] 이는 선한 목적을 지녔다 할지라도 척신의 기반을 이용하여 일을 관철시키는 것은 '부정'이라 규정한 동인과는 정반대의 사고였다.

이이는 권간의 탁란한 기세를 꺾고 사론이 퍼지게 한 것은 심의겸을 비롯한 전배사류들의 공인데 김효원이 선배들을 모두 배척함으로써 거실(巨室)의

---

134) 『思菴集』卷7, 附錄「諸家記述」;『松江集』鄭澈 行狀 ;『燃藜室記述』, 宣祖朝故事本末,「分東西黨論」;『宣祖修正實錄』卷25, 宣祖 12年 5月.
135) 『宣祖修正實錄』卷25, 宣祖 12年 5月.
136) 『宣祖修正實錄』卷25, 宣祖 12年 5月.
137) 『燃藜室記述』, 宣祖朝故事本末,「分東西黨論」.
138) 『宣祖實錄』卷21, 宣祖 2年 閏6月 6日 ;『宣祖修正實錄』卷25, 宣祖 2年 閏6月.
139) 위와 같음.
140) 『宣祖修正實錄』卷25, 宣祖 3年 11月 ;『眉巖日記』宣祖 3年 11月 25日.

마음을 잃고 선배들의 분노를 산 것은 잘못이며 이에 대해 지나치게 반응하여 후배사류들을 극렬히 공격한 전배사류들도 잘못이라 하였다. 이이는 지금의 사류 간 반목과 갈등의 책임이 애초에 김효원으로부터 야기되었다고 하여,[141] 김효원의 책임을 보다 무겁게 물으면서도, 심의겸과 김효원, 서인과 동인 양편은 모두 동일한 사류이므로 서로 화합하고 조정할 수 있음을 주장하였다.[142] 같은 사류라는 전제 아래 이이는 심의겸과 김효원의 반목을 개인과 개인 간의 갈등으로 바라보았고, 같은 연장선상에서 동인과 서인의 갈등 또한 연소한 후배사류의 치기와 전배사류들의 과민한 대응이라는 사류 내의 반목으로 바라보았다. 따라서 같은 사류 간에 불거진 서로 다른 의견에 시비와 사정을 분별할 수는 없다는 양시양비(兩是兩非)의 주장을 폈다.[143] 요컨대 이이를 위시한 서인의 주장은 심의겸의 공로도 공로거니와 무엇보다도 같은 사류로서 어찌 그의 앞길을 막을 수 있겠느냐는 것이었다.[144]

반면 김효원과 심의겸, 동인과 서인의 반목에 대해 이발, 김우옹, 류성룡 등 동인은 공·사와 시·비로서 반드시 분변해야 할 문제라고 강변하였다.[145] 외척으로 요지에 있으면서 권세를 피하지 않은 심의겸의 잘못 위에 정철을 필두로 한 서인들이 서로 뒤이어 용사하며 조정의 기강을 무너뜨렸으므로 이들의 행위는 이른바 '비(非)'이자 '사(私)'라는 것이다. 반면 김효원은 과단하다는 혐의를 피하지 않고 권귀를 비판한 데 지나지 않으니 비록 허물이 있다 하더라도 이는 공죄(公罪)라 보았다. 때문에 이들은 시비를 논하지 않고 양시양비를 주장하여 양편을 진정시키려고만 하는 이이의 논의는 시비의 분별을 어지럽히는 것이라 보았다.[146] 처음에 이발·김우옹은 심의겸의 심술은 알 수 없으나 그 행위가 권력을 휘둘러 국가를 병들게 하고 사림에

141) 『宣祖修正實錄』 卷25, 宣祖 9年 2月.
142) 『宣祖修正實錄』 卷25, 宣祖 12年 5月.
143) 『宣祖修正實錄』 卷25, 宣祖 12年 5月 ; 『燃藜室記述』, 宣祖朝故事本末, 「分東西黨論」.
144) 『燃藜室記述』, 宣祖朝故事本末, 「分東西黨論」.
145) 『宣祖實錄』 卷21, 宣祖 12年 6月 8日 ; 『宣祖修正實錄』 卷25, 宣祖 20年 3月.
146) 『宣祖實錄』 卷21, 宣祖 12年 6月 8日.

해를 끼치는 정도에는 이르지 않은 만큼 홍혼(洪渾)·김첨(金瞻)·정희적(鄭熙績) 등 동인 일각의 군자·소인 분별은 지나친 주장이라 하면서도 양자 간 공·사, 시·비의 분별은 엄격히 해야 한다는 입장을 분명히 하였다.147)

지금까지 살펴보았듯이 위사공신 삭훈과 외척의 정치 간여 배제는 모두 사림 정치의 근간을 이루는 청론(淸論)으로서 구체제의 혁신에 공감하는 사림이라면 어느 누구도 드러내놓고 반대할 수 없는 명분을 지니고 있었다. 다만 서로 간에 중시하는 쟁점과 정치적 지향의 차이가 내포됨에 따라 척신정치 청산의 방안을 달리하고 있었을 뿐이다.

동인은 삭훈으로 말미암아 공가·군주의 권위가 손상되거나 입지가 좁아질 결과를 우려하는 가운데 공가·군주의 위상을 고려해야 한다는 점에서 삭훈에 소극적으로 임하였다. 대신 동인들이 적극적으로 주장하였던 구체제의 혁신 방안은 외척인 심의겸의 정치적 배제를 통하여 척신의 정치 간여를 원천적으로 봉쇄하는 것이었다. 요컨대 심의겸의 정치 간여를 심의겸 개인의 경솔함이나 비리로 축소한다거나 사림을 보호한 그의 공로로 상쇄해버리지 않고 척신의 정치 간여를 원천적으로 반대하는 공론의 형성과 그에 대한 사림 내부의 근본적인 합의를 이끌어낸다는 것이 이들의 의도였던 것이다.

이에 비해 서인은 심의겸의 문제를 외척 정치의 발로로 확대하여 생각하지 않고 심의겸 개인의 경솔함으로 간주하는 가운데 같은 사류로서 포용하고자 하였다. 이는 명종대 후반 이래 척신의 전횡으로부터 사림을 보호하는 데 기여한 심의겸의 공로, 나아가 학문적 계보나 정치적 태도 등 넓은 의미에서 훈척에 반대하는 '사림'으로서의 정체성을 인정하였기 때문이었다. 서인은 사림의 권력 장악에 기여한 심의겸의 공로와 그의 사림·사류로서의 정체성을 앞세워 이를 외척의 간여로 간주하지 않았으며, 동인이 주장하듯 이를 공·사, 시·비이 틀로 비판해야 한다고 보지도 않았다.

---

147) 『宣祖實錄』 卷21, 宣祖 12年 6月 8日.

이렇듯 심의겸을 둘러싼 상반된 평가가 동인과 서인이라는 당파 간 대립과 갈등으로 확대되어 간 것은 척신으로서의 기반과 사림으로서의 정체성이 함께 혼재되어 있는 심의겸의 이중적 면모 때문이기도 하였지만 양자 간 서로 다른 정치적 지향에 기인하는 바가 보다 근본적인 원인이었다고 할 수 있다. 앞서 살펴보았듯이 이이를 위시한 서인에게 을사사화의 위훈삭제는 국시의 문제이자 의리명분의 문제로서 도덕의 표준을 세우기 위해 부단히 노력해야 하는 군주가 누구보다도 솔선수범하여 받아들여야 할 사안이었다. 척신정치의 근본적인 청산은 군주가 위훈을 삭제함으로써 치도의 근본이라 할 정명(正名)을 바로 세우고 군주·국가의 도덕적 본체를 회복할 때 비로소 가능하다는 것이 이이 등의 생각이었다. 반면 삭훈 문제에 소극적인 대신 외척으로서 심의겸의 행태를 적극적으로 문제 삼은 동인은 정치적 구심점으로서 현실 군주의 위상을 고려하는 가운데 외척의 정치 간여를 근본에서 제어하고자 하였다고 할 수 있다.

2. 붕당 갈등의 심화 : 계미삼찬(癸未三竄)에서 기축옥사(己丑獄事)로

처음 김효원과 심의겸 두 사람의 대립으로 촉발된 서인과 동인의 갈등은 이후 정쟁이 진행되는 과정에서 점차 그 주위 인물들로 논의가 확산되어 갔다. 이발, 김우옹, 정인홍 등이 이이·정철과 함께 그 대립의 중심에 서 있는 대표적 인물들이었다. 1583년(선조 16), 송응개·허봉·박근원 등이 이이를 공격하고 이로 인해 허봉, 송응개, 박근원이 유배된 '계미삼찬' 사건은 동서 간 치열한 권력투쟁 속에 양측의 긴장과 갈등이 고조되기 시작한 신호탄이었다. 이 사건으로 동인 측 주요 인사인 송응개, 허봉, 박근원 세 사람이 최북방인 회령, 갑산, 강계로 귀양을 갔고, 동인 측의 언관들이 다수 지방수령으로 좌천되었다.

계미삼찬 사건의 직접적인 발단은 1583년(선조 16) 2월 북도병사 이제신(李

濟臣)이 장계를 올려 경원부(慶源府)의 번호(藩胡) 이탕개(尼湯介) 등에 의해 경원과 아산보(阿山堡)가 포위되었음을 보고[148]한 것에서 시작되었다. 정부는 북방에서 이 같은 위험이 발생할 징후에 대해 이미 여러 차례 보고를 받고 있었다. 선조는 이제신의 보고가 올라오기 직전에 이이를 병조판서에 제수하고, 정철을 함경감사에 임명하여 북방의 군사적 위협에 대응하게 하는 한편 4월에는 성혼을 병조참지에 임명[149]하여 이이를 돕도록 하였다. 이이는 1583년 1월 22일 서울로 올라와 병조판서 직책을 사양했으나 때마침 발생한 북방의 경보로 인해 다시 사양하지 못하고 받아들였다.

이이는 즉시 가용한 병원 동원계획을 신속하게 내놓았다. 6진 방어에 자원하여 만 3년을 채우면 서얼은 과거시험을 볼 수 있게 해주고, 공사노비는 양인으로 인정한다는 내용이었다. 사노비가 양인이 되었을 경우에는 공노비로 대신 충당하여 사노비 주인에게 손해가 가지 않도록 조처했다. 선조는 이이의 안을 즉시 허락했지만 사헌부·사간원 양사가 반대하여 이 안은 실현되지 못하였다.[150] 이와 함께 이이는 2월과 4월에 각각 상소를 올려 폐정에 대한 혁신안을 개진하였다.[151] 여기에는 재정을 풍족하게 만들고 양민과 군사를 함께 양성할 수 있는 방안으로서, 공안을 개정하고 군적을 고치며 주현을 병합하고 감사를 구임(久任)시켜야 한다는 내용들이 제시되었다. 그런데 이이는 4월에 올린 2차 상소에서 자신의 정치적 입장을 덧붙였다. 그는 "여론을 주도하는 벼슬아치들 대부분이 동인으로서 그들의 견해에 편벽됨이 없지 않고, 동인이 아닌 사람은 억제하고, 서인을 배척하는 사람을 찬양하여 그것으로써 시론을 정하며, 조정에 처음 진출하여 빨리 출세하기를 바라는 사류가, 서인을 공격하면 출세 길이 열리는 것을 알고는 다투어 일어나 부회하며 인재를 중상하고 선비의 풍습을 무너뜨리고 있다"고 주장했

---

148) 『宣祖實錄』 卷17, 宣祖 16年 2月 7日.
149) 『宣祖修正實錄』 卷17, 宣祖 16年 4月 1日.
150) 『宣祖實錄』 卷17, 宣祖 16年 2月 12月.
151) 『宣祖實錄』 卷17, 宣祖 16年 2月 15日 ; 『宣祖修正實錄』 卷17, 宣祖 16年 4月 1日.

다. 이이는 이에 대한 대책으로, "선인을 등용하고 악인을 벌하여 한결같이 공도를 따르게 할 것"을 주청하였고, 선조는 "나라 일은 훌륭한 대신들에게 맡겨야 마땅하다."는 우호적 비답을 내렸다.

그런데 선조의 비답이 내려졌던 4월 14일로부터 사흘이 지난 4월 17일, 종친인 경안령(慶安令) 이요(李瑤, 1537~?)가 선조를 면대하여 류성룡·이발· 김효원·김응남을 '동인의 괴수'라고 주장하는 일이 있었다. 이요의 발언이 초래한 정치적 파장은 걷잡을 수 없이 커졌다. 동인 내의 강경파들은 이요의 발언을 이이 혹은 그의 당여가 꾸민 것으로 받아들였고,[152] 이때부터 이이는 그들의 직접적인 공격 대상이 되었다. 그때까지만 해도 이이의 정치적 발언이나 처신이 종종 비판의 대상이 되기는 했으나 이이 개인이 직접적인 공격 대상이 되지는 않았다. 그러나 경안령 이요의 발언이 이이가 그의 2차 상소에서 주청하였던 내용, 즉 동인에 대한 비판과, '선인을 등용하고 악인을 벌하여야 한다'는 주장과 겹치며, 동인 내부에서는 이이에 대한 의혹이 야기되었고 급기야는 이요의 발언이 이이의 사주에 의한 것이라 믿는 이들이 나오게 되었다. 이로부터 한 달 조금 지나 이이를 정면으로 겨냥하는 동인의 탄핵 상소가 올라온 것은 이러한 국면에서 나온 것이었다.

5월 초 북방사태가 재개되었다는 소식이 서울에 전해지자, 조정은 공사천과 잡류(雜類) 중에서 활을 잘 쏘는 자 2백 명을 선발하여 면포와 쌀을 주고, 또 활을 쏘지 못하는 백성들에게는 각각 보(保)를 주어 전마(戰馬)를 갖추게 하여 종성으로 보냈다.[153] 또한 비변사는 여진 부족의 겨울 공격에 대비하여 전국적으로 약 3,000명 정도의 추가 병력 동원을 계획했다.[154]

그런데 이 과정에서 이이는 전마를 사서 조정에 바치면 종성 행을 면제시켜 주는 조치를 선조에게 사전 보고 없이 시행했다. 분주히 일을 처리하는 과정 중이었던지라 이이는 이 일에 대해 직접 선조에게 나아가 죄를 청하지

---

152) 『宣祖實錄』 卷17, 宣祖 16年 7月 17日, 송응개 발언 ; 7月 19日, 김우옹 발언 참조.
153) 『宣祖實錄』 卷17, 宣祖 16年 5月 13日.
154) 『宣祖實錄』 卷17, 宣祖 16年 6月 11日.

않고 단지 계사 속에 황공하다는 뜻만을 넣어서 낭청을 시켜 아뢰게 했다. 또 6월 2일에는 변방의 일을 논의하기 위해서 선조가 이이를 불렀는데, 이이가 입궐했다가 갑자기 현기증이 나는 바람에 내병조(內兵曹)에 누웠던 일이 있었다. 이에 선조는 내의를 보내 이이의 병을 살피게 하고 물러나 조리하게 하였다.[155]

이에 대해 양사에서는 '전천만군(專擅慢君)'의 죄로서 이이를 탄핵하고 그의 파직을 주장했다.[156] 논핵이 계속되자 이이가 사직을 요청했으나, 선조는 이이의 요청을 받아들이지 않았다. 이 과정에서 이이는 자신이 죄가 있는지를 좌우에 묻고 여러 대부들에게 물어서 판단해 달라고 선조에게 요청했다.[157] 자신에게 죄가 있다면 유방(流放)이든 찬극(竄殛)이든 달게 받겠으며, 출사는 자신에게 죄가 없다는 중론이 모아질 때만 하겠다는 뜻이었다. 이이의 요청은 삼사 언관들의 즉각적인 반발을 불러일으켰다.

이이의 강경한 대응이 이어지자 이제 양사는 물론 홍문관에서도 모두 이이의 전천만군의 죄를 엄히 치죄해야 한다는 탄핵 상소를 잇달아 올렸다. 이때 사간원에는 대사간 송응개, 헌납 유영경, 정언 정숙남이 있었고, 사헌부 대사헌은 이희(李墍)였다.[158] 또한 홍문관에는 부제학 권덕여를 비롯하여 전한 허봉, 홍진, 홍적이 포진하고 있었다.[159] 이들 중 특히 송응개, 허봉 등은 동인 내에서 심의겸, 정철에 대한 강경한 언론을 주도하였던 강경파로서, 이들은 이이에 대한 탄핵에도 강경한 어조를 이어가 이이를 '나라를 그르친 소인[誤國小人]'으로 규정하기에 이르렀다.

선조는 동인이 이이를 전천만군의 죄명으로 탄핵하고 오국소인이라 규정하면서도 겨우 파직을 요구하는데 그친 것을 두고 '을사년 간신들의 행태'에 비유하였다. 즉 이이가 시론에 미움 받은 지 오래되었는데 소인들이 그의

155) 『宣祖實錄』 卷17, 宣祖 16年 6月 11日.
156) 『宣祖修正實錄』 卷17, 宣祖 16年 6月 1日.
157) 『宣祖實錄』 卷17, 宣祖 16年 6月 17日.
158) 『宣祖修正實錄』 卷17, 宣祖 16年 6月 1日.
159) 『宣祖實錄』 卷17, 宣祖 16年 6月 19日.

조그만 실수를 틈타 기필코 탄핵해 제거하려 한다는 것이었다.[160] 그러나 북방의 위협이 계속되는 상황에서 병조판서의 자리를 비워둘 수는 없었으므로 이이의 사직 요청을 받아들였고, 이에 삼사는 이이에 대한 탄핵을 중지하였다.

잠잠해지는 듯 보였던 상황은 7월 중순 성혼이 이 문제를 재론[161]하면서 다시 새로운 국면으로 접어들었다. 성혼은 동인들이 임금을 업신여기고 나라를 그르쳤다는 '무군오국(無君誤國)'의 오명을 이이에게 가한 것은 이이에게 죄를 씌우기 위한 고의적 처사로서 이이에게 수권(宿怨)을 가진 이들이 이이를 몰아내기 위한 음해라고 하였다.[162] 그러면서 반드시 충(忠)과 사(邪)를 변별하고 득실을 헤아려 붕당의 참소로 인해 빚어지는 화를 막아야 한다고 주장하였다.[163]

성혼의 상소가 올라온 그날로 선조는 즉시 영의정 박순, 좌의정 김귀영을 불러 이이를 배척한 사람이 누구이며, 간사한 붕당 무리는 누구인지를 물었다. 이때 서인 박순은 이이에 대한 강경한 언론을 전개하였던 홍문관 전한 허봉과 대사간 송응개를 지적하였던 반면 동인에 가까웠던 김귀영은 답변을 하지 않았다.[164]

이에 송응개는 다음날 곧바로 상소를 올려 이이가 승려 생활을 했다는 점, 문과 급제 후 심의겸의 추천으로 청현직에 올랐다는 점, 나아가 공유지인 해택(海澤)의 이익을 사점(私占)하거나 뇌물을 받았고, 그의 형이 연루된 살인사건에 압력을 행사하여 수사를 방해했다는 점 등을 거론하며 이이를 '매국(賣國)의 간물(奸物)'로 규정했다. 이와 함께 송응개는 이이가 성혼, 박순, 심의겸과 오래 전부터 체결하여 그 뿌리가 깊으며, 경안령 이요의 면대 또한 이들의 사주를 받은 것이라고 주장했다.[165] 요컨대 이이가 상소를

---

160) 『宣祖實錄』 卷17, 宣祖 16年 6月 20日.

161) 『宣祖修正實錄』 卷17, 宣祖 16年 7月 1日.

162) 『宣祖實錄』 卷17, 宣祖 16年 7月 15日.

163) 위와 같음.

164) 『宣祖修正實錄』 卷17, 宣祖 16年 7月 1日.

하자 경안령 요가 류성룡·이발·김효원·김응남 등을 지명한 사실, 그리고 성혼이 상소를 하자 박순이 허봉·송응개를 지명하여 배척하였으니 이이·성혼·박순·경안령 요 사이에는 굳건한 정치적 교결이 존재한다는 주장이었다.

송응개의 이와 같은 논핵에 대해서는 같은 동인인 김우옹이나 우성전조차 과격한 언사라 비판할 정도였다. 이에 대해 선조는 당시 동인의 선봉장 격이었던 송응개와 허봉을 각각 장흥부사(長興府使)와 창원부사(昌原府使)로 내쳤고, 이이에 대한 비난에 암묵적으로 동조했던 좌의정 김귀영의 사직을 지체없이 받아들였다.[166] 그리고 김귀영을 옹호하고 성혼의 상소를 비판하는 상소를 올린 도승지 박근원도 함께 체직시켰다.

그러나 이들이 상소에서 거론한 이이에 대한 공격이 사실인지의 여부를 떠나 주목할 점은 이이에 대한 직접적인 공격의 정도가 공적인 문제를 넘어 확인되지 않은 사적 문제에까지 미치고 있다는 점과, 이러한 과격한 언론의 뒤에는 이이, 성혼, 박순 등이 당여를 이루고, 시(是)와 비(非), 선(善)과 악(惡), 충(忠)과 사(邪)의 명분에 가탁하여 동인을 일망타진하려 한다는 동인 내 강경파의 의심이 자리 잡고 있었다는 점이다. 이와 함께 강경파는 종래 동인과 서인을 조제보합(調劑保合)해야 한다는 이이의 주장이 실은 공을 내세워 사를 취하려는 계책으로서 서인을 부추기고 동인을 억제하여 자신의 당여를 조정에 진출시키는 수단이었다고 보았다.

물론 이러한 주장에는 동·서 분당은 처음부터 사·정, 시·비가 명확히 나뉘어져 있었고, 정이자 시인 동인의 공론에 전격적으로 부합하지 않은 이이는 자연스럽게 '서인의 영수'이자 사·비라는 동인 강경파의 자기 확신이 전제되어 있었다. 동인 내 과격한 언론을 비판적으로 바라보았던 동인 온건파 조차도 이이가 외척 심의겸에 대한 시각차로 사류(士類 : 동인)들과 화합하지 못한 것은 사실이며 경안령 요와 성혼이 동인들을 일괄하여 붕간(朋奸)이라 한 것이 이번 사태의 단서를 제공한 근본 원인이라는 데는 강경파와 의견을

---

165) 『宣祖實錄』 卷17, 宣祖 16年 7月 16日.

166) 『宣祖實錄』 卷17, 宣祖 16年 7月 16日.

같이 하였다.167) 다만 이이, 성혼, 박순 등이 심의겸과 붕당을 이루고 동인을 일망타진하려 한다는 강경파의 주장에는 동의하지 않았다. 요컨대 동인 내 온건파는 '교결붕당(交結朋黨)'이라거나 시비명변을 동반하는 군자소인의 의론으로써 이이를 비롯한 서인을 공격하는 데는 반대하였던 것이다.

이이를 둘러싼 정치적 파란은 이이, 성혼, 박순이 물러난 뒤에도 안정되지 않았다. 이후로도 왕자 사부 하락(河洛)과 유공진(柳拱辰)을 필두로 한 성균관 유생들이 상소를 올려 이이와 성혼을 비호하는 상소를 올렸고, 동인 강경파의 한사람인 도승지 박근원이 승정원 명의로 하락 등에 대한 반박 상소를 올리며 공방을 이어갔다. 선조는 동인 강경파를 억제하고자 이미 외방으로 내보냈던 송응개와 허봉의 죄를 다시 거론하여 각각 회령과 갑산에 유배하라 명하였고 박근원 또한 강계로 귀양 보낼 것을 명하였다.168) 이때 선조는 이들의 죄가 사사로이 붕당을 만들어 대신을 모함하고 충현을 배척하는 등 붕당의 폐단을 드러낸 데 있다고 하였는데, 서인 정철이 이에 적극 동조하며 이들의 죄를 분명히 밝혀 시비를 가려야 한다고 주장하여 향후 동인과 극복하기 어려운 틈을 만들었다.169) 이밖에도 동인측의 대사헌 이희는 장흥부사에, 박승임(朴承任)은 창원부사에, 김응남(金應男)은 제주목사에 임명되는 등 삼사와 승정원에 포진하여 있던 다수의 동인 측 인사들이 좌천되었다.

이렇듯 송응개, 허봉, 박근원을 비롯한 다수의 동인들이 조정에서 패퇴한 사건을 가리키는 이른바 '계미삼찬'을 전후로 하여 서인과 동인은 첨예하게 대치하였다. 이이는 선조 13년 동인과 서인 간의 조제보합을 주장하면서 조정에 복귀했지만, 결국 계미삼찬 사건을 거치며 그의 주장은 좌절되었다. 이러한 정국 속에서 서인에 대한 강경책을 견지한 이들은 대부분 이후 북인으로 좌정하였다. 외척인 심의겸과 그를 비호하며 동인에 대한 강경론을 견지하였던 정철에 대한 강력한 응징, 나아가 양시양비의 입장을 고수한 이이에

---

167) 『宣祖實錄』 卷17, 宣祖 16年 7月 19日.
168) 『宣祖實錄』 卷17, 宣祖 16年 8月 28日.
169) 『宣祖實錄』 卷17, 宣祖 8月 28日 ; 『宣祖修正實錄』 卷17, 宣祖 16年 8月.

대한 거침없는 비판에 이르기까지, '편척서인(偏斥西人)'의 자세를 고수한 이발, 이길, 이산해, 허봉, 정여립, 홍가신, 백유양, 김응남 등 서경덕·조식의 문인들이 그들이었다. 이들은 심의겸의 탄핵은 물론 정치일선으로부터의 배제, 나아가 그를 옹호하는 이이, 정철, 신응시, 윤두수, 윤근수, 박순, 이후백, 김계휘, 홍성민, 구봉령 등 서인 인사들의 논핵을 강력하게 주장하였다.[170] 이들은 서인들을 외척인 심의겸과 서로 생사의 교제를 맺고 안팎으로 서로 의지하면서 성세를 서로 북돋워 붕당을 형성한 무리들로 비판하였다.[171] 이와 같이 서인에 대한 강경론의 공세 앞에 결국 심의겸은 파직되고 대부분의 서인이 영불서용(永不敍用)되는 것으로 일단락되었다.[172] 동인 내 강경론자들은 척신정치를 비호하거나 동조한 이들을 정치에서 완전히 배제하는 가운데 양자 간의 갈등과 불신은 더욱 증폭되어 갔다. 이러한 가운데 1589년 정여립 역모사건, 즉 기축옥사가 발생하였다.

이이의 사후 수세에 몰렸던 서인세력은 정여립에 대한 고변을 계기로 세력 만회를 시도하였다. 정철을 중심으로 하는 서인세력은 정여립과 교류가 있었거나, 그를 추천하였던 다수의 동인세력에게 옥사를 확대하였다. 그들이 기축옥사를 처리하는 과정은 동서 분당의 과정에서 서인에 대한 강경론을 펼쳤던 동인 내 강경파, 즉 북인계의 주요 인물을 척결하여 북인의 정치력을 붕괴시키는 방향으로 이루어졌다.

기축옥사 당시 피화인들은 대부분 정여립과 친밀했던 북인의 주요 인물들

---

170) 『沙溪全書』卷1,「李珥行狀」;『宣祖修正實錄』卷25, 宣祖 14年 7月 ;『宣祖修正實錄』卷25, 宣祖 14年 8月 ;『宣祖實錄』卷21, 宣祖 18年 8月 25日.

171) 동인의 이러한 입장은 선조 18년 9월 다음과 같은 전교로 공식화되었다. "청양군 沈義謙은 이른바 한때의 士類라 이름하는 자들인 朴淳·鄭澈·朴漸·金繼輝·朴應男·尹斗壽·尹根壽·辛應時·李海壽 등의 무리들과 서로 生死의 교제를 맺고 안팎으로 서로 의지하면서 聲勢를 서로 복돋우었다. 洪聖民과 具鳳齡 같은 무리들은 당초 모두 의겸의 친구로서 그를 통하여 발신하였으므로, 비록 李珥와 成渾같은 사람으로도 혹 친척의 厚情이나 혹 교제의 밀접함이라는 것으로 역시 그에게 농락당하고서도 부끄러워할 줄을 몰랐다."(『宣祖實錄』卷21, 宣祖 18年 9月 2日)

172) 『宣祖修正實錄』卷25, 宣祖 18年 8月.

과 그 추종자들이었다. 이발(李潑), 이길(李洁), 정언신(鄭彦信), 정언지(鄭彦智), 백유양(白惟讓), 홍가신(洪可臣), 김우옹(金宇顒), 최영경(崔永慶), 정인홍(鄭仁弘), 이진길(李震吉) 등은 역모의 가담 여부와는 별도로 정여립과 친밀한 교유를 지속했다는 이유로 희생되었다. 이발은 정개청과 결탁하고, 정여립과 서신을 통하여 시사를 거리낌 없이 통론했다는 이유로 장살되었으며 그의 일문 또한 몰살되었다. 조식의 고제(高弟)이자 진주의 산림처사였던 수우당(守愚堂) 최영경은 평소 이이에 대한 평가가 박하였으며, '박순과 정철의 목을 베어 매단 후에야 나라가 바로 될 것[朴淳鄭澈梟示然後 國事可爲]'이라 할 정도로 서인에 대한 날카로운 공격을 멈추지 않았던 인물이었는데, 정여립이 모주(謀主)로 추대했다는 길삼봉(吉三峯)으로 몰려 옥사하였다. 또한 정개청은 정여립과 교유가 친밀하여 온갖 사설(邪說)에 서로 호응하였다 하여 경원으로 유배되었다가 그곳에서 사망하였다. 또한 정인홍은 정여립과 정의가 매우 돈독하여 마치 한 몸과 같은 사이라 하여 삭탈관직 당했으며 한백겸은 정여립의 조카인 이진길의 시신을 수습해서 묻었다는 이유로 회령으로 유배되었다.

한편 서인들은 기축옥사를 처리하는 과정에서 북인 내부에 존재했던 비주자학적 학문경향, 정치사상을 척결하는 의도도 가지고 있었다. 전체적으로 보아 16세기 사림세력의 학문에 있어서 공통분모를 꼽으라 한다면 성리학의 이기론이었다고 할 것이다. 그러나 논자·학파에 따라 이기설에 대한 해석과 이해 또한 달리하고 있었고 궁극적으로는 주자학과 비주자학이라는 이질적인 학문론이 공존하며 갈등하는 상황이 발생하게 되었던 것이다. 요컨대 16세기는 주자학에 입각한 유교적 가치관과 도덕규범이 보편화되는 한편으로 주자학 이외에 여러 학문을 포괄하는 학문적 탄력성이 함께 공존하는 시기였다.

"기축옥사에서 북인이 많이 죽은 것은 정여립이 북인이었기 때문이다"라는 『연려실기술(燃藜室記述)』의 지적에서도 알 수 있듯이[173] 정여립은 북인의 대표적인 논자였다. 때문에 정여립에 대한 상반된 입장은 단순히 정여립

개인에 대한 호오의 문제가 아니라 그가 내포하는 북인의 학문, 정치사상에 대한 평가를 달리하는 데서 기인하는 것이었다. 이 과정에서 북인은 사유구조, 학문방식, 정치론, 현실인식 등등에서 서인은 물론 남인들과도 상호 대비되는 면모를 강하게 노정하게 되었던 것이다.174)

그렇다면 정여립의 학문경향·정치성향은 구체적으로 어떠하였을까? 정여립은 주자학적 정통론보다는 형세의 변화를 중시하는 인물이었다. 그는 "사마온공(司馬溫公)의 『자치통감(資治通鑑)』은 위(魏)로 기년(紀年)을 삼았으니 이것이 직필인데 주자가 그것을 그르게 여겼다"라고 하여 주자의 역사인식을 비판하였다.175) 이와 연관하여 그는, "불사이군(不事二君)의 논리는 성현의 통론(通論)"이 아니라고 배척하였고, 요·순·우의 선양(禪讓)에 의한 왕위계승을 드러내놓고 찬양하였다. "천하는 공물(公物)이니 정해진 임금이 없다"는 인식이었다.176) 정여립의 이러한 생각이 조선왕조를 부정하는 반역성으로 직접 이어져 실제 역모를 꾀하였는지에 대해서는 기축옥사의 성격상 판단을 유보할 수밖에 없지만,177) 적어도 절의를 중시하는 주자학과 거리를 두며 형세(形勢)·패도(覇道)를 중시하는 비주자학적 사고를 보였던 것은 사실이었다.

173) 『燃藜室記述』 卷18, 宣祖朝故事本末, 「東西南北論分」.
174) 조식의 학문에 대한 이이의 부정적인 평가 이후 서인들은 그의 기개와 절조는 인정했으나 학문이나 경세적인 면에 대해서는 높게 평가하지 않았다(『石潭日記』 隆慶 6년 辛亥 기사 참조). 또한 이황의 학문에 대한 조식의 비판, 서경덕·조식의 학문에 대한 이황의 비판 등을 통해서도 볼 수 있듯이 동인 내 남인과 북인의 학문·사유구조의 차이는 이미 동인 내부에 초기부터 내재되어 있었다. 같은 동인이면서도 남인이 기축옥사에서 북인과 입장을 달리하였던 것은 주자학을 학문적 근간으로 삼았던 퇴계학파의 학문·사상적 특징에서 그 이유를 찾을 수 있을 것이다.
175) 『宣祖修正實錄』 卷23, 宣祖 22年 10月.
176) 『宣祖修正實錄』 卷23, 宣祖 22年 10月.
177) 정여립의 사상적 특성과 역모사에 대해서는 김용덕, 1976, 「정여립연구」, 『韓國學報』 4(『조선후기사상사연구』, 을유문화사, 1977 재수록) ; 우인수, 1988, 「정여립 모역사건의 진상과 기축옥의 성격」, 『歷史敎育論集』 12 참조. 이 사건에 대한 현 학계의 평가는, 서인에 의해 조작된 사건이라고 보기도 하고 그와는 달리 실제 정여립이 모반을 꾀했던 것으로 보기도 하는 등 견해가 일치하지 않고 있다.

정개청 역시 기축옥사의 와중에 '절의'를 배격하는 인물로서 죽임을 당하였다.[178] 그의 「동한진송소상부동설(東漢晉宋所尙不同說)」은 특히 논쟁의 초점이 되었던 글이다. 서인들에 의해 '배절의론(排節義論)'이라 폄하된 이 글에서 정개청은 동한대 태학에서 유생들이 공론에 기초하여 벌이는 집단적인 움직임이나 육조(六朝)의 청담(淸談) 논의를 비판적으로 논하였다. 기본적으로 주자학에서는 사기의 진상(振喪), 공론의 장색(張塞), 그리고 국가의 성쇠는 서로 같은 맥락 아래 상응하여 움직인다고 보았다. 때문에 동한이 쇠망할 무렵에는 조정은 비록 혼탁했지만 초야의 청의(淸議)는 여전히 왕성하여, 조조(曹操)와 같이 간사한 이도 명의(名義)를 두려워하여 끝내 제위를 찬탈하지 못했다고 하였다. 나아가 동한이 결국 멸망에 이르게 되었던 것은 당고(黨錮)의 화로 인해 초야에서 공론을 주장하던 현자들이 일거에 무함을 받아 모두 죽임을 당하였기 때문이라 보았다.

그러나 정개청은 절의를 내세운 동한 태학생들의 행위는 자기만을 옳다고 여기고 타인은 그르다고 배척하는 행동에 불과하다고 배척하였다.[179] 절의를 앞세우는 것에 대해 그는 조정의 잘잘못을 드러내고 인물의 선악을 밝히는 데는 능하지만 한편으로는 구체적인 사태를 분명하게 살피지 못하며 또 그 내리는 조치가 적당함을 잃어 결국에는 국가의 멸망을 재촉하게 된다고 비판적으로 인식하였다.[180] '절의'·'공론'을 근간으로 사대부의 공론정치를 핵심적인 치국론으로 간주하는 주자학의 정치론을 간접적으로 비판하는 가운데 절대적 도덕명분인 천리=절의를 상대화한 정개청의 이 글은 주자학을 고수하는 후대 서인들에 의해 지속적으로 비판되었다.[181]

---

178) 『宣祖實錄』 卷23, 宣祖 22年 12月 14일.
179) 『愚得錄』 卷1, 東漢晉宋所尙不同說, 60나~63나.
180) 『愚得錄』 卷1, 東漢晉宋所尙不同說, 63나.
181) 그를 배향한 무안의 紫山書院이 17세기 내내 置廢를 거듭하였던 것은 자산서원의 존재가 주자학을 벗어난 정개청의 위험한 발상을 사회에 통용시키는 온상이 된다는 서인의 정치적 공세 때문이었다. 김동수, 1977, 「16~17세기 호남 사림의 존재형태에 대한 일고찰-정개청의 문인집단과 자산서원의 치폐 사건을 중심으로 하여」, 『歷史學硏究』 7.

기축옥사의 과정에서 최영경을 비롯한 이발·이길 형제, 정개청 등의 죽음은 일부 서인세력에 의해서도 원통한 죽음으로 받아들여질 정도로 지나친 것이었다. 서인에 대한 강경한 의론을 주도하거나 주류적 학문에서 비켜있었던 북인에 대한 서인의 공세로 인해 궤멸에 가까운 타격을 입었던 북인들은 자신들을 제거하기 위해 정철이 기축옥사를 일으켰고, 이를 성혼이 묵인 방조함으로써 피해가 확산되었다고 믿게 되었다. 이는 향후 선조대를 거쳐 광해군대에 이르기까지 북인이 서인에 대한 강경한 입장을 고수하게 되는 주요한 요인이 되었다. 임진왜란 이후 특히 성혼에 집중된 북인측의 정치적 공세 앞에 황신(黃愼), 이성록(李成祿), 조익(趙翼), 민유경(閔有慶) 등 서인들은 성혼이 최영경을 길삼봉이라고 무고한 것은 사실이 아니라며 성혼을 옹호하였으나, 기축옥사를 무리하게 전개하였던 명분상의 약점으로 인해 수세적 방어에 그칠 수밖에 없었다. 여기에 1593년 정철의 죽음과 1594년 성혼의 정치적 패퇴에 따라 구심점을 상실한 서인세력은 광해군대를 거쳐 인조반정에 이르기까지 정치적 실세를 회복하지 못하였다.

한편 기축옥사는 동인과 서인뿐 아니라 동인 내 북인과 남인 간의 정치적 갈등과 대립이 확연히 드러나게 되는 계기가 되었다. 옥사가 확대 전개되는 과정에서 류성룡을 비롯한 남인들은 서인의 옥사 처리를 관망하거나 소극적인 태도를 취하여 북인세력의 불만을 사게 되는데, 그 전조는 이미 기축옥사 훨씬 이전부터 드러나고 있었다. 이발이 정여립을 이조전랑으로 추천하였을 때, 이경중(李敬中)은 정여립의 사람됨을 이유로 반대, 무산시킨 일이 그것이었다.[182] 이에 정인홍은 이경중의 행위를 '선인을 질시하여 배척함[嫉善而斥之]'이라 비난, 논핵하며 정여립을 '가사(佳士)'로 높이 표현하였다.[183] 이후 기축옥사가 발발했을 때 류성룡은 이경중이 선견지명이 있었음에도 그 당시 대간들에게 반박당해 체직되었다고 하였는데, 류성룡의 이 발언으로 인해 이번에는 이경중 탄핵 당시의 대간이었던 정인홍이 논핵의 대상이 되어

---

182) 『宣祖修正實錄』 卷15, 宣祖 14年 3月.
183) 『宣祖修正實錄』 卷15, 宣祖 14年 3月.

파직되었다.

요컨대 기축옥사 당시 정여립의 역모에 있어 류성룡 등 남인은 정여립이 일찍부터 '선사(善士)'가 아님을 알고 가까이 하지 않았다고 한 반면[184] 정여립을 '가사'로 추대하였던 이발, 정인홍, 정언신, 백유양 등 북인은 역모가 조작된 '무함(誣陷)'이라 확신하는 상반된 입장을 보이고 있었던 것이다. 서인들에 의해 정여립, 정개청은 역모 혐의와는 별도로 사상적으로 주자학을 벗어난 이단적 인물들로 평가받았고 남인들에 의해서도 정여립은 '선사'가 아닌 인물로 경계 대상이 되고 있었다. 이렇듯 정여립에 대한 평가를 둘러싸고 서인과 남인이 친연성을 보였던 것은 아마도 조식·서경덕 학파에 비해 이황학파와 이이·성혼학파가 주자학적 정치론을 공유하는 폭이 훨씬 컸기 때문이라 볼 수 있다.

또한 선조 18년 동인 내 강경론자들에 의해 심의겸이 파직되고 서인들에 대한 영불서용이 선언되었을 때도 류성룡, 김성일, 이성중, 이경중, 우성전 등과 같은 이황의 문인들은 성혼과 이이를 심의겸의 당여로 몰아 서인 전체를 실각시키려는 강경론에 대해 동참하지 않았다. 이들은 '참용피차(參用彼此)'를 표방하는 가운데 향후 남인으로 좌정하게 되었다.[185]

이렇듯 정여립 및 동서 갈등의 대응을 둘러싼 동인 내부 논자들 간의 상반된 평가와 불화는 향후 남북 분당의 중요한 빌미가 되었다. 그러나 남인들 또한 기축옥사의 와중에 직·간접적인 피해를 입었고, 옥사의 확대 과정에서 억울한 죽음들이 다수 양산되었다고 믿었으므로, 1591년(선조 24) 건저(建儲)문제를 계기로 정철이 실각한 후 기축옥사 피화인들의 신원에 앞장섰다. 1591년(선조 24) 8월, 부제학 김성일이 최영경의 원통한 죽음에 대해 신원을 청하였고, 1595년(선조 28)에는 영의정 류성룡이 정개청(鄭介淸)·유몽정(柳夢井)·이황종(李黃鍾)의 억울한 죽음을 아뢰었던 것은 그 대표적인 사례이다.

---

184) 『宣祖修正實錄』卷25, 宣祖 22年 12月.
185) 『宣祖修正實錄』卷22, 宣祖 21年 8月.

70

그러나 남인은 북인세력의 구심점 역할을 했던 정인홍이 최영경을 비롯한 북인의 신원 차원에 그치지 않고 이를 활용하여 정국의 주도권을 잡고 성혼을 비롯한 서인세력을 제거하는 데까지 나아가려 했던 것에는 비판적인 입장을 보였다. 정인홍을 필두로 한 북인들은 기축옥사를 주도하며 최영경 등을 무함하여 죽음에 이르게 한 자는 정철이고, 이를 뒤에서 사주한 자는 성혼이므로 최영경의 신원과 함께 성혼의 관작을 삭탈해야 하며 그 문생 도당을 모두 쫓아내야 한다고 주장하였다.186) 결국 성혼은, 최영경에 대한 죽음과 임진왜란 중 파주에 있으면서 호종하지 않은 일에 대한 책임을 물어 '당간유군(黨奸遺君)'의 죄명으로 관작이 추삭(追削)되었고187) 관직에 남아있던 서인세력도 성혼의 여당이라 하여 대부분 유배되거나 파직되었다.188)

그러나 류성룡을 비롯한 남인들은 이 과정에 동참하지 않았고, 정구나 김면과 같은 일부 남명학파는 정치적으로 류성룡에게 동조하기도 하였다. 영의정으로서 비변사를 장악하였던 류성룡은 이산해·정인홍 등 북인 내 강경론자들을 배제한 채 중도적인 입장을 견지하던 서인 및 북인세력 일부를 수용하여 연립적인 정국을 운영하고자 하였다.189) 이러한 류성룡의 정치적 입장은 정인홍 측의 탄핵을 거듭 유발하여, 결국 류성룡은 '일본과의 화친을 주장하여 나라를 그르침[主和誤國]'이라는 죄명으로 탄핵되었다.190)

이 과정에서 북인과 남인의 갈등은 심화시켰고, 결과적으로는 서인과 남인을 적으로 돌린 북인, 특히 대북세력의 정치적 고립이 초래되었다. 광해군

186) 『宣祖實錄』 卷144, 宣祖 34年 12月. 당시 정황에 대해서는 김강식, 2003, 「宣祖 연간의 崔永慶 獄事와 정치사적 의미」, 『역사와 경계』 46 참조.
187) 『宣祖實錄』 卷146, 宣祖 35年 2月 19日.
188) 『宣祖實錄』 卷147, 宣祖 35年 閏2月 14日 ; 『宣祖實錄』 卷147, 宣祖 35年 閏2月 15일.
189) 구덕회, 1988, 「宣祖代 후반(1594~1608) 政治體制의 재편과 政局의 動向」, 『韓國史論』 20 참조.
190) 선조 31년(1598), 李爾瞻·南以恭·李墍 鄭光績 등이 류싱룡을 반핵하고, 선조 32년(1599) 정인홍이 문인인 文弘道를 시켜 류성룡을 논핵하였던 것은 표면상 정응태의 무고에 대한 종계변무 사건과 일본에 대한 和親을 주장했다는 것이 그 이유였으나 그 근저에는 기축옥사를 전후 한 남인과 북인 간의 정치적 갈등이 자리하고 있었다.

대 정인홍·이이첨의 대북세력은[191] 토역론(討逆論)을 근간으로 한 임해군(臨海君) 역모사건, 김직재(金直哉)·김제남(金悌男) 역모사건, 영창대군(永昌大君) 처리와 인목대비 폐위[廢母] 논의 등을 잇달아 제기하여 서인·남인은 물론 소북세력까지도 제거하고 정국을 압도하였다.[192] 그러나 충역(忠逆)의 논리로써 흉역(凶逆)의 무리들을 발본색원해야 한다는 내용의 토역론은 끊임없이 정치적 긴장을 조성하였다. 이 위에서 이루어진 대북세력의 독주는 정국에서 배제된 서인과 남인의 격심한 반발을 불러일으켰고, 결국 이들이 힘을 합해 일으킨 인조반정으로 대북세력을 포함한 전체 북인세력은 파국을 맞게 되었다.

IV. 맺음말

지금까지 송와 이희의 정치활동과 행적의 시대적 배경이 되는 16세기 조선의 정치·정치사상의 흐름을 개괄해 보았다. 이희는 훈구세력에서 사림세력으로 정치적 주도권이 점차 이행해 가던 시기에 관계에 진출하였는데, 그의 정치 행적은 이후 붕당이 형성, 분화되던 시기에 특히 집중되어 나타났다. 그는 동인과 서인의 첨예한 대립의 장이었던 1583년 계미삼찬 사건에서 동인의 입장을, 그리고 동인이 다시 남인과 북인으로 분열되는 계기가 되었던 기축옥사의 처리과정에서 북인의 입장을 대변하며 활발한 정치활동을 펼쳤

---

191) 이들과 함께 주요 대북세력이었던 李山海와 洪汝諄은 권력 투쟁을 벌이는 과정에서 세력을 결집하지 못하였고 이후 정국 운영에도 효과적으로 참여하지 못하였다.
192) 광해군대 대북세력이 토역론을 내세워 권력을 독점하였던 상황은 당시 '西人이 이를 갈고 南人이 원망을 품으며 小北이 비웃는 형세'라고 일컬어지고 있었다(『燃藜室記述』卷21, 「光海亂政」). 광해군대의 정국에 대해서는 다음의 글들을 참조할 수 있다. 신명호, 1993, 「宣祖末·光海君初의 政局과 外戚」, 『淸溪史學』 10 ; 한명기, 1988, 「光海君代의 大北勢力과 政局의 動向」, 『韓國史論』 20 ; 이기남, 1990, 「光海朝 政治勢力의 構造와 變動」, 『北岳史論』 2.

다.

이렇듯 이희의 출사(出仕)와 정치활동이 전개된 16세기 조선은 가히 '사화'
와 '붕당'의 시대라 할 만하였다. '사화'나 '붕당'이 보여주는 정쟁의 양상은
당시 조선이 현실 지배질서와 정치운영의 지향을 둘러싸고 극심한 갈등과
대립을 겪고 있었음을 반증하는 역사적 사실이었다. 이 글에서는 이희가
활동했던 16세기 조선의 정치사·정치사상을 전반과 후반으로 나누어, 전반을
훈구·사림세력의 정치적 갈등이 사화를 통해 노정된 시기로, 후반을 사림세력
이 분화하고 붕당이 전개된 시기로 개괄하여 그 흐름을 살펴보았다.

계층 이동의 폐쇄성이 두드러지는 신분제 사회에서 공신으로서 세록·세유
를 향유하였던 16세기 전반의 훈구세력은 조선시대 어느 정치세력보다도
귀족관료적 성격이 두드러진 집단이었다고 할 수 있다. 이들의 세신정치론은
군주의 고립을 방지하고 왕권의 안정을 뒷받침한다는 긍정적 측면에도 불구
하고, 조선전기 공신의 지속적인 배출을 합리화하고 그 정치·경제적 특권을
정당화하고 있었다. 훈구세력은 왕권을 강화하고 법과 형률을 근간으로
사회를 통합하고 집권체제를 재정립하고자 노력하면서도, 동시에 비대해진
정치권력과 경제적 특권으로 인해 오히려 국가의 통치 질서를 위협할 수
있는 세력으로 등장하게 되는 모순된 입장에 놓이고 있었다.

이러한 상황은 대다수 사림세력의 반발을 불러오는 가운데 이들의 정치세
력화를 초래하는 정치·사상적 배경이 되고 있었다. 사림세력은 외재적 법
규범에 강제되는 수동적 존재임을 거부하고 자신들의 주체성을 발현하고자
하는 열망을 가진 정치세력이었다. 이는 인간의 도덕적 주체성이 능동적으로
확립되는 차원에서 합리적 사유의 발전 과정으로 파악할 수 있는 것이었다.
또한 사림세력은 사대부의 정치·사회적 책무와 정국주도를 전제로 하여,
'공론'을 바탕으로 국왕과 신료 사이의 권력균형과 양반지배층 전체의 권익
균점을 보장하는 정치방식을 추구하였다. 이를 통해 사림세력은 국가의
집권력을 훈구공신을 중심으로 하는 소수 특권 양반층의 이해에서 해방시키
는 한편 그들 자신이 현실정치의 담당주체로서 자임하고 항구적으로 정치에

참여할 수 있는 정치체제·권력구조를 제시해나갈 수 있었다. 중세사회의 발전 과정에서 사림세력이 수행한 역사적 역할과 의미가 바로 여기에 있다고 할 것이다.

16세기 후반은 이른바 '당쟁'으로 칭해지는 정치적 갈등이 격렬하게 전개된 시기였다. 선조대 중앙 정계를 장악한 사림세력은 그 내부에서 정국 운영 방안을 놓고 동인과 서인으로 분열되었으며, 정여립 역모사건(기축옥사)을 계기로 동인은 남인과 북인으로 분열되었다.

분당의 원인을 야사에서 전해지듯 단지 논자들 간의 사사로운 감정 대립에서 찾는다면 올바른 역사적 판단이 아닐 것이다. 분당의 포괄적 원인은 정파·학파의 성장이 빠른 속도로 일어나고, 그들 사이의 연대와 협력 혹은 갈등과 투쟁이 다양한 양태로 전개되는 가운데, 각기 정치적 실권을 장악하거나 또는 학문적 우위를 점하려는 의도와 맞물리며 극심하게 반목하고 갈등하였던 것에서 찾을 수 있다.

이 시기가 다양한 학문 경향이 공존하는 가운데 학파가 분화하는 시기였음을 감안한다면 더더욱 그러하다. 즉 16세기 조선사회는 주자학적 사유체계의 정착과 함께 새로운 사유체계의 모색 또한 다양하게 시도되고 있었다고 할 수 있다. 여기에 사회·경제의 발전과 시대상황의 변동이 가속화됨에 따라 주자학에 입각한 현실인식과 대응방법의 한편으로 비주자학적 학문론에 입각한 정치이념과 그에 따른 현실대처 방안이 공존하는 상황 속에서, 관인유자들 내부에 이견이 생기고 이것이 입장과 이념의 차이로 확대되기에 이르렀다.

16세기 후반 붕당의 형성 과정에서 정치적 갈등을 초래했던 첫 번째 요인은 을사사화로 책봉된 위사공신의 삭훈과 외척인 심의겸의 처리 문제였다. 이를 둘러싼 사림세력 내 논자들의 대립은 흔히 구신 대 신진사류라는 신·구 갈등으로, 혹은 전배사류 대 후배사류라는 사류 내 전·후배 갈등으로 설명되는 가운데 대략 척신정치에 대한 근본적인 부정 대 척신정치에 대한 미온적 대응의 틀로 설명되어 왔다.

그러나 앞서 살펴본 내용에 의하면 삭훈과 심의겸을 둘러싼 논쟁과 갈등은 모두 사림 내부에서 척신정치의 청산이라는 시대적 과제에 부응하는 방안으로서 제기된 것이었음을 알 수 있다. 위사공신 삭훈과 외척의 정치 간여 배제는 모두 사림정치의 근간을 이루는 청론(淸論)으로서 구체제의 혁신에 공감하는 사림이라면 어느 누구도 드러내놓고 반대할 수 없는 명분을 지니고 있었다. 다만 서로 간에 중시하는 쟁점과 정치적 지향의 차이가 내포됨에 따라 척신정치 청산의 방안을 달리하고 있었을 뿐이다. 요컨대 논쟁의 쟁점과 본질은 척신체제를 근본적으로 부정하느냐 부정하지 않느냐의 문제라기보다는 정국운영의 주도권과 방안을 서로 달리한 정치론의 대립이었다고 할 수 있다.

한편 기축옥사는 조선후기 당쟁의 실질적인 기원이자 동인과 서인 내부에서 모두 갈등을 촉발한 사건이었다. 이 사건을 계기로 동인은 북인과 남인으로 분기하였다. 서인 또한 기축옥사로써 동인을 제압하긴 했지만, 정쟁을 격화시킨 책임소재를 둘러싸고 내부에서 분당의 조짐이 서서히 나타나게 되었다.

기축옥사의 여파가 지속되는 가운데 광해군의 왕위 계승을 둘러싸고 북인은 다시 대북과 소북으로 분열되었다. '적자(嫡子)'도 '장자(長子)'도 아니었던 광해군은 그의 불안정한 종법상의 지위로 인하여 토역론을 내세운 정인홍·이이첨의 대북세력에 의지하지 왕권의 안정을 꾀하고자 하였다. 대북세력은 임해군 역모사건, 김직재·김제남 역모사건, 영창대군 처리와 폐모(廢母) 논의 등을 잇달아 제기하여 서인·남인은 물론 소북세력까지도 정국에서 배제하고 권력을 독점하였다. 그러나 충역의 논리로써 흉역의 무리들을 발본색원해야 한다는 토역론은 끊임없는 정치적 긴장을 조성하며 지속되는 정치론이었다. 토역론에 기반한 대북세력의 독주는 정국에서 배제된 서인과 남인의 격심한 반발을 불러일으켰다. 결국 광해군과 대북세력의 독점적 정국운영에 대한 사류 일반의 광범위한 반발을 배경으로 인조반정이 단행되어 북인의 대부분은 몰락의 길을 걷게 되었다.

송와 이희의 정치활동과 한산 이씨 문중

오 영 교

I. 머리말

15세기 훈구와 사림의 갈등 과정에서 거듭 탄압받으며 집권력에 저항하던 사림은 선조 즉위를 전후로 점차 그 세력을 확보하게 된다. 중앙정계는 사림에 의해 장악되었으나 정국의 운영방향을 둘러싸고 사림 내부의 의견이 돌출되었다. 동인과 서인, 이어 기축옥사를 계기로 동인은 다시 남인과 북인으로 분열되었다.

송와 이희는 1555년 식년 문과에 급제하여 관직을 받은 이후 1600년(선조 33) 지돈녕부사(知敦寧府事)를 끝으로 벼슬에서 물러났다. 79세에 이르기까지 관료로 복무하며 두 번의 전쟁(임진왜란과 정유재란)과 명종·선조연간의 정치 일선에서 주요 정책을 결정하고 집행하였다. 그는 16세기 동·서 붕당과 남북 붕당이 전개되는 시기, 동인과 대북파로 분류되는 정치노선을 따른 것으로 평가되었다. 1583년(선조 16) 대사헌으로서 사헌부 관인을 이끌고 서인 율곡 이이(栗谷 李珥)의 탄핵에 가담하였고, 1594년에는 기축옥사에 대한 송강 정철(松江 鄭澈)의 정치행위에 대한 무리함을 드리내고 그 탄핵에 앞장섰다. 전쟁기에 순화군(順和君) 보를 수행하면서 고향인 강원도에서 의병을 모집하였다. 전쟁기 핵심관료로서 대책을 논의하는데 참여하고 전쟁

이후 주전론을 주장한 북인의 입장에서 서애 류성룡(西厓 柳成龍)의 주화론을 공격하는 쪽에 섰다. 그는 1603년에 청백리에 뽑히고 영의정에 추증되었다.

이처럼 조선중기 정치, 사상적으로 주요한 위치를 점했던 이희의 학문과 사상에 대한 연구는 많지 않다. 그 이유는 병화를 거치면서 이희의 사상을 담은 저술이 거의 분실되었고 문집이 존재하지 않았다는 데 기인한다.[1] 최근 16, 17세기 정치·사상사 연구가 활발하게 이루어져 인물과 사상 연구에 있어 기존의 수준에 비해 그 폭과 외연을 크게 확장시키고 있다. 당시 핵심적인 위치에 있었던 송와 이희의 연구 역시 이에 기여할 수 있으리라 여겨진다.

본고는 자료의 한계는 있지만 『선조실록』·『선조수정실록』 등의 연대기와 후손들이 정리한 『송와잡설(松窩雜說)』·『간옹우묵(艮翁疣墨)』 및 관련 당론서 등을 통해 이희가 활동했던 동서분당기, 남북분화기의 정국 동향을 개관하고, 이 시기 본격적으로 전개되었던 이희의 정치활동에 대해 살펴보고자 한다. 특히 문풍이 뛰어난 한산 이씨 명문가의 후손으로 그의 행적과 글에는 앞선 선대들의 정치인식이 반영되어 있었던 것으로 여겨진다. 이어 직계후손들의 정치활동과 원주 간현에 형성된 동족마을의 구조와 운영에 대해 서술하고자 한다.

Ⅱ. 선대 가문과 송와 이희의 생애

1. 송와 선대의 정치활동

한산 이씨는 고려초기 권지호장(權知戶長) 직을 세습하면서 지방호족의 기반을 닦은 윤경(允卿)을 시조로 하고 있다. 이후 인간(人幹)을 거쳐 손자대에

---

[1] 송와 이희 및 문중과 동족마을에 관한 연구로는 오영교, 2010, 「송와 이희의 생애와 정치·사회 인식」, 『원주의 얼과 인물 연구』, 운곡학회 ; 오영교·정두영·김영본·이상순, 2013, 『松窩 李墍 硏究』, 원주시 ; 오영교, 2013, 「송와 이희의 정치활동과 사회인식」, 『한국사상사학』 45집이 참조된다.

서 충진(忠進)계와 효진(孝進)계로 갈렸다.2) 한산 이씨 초기 가계를 살펴보면 <표 1>과 같다.

〈표 1〉 한산 이씨 초기 가계

송와 이희는 효진계에 속한다. 한산 이씨의 시조 윤경부터 자성(自成)까지는 한산의 향리 가문이었다. 자성의 셋째 아들인 곡(穀)[호 가정(稼亭)]은 고려 충렬왕 24년(1297) 7월 한산의 북고촌에서 태어났다. 16세에 함창 김씨와 혼인하였다. 이곡은 개경에 올라와 도평의사사 연리(掾吏)가 되었고 23세가 되던 1320년(충숙왕 7) 수재과(秀才科) 제이명(第二名)으로 급제했다. 복주사록참군(福州司錄參軍)으로 관리생활을 시작하였고 1331년(충혜왕 1)에 정9품인 예문춘추관 검열이 되었다.3) 신진 관료로서 실력을 갖춘 그는 다시 정동행중서성(征東行中書省)의 향시(鄕試)에 도전하였다. 이 길을 통해 그는 원에서 시행하는 최고의 관문인 제과(制科)에 급제하는 명예를 얻게 되었다. 36세가 되던 1333년[원통(元統) 원년] 제과에 제이갑(第二甲)으로 급제한 이곡은 한림국사원 검열, 정동행중서성 좌우사 낭중을 제수받고 원 조정에 직접 참여하게 되었다. 이곳에서 그의 지위를 이용하여 공녀(貢女)징발을 조정하는 등 고려의 이익을 대변하는 역할을 했고 원 학사들과 교유를 통해 학문적 기반을 확충시켜 나아갔다.

이곡은 1337년(충숙왕 6)에 고려에 들어와 종3품 성균 제주 예문관대제학 지제교(成均 祭酒 藝文館大提學 知製敎)를 제수받았다. 1348년(충목왕 4) 도첨

---

2) 『韓山李氏議政公諱之蘭派譜』.

3) 『高麗史』 卷9, 李穀傳.

의찬성사 우문관대제학 감춘추관사 상호군(都僉議贊成事 右文館大提學 監春秋館事 上護軍)에 올랐다. 문한(文翰)을 담당했으며, 재상의 반열에 오른 것이다. 민지(閔漬)가 찬수한『편년강목(編年綱目)』을 보수하고, 충렬·충선·충숙 3왕의 실록을 찬수하였으며, 동지공거(同知貢舉)로서 장시(掌試)하고 한산군(韓山君)에 봉작됨으로써 신분적으로도 최고의 지위에 오르게 되었다.[4]

그가 고려에서 교유한 인물들은 이제현(李齊賢)을 비롯하여 성리학을 적극적으로 수용하는 사대부들인데, 이들 중에는 충목왕대에 설치되었던 정치도감(整治都監)에 참여한 인물도 다수 포함되었다. 정치도감은 앞서 충선왕의 개혁이나 후에 공민왕에 의해서 추진되는 개혁과 맥락을 같이 하는 것으로서 신진사대부의 성장과정에서 나타나는 역사적 단계로 볼 수 있는 것이었다. 이곡은 공민왕 추대운동에 참여하였으나 공민왕이 즉위하던 해(1351년) 1월에 54세를 일기로 서거했다.『가정집(稼亭集)』20권이 전한다.

이처럼 6세(世) 이곡은 성리학 수용기에 원의 대도에서 활동을 하면서 명성을 드높였고 과거를 통해 중앙관리로 진출한 신진사대부로서 출중한 학문실력으로 원 제과(制科)에 합격함으로써 자신의 신분과 가문을 상승시켜 간 전형적인 인물이다. 그는 원의 성리학 조류에 몸담고 이를 수용하였고 아들 이색이 여말 유학의 종주(宗主)가 될 수 있도록 발판을 마련해 주었다.

목은 이색(牧隱 李穡)은 14세 되던 충혜왕 복위년(1341) 가을에 성균시에 합격했다. 16세 되던 5월에 별장에 보임되고 19세 되던 충목왕 2년(1346)에 화원군(花原君) 권중달(權仲達)의 딸과 혼인했다. 충목왕 4년(1348) 아버지에게 근친(覲親)하기 위해 원의 국자감에 들어가서 생원으로 3년 동안 공부하며 원 유학의 정수를 익혔다.

이색은 26세가 되던 해인 1353년(공민왕 2) 5월 명경과 을과에 장원으로 급제해 숙옹부 승(肅雍府 丞)에 제수되었고, 이듬해 원에 들어가 2월에 제과(制

---

4) 가정 이곡의 정치활동에 대해서는 다음의 논고가 참조된다. 고혜령, 1993,「稼亭 李穀과 元 士大夫와의 교유」,『碧史李佑成教授定年退職紀念論叢－民族史의 展開와 그 文化』; 김종진, 1984,「이곡의 對元意識」,『태동고전연구』창간호.

科)의 전시(殿試) 제이갑(弟二甲) 제이명(弟二名)으로 급제해 응봉한림문자
승사랑 동지제고겸국사원편수관(應奉翰林文字 承事郎 同知制誥兼國史院編
修官)에 제수되었다. 원에서 과거가 부활된 1315년 이후 고려인으로서 과거에
합격한 사람은 안진(安震)을 비롯하여 이곡·이색 부자 등 18명에 달한다.[5]

1357년 우간의대부(右諫議大夫)가 되어 유학에 의거한 삼년상제도를 건
의하여 시행하도록 하였다. 이어 추밀원 우부승선·지공부사·지례부사(樞
密院 右副承宣·知工部事·知禮部事) 등을 지내고 1361년 홍건적의 침입으로
왕이 남행할 때 호종해 1등공신이 되었다. 1367년 대사성(大司成)이 되어
국학의 중영(重營)과 더불어 성균관의 학칙을 새로 제정하고 김구용(金九容)
·정몽주(鄭夢周)·이숭인(李崇仁) 등을 학관으로 채용해 유학의 보급과 발전
에 공헌하였다. 1374년 예문관대제학·지춘추관사겸성균대사성(藝文館大
提學·知春秋館事兼成均館大司成)에 임명되었으나 병으로 사퇴하였다. 1375
년(우왕 1) 정당문학·판삼사사(政堂文學·判三司事)를 역임했고 1377년에
추충보절동덕찬화공신(推忠保節同德贊化功臣)의 호를 받고 우왕(禑王)의
사부(師傅)가 되었다.

이색은 신흥사대부의 이익을 위해 활동했지만 불사이군(不事二君)을
내세워 이성계의 역성혁명(易姓革命)에는 반대했다. 그로 인해 그는 사형언
도를 받아 청주옥에 갇히기도 하고, 폐서인이 되었다가 풀려나기도 했다.
1391년 석방된 후 한산부원군(韓山府院君), 1395년(태조 4)에 한산백(韓山伯)
에 봉해졌고 이성계의 출사(出仕) 종용이 있었으나 끝내 고사하고 이듬해
여강(驪江)에서 의문의 죽음을 당하였다.

이색은 원에서 수학한 주자학을 성균관을 통해 보급하고 주자학적 윤리를
정착시키는 데 공헌하였다. 그는 부패한 친원파 문벌귀족의 전횡을 막고
신흥사대부의 진출을 보장하기 위해 귀족들과 밀착된 불교를 비판하고 불교
의식을 유교의식으로 바꾸려고 노력하였다. 이색과 그를 추종하는 사대부들

---

5) 장동익, 1990, 「元에 진출한 高麗人」, 『민족문화논총』 11, 63~64쪽.

은 혈연을 준거로 하는 음서제와 사적인 인간관계를 매개하는 좌주문생제(座主門生制)를 활용하여 조기에 관계에 진출하는 길을 열었고 정치·경제적 기반을 다졌다.[6] 이색 계열의 사대부들은 집권체제의 정상화와 국왕 주도의 정치론을 전개하였다. 이들은 '선왕지법(先王之法)'·'고제(古制)'·'구제(舊制)' 등으로 표현되는 고려의 제도를 복구하였고, 이 과정에서 주자학을 적극 수용하고 인륜의 확립을 통하여 현존하는 지배와 피지배의 복종관계를 합리화하려 하였다.

이색의 큰아들인 종덕(鍾德)은 호가 삼당(三堂)으로 문과에 장원 급제하고 우왕 때에 동지밀직사사(同知密直司事)를 지냈으며, 정조부사(正朝副使)로 명나라에 다녀왔다. 둘째 종학(鍾學)은 호가 인재(麟齋)인데 1376년(우왕 2) 문과에 급제하였고 첨서밀직사사(簽書密直司事)에 올라 1389년(창왕 1) 동지공거(同知貢擧)를 겸하다가 공양왕이 즉위하자 아버지와 함께 탄핵을 받아 파직되었다. 1392년 고려가 멸망한 후 정도전(鄭道傳) 등이 그를 살해하려 했는데 그의 문하생인 김여지(金汝知)의 도움으로 장사현(長沙縣)으로 이배되던 중 무촌역(茂村驛)에서 살해되었다. 문장으로 이름이 높았으며 사실(史實)에 밝았다. 뒤에 신원되고 문헌서원(文獻書院)에 제향되었다. 이색의 두 아들인 종덕과 종학은 당시 권력에 의해 죽임을 당하고 시호가 양경(良景)인 셋째 종선(鍾善)만이 귀양 갔다가 풀려나와 차후 명문가의 가계를 계승하는 데 공헌했다. 종선은 15세 때 문과에 급제하고 언관에 재직 중 1392년(공양왕 4) 정몽주의 일당으로 몰려 장류(杖流)되었다가 조선이 건국된 후 풀려 나왔다. 순창과 백천의 군수, 여흥부사 등을 역임하였다. 1417년 풍해도와 충청도의 도관찰사를 역임하고 1419년(세종 1) 한성부윤·인수부윤을 거쳐 1421년 좌군도총제(左軍都摠制)가 되고, 1425년 사은부사로 명나라에 다녀왔다. 1429년 개성유후에 이어 1438년(세종 20) 자헌대부 지중추원사로 승진되었으나 3월 14일(무오)에 죽었다.

---

6) 도현철, 2011, 『목은 이색의 정치사상연구』, 혜안, 49~57쪽.

이색 이후의 한산 이씨 계파를 정리하면 다음 <표 2>와 같다.

〈표 2〉 한산 이씨 계파

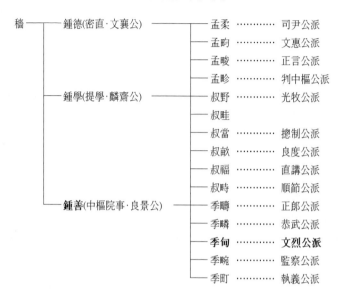

穡	鍾德(密直·文襄公)		孟柔 …………	司尹公派
			孟畇 …………	文惠公派
			孟畯 …………	正言公派
			孟畛 …………	判中樞公派
	鍾學(提學·麟齋公)		叔野 …………	光牧公派
			叔畦	
			叔當 …………	摠制公派
			叔畝 …………	良度公派
			叔福 …………	直講公派
			叔畤 …………	順節公派
	鍾善(中樞院事·良景公)		季疇 …………	正郎公派
			季疄 …………	恭武公派
			季甸 …………	**文烈公派**
			季畹 …………	監察公派
			季町 …………	執義公派

종선의 아들 계전(季甸)은 호가 존양재(存養齋)이며 시호는 문렬(文烈)이다. 1427년(세종 9) 친시문과(親試文科)에 급제한 후 집현전 학사로 발탁되었다. 1452년(문종 2) 『세종실록』 편찬에 참여하고, 1453년(단종 1) 계유정난에 공을 세워 정난(靖難) 일등공신, 1455년(세조 1) 좌익(佐翼) 이등공신으로 한성부원군에 봉해지고 대제학·영중추부사 등을 역임했다. 1456년(세조 2) 의금부에서 사육신 개(塏)의 사건으로 사촌인 맹진과 함께 연루되었으나 맹진은 귀양가고 계전은 작위를 그대로 보존하였다. 계전은 형 계린과 함께 수양대군을 지지하였다.

한편 10세 개는 계주의 아들이다. 1436년(세종 18) 문과에 급제한 뒤 저작낭(著作郎)으로 『명황계감(明皇戒鑑)』 편찬과 훈민정음 창제에도 참여했으나, 세조가 왕위를 찬탈하자 직제학으로 성삼문(成三問) 등과 함께 단종의 복위를 꾀하다가 발각되어 심한 고문 끝에 죽었다. 1758년(영조 34) 이조판서에 추증되었고, 대구의 낙빈서원(洛濱書院), 충주의 노운서원(魯雲書院), 한산의 문헌서원(文獻書院), 의성의 충렬사(忠烈祠) 등에 배향되었다.7)

이계전은 두 차례 공신으로 책훈된 후 방대한 규모의 전지를 공신전으로 하사받았다.8) 그의 묘는 시조 이래 7대동안 집안의 세장지였던 한산을 떠나 여주에 조성되었다. 이계전에 의해 마련된 방대한 전지는 아들과 손자대에 일가의 별업(別業)으로 기능하게 된다. 이우와 이장윤에 의해 본격적으로 경영되었다. 이장윤은 광주 돌마면(突馬面) 낙생리(樂生里)[지금의 분당구 수내동 중앙공원]에 별업을 조성하였고 사후 이곳에 묻혔다. 이후 낙생별업은 이질(이장윤의 장자)-이지숙(이질의 3자)-이증(이지숙의 차자)-이경유 (이증의 4자) 계열로 전수되면서 일가의 세장지로 확대되어 갔다. 장손 계열로 전수되지 않고 차손 이지숙 계열로 세전되어 갔던 것이다.

『한산이씨세보(韓山李氏世譜)』(1905)에 따르면 한산 이씨는 이색의 손자 대를 기점으로 대략 14개파로 분파되었는데 이계전은 문열공파의 파조였다.

원주 간현의 입향시조인 13세 지란(之蘭)은 문열공파 계전(9세)-우(堣)- 장윤(長潤)-질(秩)[12세]의 후손이다. 12세 질(1474~1560)은 1498년(연산군 4)에 생원시에 합격해 문화·상주·울진 등 일곱 고을의 수령을 역임했다. 손아래 동생인 치(穉)는 1507년(중종 2)에 사마시에 합격하여 수원판관을 지냈다. 손자 이산해 때문에 좌찬성에 추증되었다. 지란의 사촌이자 치의 아들인 토정(土亭) 지함(之菡)은 서경덕(徐敬德)의 문하에서 글을 배워 경·사· 자·전(經·史·子·傳)을 비롯하여 복서·지리·술수(卜筮·地理·術數)에 능통했

---

7) 그의 매서운 절개를 드러내는 시로 다음을 들 수 있다. "房안에 혓ᄂ 燭불 눌과 離別ᄒ엿관듸 눈물을 흘니면셔 속타ᄂ 줄 모로ᄂ고 우리도 져 燭불 ᄀ도다 속타ᄂ줄 모로노라"(甁歌, 심재완, 1972, 『歷代時調全書』, 세종문화사 소수).

8) 1453년에는 200결(『단종실록』卷9, 단종 1년 11월 병진) 1458년에는 100결을 사패지 로 하사받았다(『세조실록』卷13, 세조 4년 6월 을유). 사패지의 위치는 경기와 호서 일원에 분포되었다. 사육신 사건에 연루된 인물들의 땅을 모두 몰수하여 종친과 대신들에게 하사할 때 이계전은 이개·성삼문 등의 소유지였던 한산·예산·온양·풍 덕·아산·해미·회덕·임피의 전지를 하사받았다(『세조실록』卷7, 세조 3년 3월 병술).

으며, 선조대에 포천현감을 지냈다.

한편, 의정공파(議政公派)는 지란의 원주 거주와 함께 형성되었다. 지란은 처향(妻鄕)을 따라 지금의 원주 지정면에 낙향하여 관동 일파의 중시조가 된 것이다. 그는 1492년 11월 20일에 부친 한성군(韓城君) 질과 모친 연안 김씨의 둘째로 태어났다. 40세에 이르러 과거의 업을 포기한 후 낙향하게 된다. 1560년 부친이 세상을 떠나자 이로 인하여 애훼(哀毁)해서 병을 얻고 다음해인 1561년 4월 30일 나이 70에 세상을 하직하였다. 아들 희의 벼슬로 인해 1573년 이조참판, 1605년 의정부 영의정으로 추증되었다. 지란의 부인은 원주 원씨 가문으로 운곡 원천석(耘谷 元天錫)은 부인의 현조(玄祖)이다. 부는 진사 선(璿)이다. 지란의 부인은 1574년 윤 12월 18일 84세에 세상을 떠났고 의정공 묘 아래 상·하분으로 묻혔다. 1573년에 정부인, 1605년에 정경부인에 봉해졌다.[9] 지란의 묘지문은 선공감 정 김충(金沖)이 찬술하였고, 부인은 좌의정 대제학 김귀영(金貴榮)이 기록하여 묘 앞에 함께 묻었다.[10] 지란은 4남 1녀를 두었다. 맏은 기(基)이고, 둘째는 선원전 참봉 루(壊), 셋째는 희(壁), 넷째는 별좌인 용(塘)이다.[11]

---

9) 「議政公墓碣」, 『韓山李氏議政公派世譜』 卷上.

10) 그 후 아들 형제들이 碑碣을 세우려고 석공이 石役을 마쳤으나 임진왜란을 당하여 국난이 중첩되고 私事에 겨를이 없어 공의 미덕과 행실이 김충의 문집 외에는 기록되지 못했다고 한다(仁祖 20년(1642) 8월 玄孫 日華 撰, 「議政公墓碣陰記」, 『韓山李氏議政公派世譜』 卷上). 특정 문중이 일정한 곳에 입향하여 인구의 재생산 과정을 통해 세대수를 증식하고 분가를 누적하여 감에 따라 주위를 개척하고 거주 공간을 확대해 가는 과정을 살펴 볼 수 있다. 이는 동족마을의 형성 문제를 실증적으로 밝히는 데 크게 도움이 된다. 그러나 아쉽게도 한산 이씨의 정착과정에 대한 자세한 기록이 남아 있지 않다. 따라서 주요 후손들이 묏자리를 어디에 썼는지를 통해 그 사정을 간접적으로 파악해 볼 수 있다. 之蘭의 祖父 長潤과 父 秩의 묘가 城南市 藪內洞에 위치하고 之薰의 묘가 서울 신림동, 之菽의 묘가 성남시 수내동에 있는데 비해 지란의 묘는 원주시 地正面 艮峴里 陵洞(自甲洞)에 있다. 지란의 아들인 忠義衛公 基의 묘가 바로 옆에 인접해 있으며 參奉公 塿의 묘는 所草面 興陽里, 壁의 묘는 인접 艮峴里 陵谷에 위치한다. 이 사실은 이들 후손들이 이곳을 세서시로 삼고자 하는 의지의 표현이라 볼 수 있다.

11) 「議政公墓碣」, 『韓山李氏議政公派世譜』 卷上. 문중에 의하면 첫째 기로 인해 셋째인 이희의 득음이 기가 아닌 희가 되었다고 한다.

이처럼 이희의 선대는 조선개국과 세조의 왕위찬탈 과정의 공방에서 깊이 관여된 문중이었고 이희를 비롯한 후대 동족인들의 정치적 사유와 역사관에 커다란 영향을 끼친 것으로 보인다.

2. 송와 이희의 생애

「송와공신도비명(松窩公神道碑銘)」과 『한산군이씨 의정공파세보(韓山李氏 議政公派世譜)』,『조선왕조실록(朝鮮王朝實錄)』에 의해 이희의 행적을 다음과 같이 재구성할 수 있다. 이희는 1522년(중종 17) 2월 5일 출생하였다. 그는 7세 때『효경(孝經)』과『대학(大學)』을 배우고[12] 8세 때 이미 시·서에 능했다고 한다.[13] 16세에 안분당 이희보(安分堂 李希輔)에게서 수학했는데, 이 때문에 그의 저서『송와잡기(松窩雜記)』[14]에는 3대 문장가의 한 명으로 이희보를 들어 추숭하고 있다.

치의 손자이자 이지번(李之蕃)의 아들인 이산해는 이희가 은퇴할 때까지 관로를 함께 하였다. 두 사람 사이에는 인척관계를 넘어 사사했다는 평가가 있을 만큼 정치적 견해와 당색까지 함께 하였다. 이산해는 숙부 이지함(李之菡)으로부터 5세부터 학문을 사사받았다. 가학의 내용은 주로 강경(講經)과 사장(詞章)을 근거로 한 것이었지만 대대로 문장으로 명망을 얻은 가문의 영향이 적지 않은 것으로 판단된다.[15] 이희 역시 가학의 학문전통을 배우고

---

12) 「松窩公神道碑銘」.

13) 『樊巖先生集』卷42, 諡狀 松窩李公諡狀.

14) 이희는 安分堂 李希輔, 企齋 申光漢, 湖陰 鄭士龍을 손에 꼽을 만한 문장가로 들었는데 그 중 스승이었던 이희보는 박식하고 신광한은 시와 문장에서 준일한 기상이 있으며, 정사룡은 어릴 때부터 총명하고 학문이 뛰어났음을 보였다고 소개하고 있다. 특히 이들의 사상의 정수라 할 수 있는 시문을 적절히 인용 소개하였다(『松窩雜記』).

15) 이지함은 항상 성인의 경지는 배워서 도달하는 법이라며 경을 위주로 한 자세로 경전의 이치를 구구하고 실천을 돈독하게 하는 것을 학문의 요체로 삼았다. 또한 그는 의리를 논변하거나 시비를 분별할 때에는 명확하고도 빠른 통찰력으로 사물의 미세한 부분까지 분석하여 듣는 자로 하여금 의혹이 없도록 하였다고 할 만큼

계승한 것으로 여겨진다.

이희는 1546년(인종 2)에 사마시에 입격하였다. 이어 1555년(명종 10) 4월 식년문과에 급제한 뒤 1557년(명종 12) 정자·저작겸봉상직장(正字·著作兼奉常直長)을 거쳐 예문관 검열, 승정원 주서, 경사(經史)와 도의(道義)를 가르치던 정7품 관직인 세자시강원 설서를 역임하였다. 이어 명종 15년 5월 정언, 8월 정6품의 관직인 병조좌랑에 임용되었다.

1561년(명종 16) 그의 나이 39세 때 부모를 뵙기 위하여 강원도사(江原都事)를 맡았다. 부친 지란의 상을 당하여 형제가 묘 아래에 거여(居廬)하며 예법을 모두 갖추었다.

1562년 이희가 병조정랑직을 제수 받았을 때 친척 이산해는 홍문관 저작에 임용된다.

1563년(명종 18) 11월 사헌부 지평으로 이량(李樑)에 대해 나라를 그르친 죄를 물어 논핵을 담당하였다. 당시 이희는 "진실하여 겉치레를 일삼지 않았다"라는 사평을 받았다.[16] 1564년(명종 19) 6월 사헌부 장령 시절 차자(箚子)를 올려 시폐(時弊)를 말했는데 '자전(慈殿)의 교지가 안에서 내려져서 궁중이 엄하지 못하고, 관리를 임용한 명단이 내려지기도 전에 민간에서 이를 먼저 아는 폐단'에 대해 지적하였고 국왕에 의해 대관(臺官)들이 모두 교체되었다.[17]

1566년(명종 21) 이희는 사신에 의해 "질박함이 많고 후덕한 데 가까웠으며 일가들과 화목했고 속이는 일을 하지 않았다"[18]라고 평가되었다. 명종 22년 3월 부수찬으로 임용될 당시 "성격이 소탈하고 염정으로써 몸을 지켰다"[19]라

사리에 밝은 측면을 보여주었다고 한다(『鵝溪遺稿』 卷6, 銘類, 叔父墓碣銘).

16) 『명종실록』 卷29, 명종 18년 11월 무자.

17) 이후 군기첨정·장령·직강·사예·장정·사도첨정·전적·사옹첨정·사예·사성을 거쳐 1567년(명종 22) 홍문관의 종3품직인 典翰이 되어 編修官으로 『明宗實錄』 편찬에 참여하였다. 당시 편수관에는 자헌대부 형조판서 팔계군 정종영이 같이 참여하고 있다.

18) 『명종실록』 卷33, 명종 21년 12월 정미.

는 사신의 평가가 뒤따랐다. 붕당의 고착화로 인한 사림의 정치적 이해관계가 본격적으로 반영되기 이전인 명종연간, 그의 인품에 대해 실록의 사신들은 이처럼 호감과 친화력이 넘치는 인물로 평가하였다. 그의 임용은 직접적인 검증과 공론을 적절히 반영하였음을 보여준다.

선조연간에 들어와 1569년(선조 2) 예빈 선공정(禮賓 繕工正)·사간 집의·교리·응교 직에 봉직하였고, 경상도 재상어사(災傷御使) 임무를 수행하였다. 1572년에 들어와 첨지, 승정원 동부승지, 좌승지, 첨지 직을 수행하였다.

이희가 오랜 벼슬길에 있으면서 근친(覲親)하기 위한 원주왕래가 몇 차례 있었다. 1573년(선조 6) 신정에 좌승지로서 휴가를 얻어 원주 땅에 어머니를 뵈러 가는데 임금이 감사 홍춘연(洪春年)에게 하서(下書)하기를 "좌승지 이희가 나를 보필한 지 오래도록 여러 번 부지런하고 수고로움을 끼쳤다. 늙은 어머니가 원주 땅에 있기에 근친하러 늘 왕래하니 경은 나를 위하여 식물을 비급하도록 하라" 하였다. 또한 임금이 유자 50개를 하사하면서 "이 물건은 비록 늙은 부모에게 맞지 않지만 먼 바다에서 왔으니 어머니에게 올려서 임금이 주는 것을 영화롭게 하라"고 했다.[20] 또 규장(奎章)의 27글자도 하사하였다. 소재 노수신(蘇齋 盧守愼)이 서첩에 쓰고 차후 아계 이산해(鵝溪 李山海)와 청천(聽天)이 이희의 시에 차운(次韻)하여 시를 썼는데 이것을 보배로 여겨 북부(北部) 준수방(俊秀坊) 소재 집에 간직해두었다. 그러나 임진왜란시 어첩(御帖) 및 두 정승의 시가 모두 불에 탔고 이희는 이를 몹시 아쉬워했다고 한다.[21]

조정에서는 이희에게 추호의(樞戶議), 승지에 배했으나 모친의 병환으로 사양하였다. 1573년(선조6) 4월 강원도관찰사에 제수되었다. 이듬해 우승지를 맡아 경관직에 복귀하였다. 1574년 겨울에 모친의 상사를 당했을 때에도 곡읍(哭泣)과 죽을 마시는 절차를 한결 같이 행하였다고 전해진다. 이처럼

---

19) 『명종실록』卷34, 명종 22년 4월 경술.
20) 『선조실록』卷6, 선조 5년 12월 무인.
21) 『松窩雜記』.

88

이희는 벼슬이 갈리면 곧 시골로 내려와 부모를 봉양하였고 아울러 반드시 3년상을 극진하게 모셨다.[22]

1578년(선조 11) 2월 양주목사를 배임 받은 후 가까운 시골집 간촌서당(艮村書堂)에서 기거하던 사실을 기록하고 있다. 이곳은 부친 지란과 같이 거주하던 산방(山房)이 소재한 곳이었다. 1579년(선조 12) 군함(軍銜)으로 오위장직을 수행하였고, 대사간, 병조참지, 병조참의에 임용되었다. 이 해 첨지중추부사가 되어 성절사(聖節使)로 중국을 다녀왔다. 선조 14년에 좌승지와 경기도 관찰사를 수행하였고, 선조 16년 7월 대사헌, 8월 장흥부사에 임용되었다.

임진왜란이 발발한 후 조정이 기대하던 충주 방어선마저 무너지자 국왕 선조는 서천(西遷)을 결정하고 윤두수(尹斗壽)에게 어가(御駕)를 호종할 책임을 맡기고 세자가 동행하도록 하였다. 다른 왕자들은 여러 도에 나누어 보내 근왕병을 불러 모아 회복을 도모하였다. 함경도로 가는 임해군은 김귀영(金貴榮)·윤탁연(尹卓然)으로 하여금 수행하게 하고, 강원도로 파견한 순화군(順和君) 이보는 장계부원군(長溪府院君) 황정욱(黃廷彧)과 그의 아들 전 승지 황혁(黃赫), 동지중추부사 이희로 하여금 수행하도록 하였다. 황혁은 딸이 순화군의 부인이며 이희는 원주가 고향이기 때문에 동행하게 했다.[23]

관동호소사(關東號召使)로 명받은 이희는 자금을 보관한 짐을 몸종이 절취하여 도망가는 사태가 발생하였다. 이로 인해 출발이 지체되었고, 아들 경운(慶滭)이 많은 일을 도맡아 노력하여 행차에 지장이 없도록 하였다. 실제 원주에

---

22) "其省覲大夫人於原州庄舍也 上賜耽羅貢橘 親降御翰 諭以歸遺老母 以榮君賜 又諭江原道臣 若曰 李堅侍予日久 屢效勤勞 有八十老母 卿其給食物 以示予優待 命下 搢紳大夫莫不相傳爲異數異數云 是年春 拜江原道觀察使 秩滿 遷戶曹參議 連拜承旨 以母病辭不就 未幾遭艱 公篤於孝 親老在鄉 解官未嘗淹於京 歸侍親左右服勤 及是年踰五十 廬墓歠粥 視前喪如一 人無不感服 服旣闋"(『樊巖先生集』卷42, 諡狀 松窩李公諡狀).

23) 『선조수정실록』卷26, 선조 25년 4월 계묘 ;『선조실록』卷37, 선조 25년 4월 무오. 실록에 의하면 이희는 강원도에 이르러 병을 핑게대고 따르시 않았다. 얼마 지나지 않아 왜적이 강원도로 침입하였기 때문에 순화군도 재를 넘어 북쪽을 향하여 임해군과 동행하게 되었으므로 김귀영과 황정욱에게 협동해서 호위하여 가도록 명하였다고 한다.

도착했을 때에 소집에 응하는 장정들이 없어 영동과 영서를 오가며 충의로 격려하자 점차 응모자들이 모였다고 한다. 이어 원주와 여주 사이에 병사를 주둔시켜 왜군과 대치하였다.[24]

『송와잡설』에는 이희가 관동호소사로서 원주 일대에서 활동한 사실이 상세히 기록되어 있다. 그 가운데 원주 영원산성에서 순직한 목사 김제갑(金第甲)과의 인연도 소개하였다. 이희와 김제갑은 사간원의 옛 동료였다. 당시 김제갑은 원주목사로서 고을 군사를 모아서 산간지역이자 왜군의 출몰 초입부인 동남쪽을 막고 끊어 한양으로 연결된 서쪽 길의 방비 계획을 수립하였다. 이희는 관동지역의 근왕병을 흥원창에 주둔시켰고 김제갑은 가리령(加里嶺)과 영원산성(領原山城)에 의지하여 주둔하고 있었다. 이때 이희는 적은 규모의 정병(精兵)을 보내어 그를 도왔다. 그러나 왜적에 의해 성이 함락되자 김제갑 자신과 부인 및 둘째 아들이 해를 당하였다.[25]

이희는 1593년(선조 26) 한성좌윤에 임용되었다. 전쟁의 공로로 벼슬이 올라 재상의 반열[嘉義]에 오르게 되었다. 이 해 동궁이 3조(曹)의 신하들을 거느리고 전라도·경상도에 나가 군대를 관리하고 전쟁과 관련된 모든 일에 책임을 다하기 위해 노력하는 가운데 국왕이 전위를 발표하였다. 윤11월 홍문관 부제학 이희는 국왕 선조가 세자에게 왕위를 전위하려는 것을 극력 반대하고 거듭 상차를 올려 철회를 강력히 촉구하고 있다.

---

24) "特命爲關東號召使 公雪涕辭行 奴夜竊負資橐以逃 使庶子慶澴鞭獨馬 間關到原州 鄕里虛無人 身出入嶺東西 以忠義激勵 於是應募者集 駐兵原驪間 戰比有獲 一日 聞倭劫興原倉 密授方略 令麾下將環以攻 因風縱火 賊焚死且盡 餘者走 當是時 諸路號召使四出 獨公以捷聞 上喜甚命加一資"(『樊巖先生集』卷42, 諡狀 松窩李公諡狀).

25) 1593년(선조 26) 가을 여주 땅에서 장사지낼 때 제갑의 아들 정랑 時獻이 輓詞를 부탁하여 3수를 지었음을 소개하고 있다. 그 중 하나를 보면 '백성이 우는 것은 도리어 옛 습관을 지키는 것이요 조정을 지켜 죽은 절개 높은 것을 상 주었네, 쌍으로 이루고 또 아들이 있으니 아름다움을 온전히 한 것이 누가 공과 같으리, 늠름한 것은 果卿의 뜻이요, 쉬지 않는 것은 王蠋의 충성이네, 산하의 장하고 곧은 기운은 때로 스스로 긴 무지개로 환하네'라고 쓰여 있다(『송와잡설』).

어려운 시운을 당하여 난이 평정되지 않아서 종묘사직의 위험이 한 터럭 사이에 있을 뿐이 아니니, 이는 바로 군신 상하가 마음에 맹세하고 힘을 다하여 수복을 꾀하기에도 겨를이 없을 때인데, 도리어 어렵고 큰 사업을 잊어버리고 갑자기 물러나 쉬려는 생각을 하시니, 이 어찌 신들이 평소에 전하께 바라던 것이겠습니까.26)

윤11월 29일에도 이희는 전위에 대해 "위로 공경(公卿)에서 아래로 백료(百僚)까지 그리고 여항(閭巷)과 초야까지도 다들 옳지 않다 하여 모두가 답답하게 여기고 있음"에 거듭 차자를 올렸다.

1596년(선조 29) 이희는 대사간·대사헌·동지중추부사를 역임한 뒤 이조판서를 제수 받았다. 그 해 7월 사간원 대사간 직임으로 이몽학(李夢鶴)을 국문(鞫問)하는데 참여한 공로로 자헌대부(資憲大夫)에 올랐다. 조정은 선조 29년 6월 파병된 중국 군사 3만 3천여 명의 병량(兵糧) 제공에 많은 어려움을 겪고 있었다. 각도에서 햇곡식이 여물 때까지 별다른 재원을 마련할 방안이 없었던 것이다. 이에 이희는 안집청(安集廳)의 곡식을 호조에 소속시켜 군량에 보태도록 하는 대안을 제시하였다. 이에 영사(領事) 김응남(金應南)이 동의하여 안집청뿐 아니라 훈련도감의 둔전 소출도 군향청(軍餉廳)에 보내도록 진언하고 있다.27)

1597년(선조 30) 다시 지중추부사(知中樞府事), 예조판서를 역임하였다. 6월에 국왕이 '동궁(東宮)이 입학(入學)하면 진하(陳賀)하고 반사(頒赦)'하는 전례를 묻자 오래된 일이어서 해당 관료들이 어려움에 처해 있었다. 이에 노신(老臣) 이희가 나서 순회세자(順懷世子)의 관례(冠禮)·입학·가례(嘉禮) 사례를 들어 답을 하고 있다.28)

1597년 정유재란이 발발하자 임금의 권속들을 피난 보내서는 안된다는

---

26) 『선조실록』 卷45, 선조 26년 윤11월 정미 ; 『선조실록』 卷45, 신조 26년 윤11월 무신.
27) 『선조실록』 卷76, 선조 29년 6월 경술.
28) 『선조실록』 卷89, 선조30년 6월 신유.

뜻으로 논집하고 있는데 궐내에서 옥교(屋轎)가 잇달아 떠나고 일부 사대부의 가속들이 어두움을 틈타 먼저 도성을 빠져나가는 사태가 발생하였다. 이는 백성들을 놀라게 하고 중국 장수들조차 기이하게 여기는 실정이었다. 이에 대사헌 이희는 이 같은 실태를 개탄해하고 국왕에게 알리면서 미리 진정시키지 못한 죄를 물어 사의를 표하였다.[29]

이희는 이후 우참찬, 형조판서, 지돈녕부사, 이조판서를 잇달아 제수 받았다. 1598년(선조 31) 12월 이조판서 이희, 호조판서 한응인(韓應寅)이 주도한 비변사의 상차에서 7년 동안 계속된 왜군과의 전쟁에 대비할 전략방안이 제시되었다. 전함수리와 수병의 증강, 성루의 보강, 무기의 정비, 노련한 장수의 선발, 병사의 훈련 방안이 제시되고 '비록 목전에 시원한 설욕을 하지 못할지라도 만전의 계책'임을 강조하였다. 또한 대마도와 일기도(一岐島)를 비롯한 적진에 다방면의 간첩을 보내 정탐하는 일이 중요함을 강조하고 있다.[30]

1599년(선조 32) 6월 예조판서의 관직을 제수하면서 "목은 이색의 후예로 검약하게 살아 자못 청덕(淸德)이 있었다"라는 평가를 받았다.[31] 이희의 관로에서 한산 이씨 선대의 현인을 들어 명문가문의 후예임이 사신(史臣)들에 의해 늘 강조되었다. 곧이어 8월 신임 정승을 추천하여 가려 뽑는 좌의정(左議政) 복상단자(卜相單子)에 후보자로 올랐으나 이항복(李恒福)이 제수되었고, 이희는 10월에 이조판서가 되었다. 1600년(선조 33) 1월 이희는 건강상의 이유로 이조판서 사직소를 바쳤다.[32] 이리하여 지돈녕부사(知敦寧府事)를 끝으로 벼슬에서 물러났다. 당시 인척인 이산해가 영의정을 맡고 있었다.

이희는 1600년(선조 33) 4월 17일 서울 집에서 졸(卒)하였다. 그 해 10월

---

29) 『선조실록』 卷89, 선조 30년 6월 갑신 ; 卷91, 선조 30년 8월 정묘.
30) 『선조실록』 卷107, 선조 31년 12월 계유.
31) 『선조실록』 卷114, 선조 32년 6월 신묘.
32) 『선조실록』 卷121, 선조 33년 1월 을축.

원주 서면(西面) 지향곡(地向谷) 건좌(乾坐)언덕에 장사되었다. 당시 이희는 대광보국숭록대부 의정부 영의정겸 영경연홍문관 예문관 춘추관 관상감사 세자사(大匡輔國崇祿大夫 議政府 領議政兼 領經筵弘文館 藝文館 春秋館 觀象監事 世子師)에 추증되었다.

이후 1789년(정조 13) 우의정 채제공(蔡濟恭)이 국왕에게 시호를 내려줄 것을 건의하였고[33] 다음 해 4월 11일에 시호로 장정(莊貞)[履正志和曰莊, 淸白守節曰貞]이 하사되었다.[34]

3. 청백리 녹선

유교 정치이념에서 민을 다스리는 제민의 기본요건은 통치자의 윤리의식에 의거한 것이었다. 그리고 이러한 윤리의식이 투철하고 자신을 바로잡는 노력을 부단히 하여 왕도정치의 이상을 위해 복무하도록 권장되고 면려되었다. 그 표징으로 순리(循吏)·염리(廉吏)·염근리(廉謹吏)·청백리(淸白吏)라고 불리는 존재를 들 수 있다.[35] 조선의 관리제도는 유교적 수기치인(修己治人)의 원리를 체득한 존재로서 치국의 주체가 되는 양리(良吏)를 권장하고, 이에 반대되는 존재로서 장리(贓吏)를 배격하는 원리로서 운영되었다. 따라서 조선시대 정치과정에서 청백리제도는 관료제도의 기본질서를 바르게 세울 것을 천명할 때 동원되는 선언적 담론이었다. 현직 관리는 물론 관직에

---

33) 『정조실록』 卷27, 정조 13년 윤5월 병신.

34) 『정조실록』 卷30, 정조 14년 4월 신유.

35) 이영춘 외, 2003, 『조선의 청백리』, 가람기획, 16~17쪽 ; 오영교·정두영·김영본·이 상순, 2013, 『松窩 李墍 硏究』, 37쪽. 그런데 청백리를 전통시대 관리의 표상으로 매우 중요하게 인식하는 경우와 함께 청백리를 하나의 제도적 관습으로서 그 내면에는 허실이 함께 존재한다는 견해가 혼재한다. 특히 청백리는 정치적·학문적 업적이 높은 인물과 유사하게 인식되어서 본래의 사실보다는 매우 과도하게 보는 입장이 있다. 또한 숫자상으로 너무 많은 인물이 등재된 데 대한 비판이 뒤따른다. 이에 대해서는 이장희, 2000 「청백리제도의 사적 고찰」, 『근세조선사논고』, 아세아문화사 ; 오수창, 1998, 「조선시대 청백리 선발과 장리 처벌」, 『한국사시민강좌』 22, 일조각 등이 참조된다.

나아가고자 하는 유학들에게도 이러한 논리는 권장되고 강요되었다. 청백리 제도는 그 자체의 완성도 보다는 청백리를 선발하는 선언적 의의에서 의미를 찾을 수 있다. 관료제도의 틀을 넘어서 사회기강을 확립하는 모범적 표본으로서 청백리 제도가 사용되었고 계승되어 간 측면이 있는 것이다. 조선시대 조정에서 공식적으로 청백리를 선발한 것은 1515년(중종 10)이다.

이희의 청렴한 품성과 관련된 역대 사신들의 평가가 실록에 거듭 기록되어 있다. 선조 28년 2월 영사(領事) 김응남이 "탐풍(貪風)이 크게 일고 있어 청백한 사람을 높이 등용하지 않을 수 없다"라고 아뢰며 "이희의 청소(淸素)한 절개는 남들이 따르기 어려운 바이다"라고 하며 국왕에게 이희를 추천하고 있다.36) 한편 선조 28년 2월 이희를 행대사간(行大司諫)에 제수할 때에도 "이희는 청고(淸苦)로 자신을 가져 머리가 희도록 변하지 않았다."라는 평을 하였다.37) 3월 이조참판으로 임명할 때에도 "이희는 고절(苦節)을 맑게 닦은 이로 늙어서도 더욱 독실하였으니 참으로 서리 속의 푸른 대[竹]요 백료(白僚)의 의표(儀表)였다."라는 평가가 가해지고 있다.38)

선조 32년 6월 예조판서의 관직을 제수하면서 "목은 이색의 후예로 검약하게 살아 자못 청덕(淸德)이 있었다."라는 평을 하였다.39) 또한 선조 32년 6월 우참찬에 제수될 때에도 "청백(淸白)한 생활을 견지해 2품의 지위에 있으면서도 집이 가난하였다. 다만 연로하도록 퇴사(退仕)하지 않아 편당(偏

---

36) 『선조실록』 卷60, 선조 28년 2월 기유.
37) 『선조실록』 卷60, 선조 28년 2월 무오.
38) 『선조실록』 卷61, 선조 28년 3월 무인. 선조 29년(1596) 6월 대사헌 이희에 대해 "氣節과 風采가 늙어서도 더욱 씩씩하여 예전의 곧은 신하라도 거의 이보다 낫지 못하나, 나이가 많고 덕이 뛰어나도 六卿의 벼슬에 오르지 못하였으므로, 그 당시 사람들이 그의 積薪을 탄식하였다."라고 평가되었다(『선조실록』 卷76, 선조 29년 6월 신축). 그리고 선조 30년 5월 지중추부사로 명을 받는 데에서 "이희의 몸가짐이 淸簡하였다"라는 평을 하고 있다(『선조실록』 卷88, 선조 30년 5월 정사). 또한 선조 32년 4월 대사헌으로 임용하면서 "홀로 충성을 바치며 자신을 믿었고 청렴하고 사사롭지 않아 우뚝이 조정에 서 있자 풍채가 늠름하였다"(『선조실록』 卷111, 선조 32년 4월 임신)라고 하였다.
39) 『선조실록』 卷114, 선조 32년 6월 신묘.

黨)에 흔들림을 면치 못하였다."라고 평가되었다.[40]

이희에 대한 실록의 사평은 『선조실록』과 『선조수정실록』이 상반되지만, 공통적으로 지적하고 있는 것은 그의 '청백(淸白)'이었다. 청렴, 질박, 염정, 청수(淸修), 청소(淸素), 청고(淸苦), 청간(淸簡), 청덕(淸德), 청백(淸白) 등은 『선조실록』의 평마다 기술되어 있는 내용이다. 또한 『선조수정실록』에서는 혹평을 하는 가운데서도 '한고(寒苦)한 생활로 처신'했다거나,[41] '젊어서부터 청백함으로 이름이 알려졌다'[42]라고 기술하고 있다. 정치적으로 대립하고 있는 상대편마저도 이희의 청렴함은 인정하였던 것으로 평가된다.

1595년(선조 28) 7월 체찰사(體察使) 이원익(李元翼)이 '노성(老成)한 사람으로 낮은 직위에 엄체(淹滯)되어 그 재능을 펴지 못하는 관료' 중 한명으로 참판 이희를 천거하고 "몸가짐이 청렴하고 근신하여 늙도록 변치 않으니, 진실로 세상에 드문 훌륭한 신하입니다. 상께서 발탁하여 낭묘(廊廟)에 두고 모든 일을 자문하는 것이 마땅합니다."라고 하였다.[43] 이처럼 이희의 인품에 대해 계속적으로 많은 동료와 관료, 사신들이 청렴과 청간을 강조하였다.[44]

1644년(인조 22) 예조판서 강현(姜鋧)이 지은 「신도비명」에는 이희에 관한 몇 가지 일화가 다음과 같이 소개되어 있다. 그가 대사간으로 부름을 받았을 때 말이 다리를 절어 역리가 놀라고 두려워했으나 그는 위로하기를 '나는 너희들이 가난해서 먹지 못하는 것이 불쌍하다'고 고삐를 잡고 서울에 겨우 도착하였는데 주위 사람들 모두 그가 대사헌인줄 몰랐다고 한다. 칙사(勅使)를 맞이할 때 말이 종로거리에서 쓰러졌는데, 길을 인도하는 자가 이를 알지 못하고 소리치니, 앞에 달려가던 한 시민이 이것을 보고 크게 놀랐다. 당시에 말이 파리하고 자빠지는 것을 보면 '저것은 대사헌의 말이다'라고 회자되었다고 한다. 또한 그가 어사로 나갔을 때 도중에 일산(日傘)을 펴지 않고 끝내

---

40) 『선조실록』 卷114, 선조 32년 6월 무술.
41) 『선조수정실록』 卷57, 선조 27년 11월 을해.
42) 『선조수정실록』 卷32, 선조 31년 12월 임자.
43) 『선조실록』 卷65, 선조 28년 7월 정유.
44) 『息庵先生文集』 卷5, 附錄 神道碑銘 幷序. "李墍之節儉皆可仕".

떨어진 단령(團領)을 입어, 안개와 이슬에 젖어서 붉은 빛이 반쯤 물들어 있었다. 관노들이 이 옷을 접어서 고하기를 '이 옷을 얻을 수 있으면 하나를 가지고 두 가지를 이룰 수가 있습니다.' 하며 '윗도리는 빛이 희니 저고리를 만들 수 있고, 아랫도리는 붉으니 치마를 만들 수 있습니다'라고 하여 웃었다고 한다. 이상의 일화를 통해 세인의 평가와 이희의 언행이 일치되었음을 확인할 수 있다.

이희는 1603년(선조 36)에 청백리(淸白吏)에 선발되었다. 종2품 이상이 빈청(賓廳)에 모여 작고한 재신(宰臣) 중에서 염근(廉謹)한 자 7인을 뽑았는데, 판서 이우직(李友直), 우의정 심수경(沈守慶), 영의정 이준경(李浚慶), 영의정 최흥원(崔興源), 판서 이희(李墍), 우참찬 백인걸(白仁傑), 북병사 장필무(張弼武)였다.[45] 당시 동고(東皐) 이준경이 제1로 뽑히고 이희가 제2로 뽑혔다.[46]

Ⅲ. 16세기 정국의 전개와 송와 이희의 정치활동

이희가 식년문과에 급제하여 출사한 명종 10년은 외척 정치의 폐해가 극에 달한 시기였다. 이들의 배타적 권력 독점은 정치적 파국을 초래할 뿐 아니라, 부정과 비리 등 병리 현상을 유발하고, 사회·경제적 파탄을 야기하는 상황이 연출되었다. 일반 백성들의 광범위한 유망(流亡)과 도적떼의 등장은 그 현실을 극명하게 보여주는 것이었다.[47]

사림세력은 도덕정치의 구현을 추진하기에 앞서 외척의 전횡을 막아내야만 했으며, 이에 명종 18년 8월 외척 이량(李樑)에 대한 탄핵이 진행되었다. 이희도 이때 사헌부 지평으로 있으면서 탄핵에 가담하였다. 이량은 문외출송

---

45) 『선조실록』 卷166, 선조 36년 9월 병진.

46) "後選淸白吏 東皐相爲第一 公居其次"(『樊巖先生集』 卷42, 謚狀 松窩李公謚狀).

47) 설석규, 2009, 「선조대 정국과 이산해의 정치적 역할」, 『아계 이산해의 학문과 사상』, 한국역사문화연구원, 106쪽.

(門外黜送)되었으며, 1565년(명종 20)에 윤원형이 실각되면서 외척의 전횡은 막을 내리게 되었다.

선조대는 사림세력이 훈구를 밀어내고 정국을 주도하는 가운데 새로운 정치질서가 조성되는 시기였다. 훈구와의 대결과정에서는 드러나지 않았던 사림 내부의 차이가 표면화하면서, 사림은 다시 정치적 분화 과정을 겪게 되었다. 선조대 초반 사림세력은 척신의 정치참여 배제를 강력히 추진하는 가운데, 훈척의 배제 범위를 둘러싸고, 신·구 사림간의 갈등을 초래하였다. 선배 사림들은 이미 훈척과도 일정한 인맥이 형성되어 이를 단절할 수 없었고, 후배 사림들은 엄격한 청산을 통해 도학정치를 구현하고자 하였다.

1575년(선조 8) 심의겸(沈義謙)과 김효원(金孝元) 사이에서 이조전랑(吏曹銓郎) 자리를 둘러싼 알력이 빌미가 되어 두 세력의 갈등은 시작되었다.[48] 양자 충돌의 근저에는 재상권을 기반으로 하는 선배집단과 낭관권을 중심으로 하는 후배집단 간의 구조적인 대립이 깔려 있었다.[49] 이에 심의겸과 그에 동조한 선배사류들을 서인이라 하고 김효원과 그에 동조한 후배사류들을 동인이라고 불렀기 때문에 동서분당이라 명명되었다. 그동안 양쪽의 조화를 주장하던 이이(李珥)가 서인으로 자정(自定)하게 되고 서인이 정파로서의 틀을 잡게 되는 1582년부터 본격적인 붕당정치가 전개되었다.

동서분당으로 야기된 선조대의 붕당적 양상이 초래되면서 유생층의 공론 및 정치참여층으로서의 역할은 새로운 국면을 맞이하게 되었다. 그 단적인 양상은 율곡 이이에 대한 논핵과 기축옥사(己丑獄事)를 통해서 노정되었다. 1583년(선조 16) 6월 병조판서 이이가 군정(軍政)과 관련하여 '전천만군(專

---

48) 『練藜室記述』 卷13, 宣祖朝故事本末, 東西分黨之論. 심의겸과 김효원의 갈등 요인으로 다음 세 가지 사항이 거론되어 왔다. 하나는 심의겸이 김효원의 이조전랑으로 진출하는 것을 막았다는 점, 또 하나는 김효원이 심의겸의 동생인 심충겸의 이조전랑 진출을 방해했다는 점, 그리고 김효원이 윤원형가에 기숙했던 사실을 심의겸이 발설했다는 점 등이 그것이다(김돈, 2009, 『조선중기 정치사연구』, 국학자료원, 260쪽).

49) 『선조수정실록』 卷24, 선조 23년 4월 임신.

擅慢君)'의 죄를 범했다고 하여 동인계 언관으로부터 탄핵이 제기되었다. 송응개(宋應漑) 등이 중심이 되어 겉으로는 이이가 조제(調劑)의 설을 내세우면서도 실제로는 천총을 가려 상대를 모함하고 있다고 논박하였던 것이다. 이에 대해 이이를 옹호하는 유생들의 상소가 대대적으로 이어졌다.

1584년(선조 17) 1월, 이이가 급서(急逝)하자 삼사의 논계가 척신 심의겸과 이이와의 관련에 중점을 두고 계속 이어졌다. 이에 그의 '동문지사(同門之士)'를 중심으로 한 유생들이 단순히 그 관계를 부정하는 내용의 상소가 있었다. 이것은 유생들의 붕당화는 결국 사제관계를 토대로 한 학연 중심의 논리가 내포될 수밖에 없음을 의미하였다.

이희는 바로 이 시기 정치적 사안의 쟁론과정에 깊숙이 관여하고 있었다. 이희 자신이 관인으로서, 언관의 직분에 따라 행동했다고 하더라도 당대이든 후세에서든 당색의 규정을 받는 것에서 자유로울 수는 없을 것이다. 1583년 대사헌 이희는 이이의 탄핵에 나섰다.

> 병조판서 이이는 군정(軍政)의 중대한 일을 먼저 시행하고 나중에 아뢰었으며 또 소명을 받들지 않았는바, 그가 마음대로 시행하고 임금을 무시한 자취는 이미 언관의 탄핵에 드러났습니다. 이이는 자신의 허물을 반성하기에 겨를이 없어야 함에도 불구하고 도리어 대간의 말을 옳지 않게 여겨서 여러 날 상소하여 불평스러운 말을 많이 하였는가 하면 매양 스스로 물러가는 것으로 구실을 삼고 있습니다.[50]

대간의 거듭된 논박에 대해 이이가 이를 가볍게 여기는 것은 공론을 무시하는 것이므로 파직시켜 달라고 청하였다. 이어 선조 16년 7월 사간 성락(成洛)과 정언 황정식(黃廷式)은 "이이 자신이 먼저 의혹하여 언자(言者)와 옳고 그름을 다투기 위해 많은 말을 하다가 결국 공론을 더욱 격렬하게 만들었습니다."라고 하여 이이에 대한 주변의 기대를 스스로 저버리게 만들었다고 비판하였다.[51]

---

50) 『선조수정실록』 卷17, 선조 16년 6월 신해.

처음에는 조심스럽게 공론의 명목으로 이이를 옹호하던 상소가, 공론의 주체는 누구라도 될 수 있으며 언관언론이 유생들의 초야언론에 비해 반드시 '위중(爲重)'하지 않다는 선조의 견해가 알려지면서,[52] 삼사·승정원에 포열한 동인계 신료들의 편당적 태도, 대신이 아닌 전조(銓曹)의 낭료(郎僚)에게 집중된 조정의 정사운영 등 시사에 대한 논계로 그 내용이 보다 준열해졌다. 당시 유생들은 동인계의 언관들을 논박하였다. 이에 대해

　　국시가 정해지지 않고 공론이 날로 격렬해져 삼사가 번갈아 논하며 복합한 지 이미 오래되었습니다. 그러나 의아심을 갖고 계시어 참적(讒賊)의 상소가 날로 이르는데도 전하께서는 그 정상을 통촉하지 못하시고 도리어 아름답다 고 권장해 주시니, 이야말로 온 국민이 다같이 안타깝게 여기고 답답하게 여기는 바라 하겠습니다.[53]

라고 하여 이들에 대한 조치를 요구하였다.

　이상의 공방이 진행되는 가운데 이희의 정치활동에 대해 사신들은 "계미년 에 대사헌이 되자 맨 처음 이이를 공격하는 의논을 꺼냈는데, 당시에 질시한 자가 많았지만 그의 청덕(淸德)이 백옥처럼 흠이 조금도 없기 때문에 감히 허물을 들어 죄를 가하지 못하였다"라고 평판하였다.[54] 이어 선조 28년 7월 인사 임명을 주청하는 이조의 전형관(銓衡官)의 보고에서 당시 사헌부의 장관으로서 이이를 비롯한 서인의 질정을 논박하다가 선조의 제어로 외직인 장흥부사로 좌천되었던 사실을 지적하였다.[55] 이와 같은 이희의 행보에 대해 『선조수정실록』에 기록된 사신의 평은 이희를 동인의 앞잡이라고 혹평 하기도 하였다.[56]

---

51) 『선조실록』 卷17, 선조 16년 7월 정유.
52) 『선소실록』 卷17, 선조 16년 8월 정묘.
53) 『선조수정실록』 卷17, 선조 16년 8월 경술.
54) 『선조실록』 卷56, 선조 27년 10월 무오.
55) 『선조실록』 卷65, 선조 28년 7월 기축.

그러나 이희가 이이의 탄핵에 전면적으로 나선 것은 원칙 없이 당론만을 대변하는 것이 아니었다. 이희는 『간옹우묵』에서 대간이 사사로운 세력의 하수인이 되거나, 임금의 총애를 받는 신하의 지시에 따르게 되면 백성들의 삶을 해치게 되고, 나라의 기강이 무너지게 된다고 보았다. 무엇보다 대간은 당대의 공론을 주관하는 자리이며, 국가의 눈가 귀가 되어야 한다고 생각하였다. 정치적 소신에 대한 피력으로 보인다.[57)

동인과 서인으로 분기된 정치세력은 1589년(선조 22)의 기축옥사와 뒤이은 임진왜란을 경험하면서 큰 변동을 보였다. 한때 정국의 우세를 장악했던 서인은 이이가 죽은 뒤 선조의 견제를 받으면서 위축되고, 동인이 권력의 핵심에 진출하여 정국을 주도하였다. 그 과정에서 동인 정여립이 전라도·황해도 일대의 세력들과 결탁하여 '대동계(大同契)'를 결성하고 모역을 꾀하다가 발고된 사건이 있었다. 서인세력은 정여립에 대한 고변을 계기로 세력만회를 시도하였다. 위관(委官)이 되어 옥사를 처리하던 우의정 정철은 정여립과 교류가 있었던 다수의 동인세력에게 옥사를 확대함으로써 독점적인 세력을 구축하려 하였다. 옥사가 확대될 조짐이 보이자 선조는 좌의정 이산해에게 과격한 논의를 제재하여 수습에 나서도록 지시하기도 했다.[58) 그런데 무리한 조사로 최영경(崔永慶)과 이발(李潑)·이호(李洁) 형제, 정개청(鄭介淸) 등이 죽임을 당하였다. 정인홍, 홍가신은 삭탈관직 당했으며 한백겸은 회령으로 유배되었다. 정여립의 조카 이진길의 시신을 수습해 묻었다는 이유였다. 이 사건을 종결하는데 모두 3년이 걸렸으며 이로 말미암아 죽은 사람은 수백명, 연루되어 파출된 사람도 수백명에 이르렀다.[59) 특히 최영경 등의 죽음이 서인세력에 의한 원사(冤死)로 받아들여져 명분상의 약점도 지니게

---

56) "이희는 성품이 괴팍하고 무식한 자로 평소 선비들을 미워하였는데, 이때에 와서 역시 허봉 등의 매와 사냥개 역할을 하며 홍여순과 유영경에 다름없이 앞장서서 담당하였다"(『선조수정실록』 卷17, 선조 16년 8월 경술).

57) 『간옹우묵』 역주본 10화, 역주본 57화.

58) 『선조실록』 卷23, 선조 22년 12월 임오.

59) 『선조수정실록』 卷25, 선조 24년 5월 을축.

되었다.

한편 옥사의 수습과정에서 동인세력도 주도적인 인물의 사망과 서인세력에 대한 태도의 차이에서 남인과 북인으로 분기되는 조짐이 나타났다. 무엇보다 서인세력에 대한 태도의 차이로 '편척서인(偏斥西人)'을 견지하는 북인과 '참용피차(參用彼此)'를 내세우는 남인으로 구분된다.[60] 동인세력은 임진왜란 중에 잠시 공동보조를 치하는 듯 했지만, 전란의 말기에 이르면 북인세력이 류성룡을 탄핵하면서 남인과 북인의 분기는 확연해진다.[61] 대체로 이황에게 직접 배웠거나 아니면 그 영향을 크게 받은 인물들은 남인으로 활동했다. 반면, 북인에 속한 인물들은 서경덕, 조식의 학맥과 연결되는 경우가 많았다. 이들은 사유구조, 학문방식, 정치론, 현실인식 등 여러 측면에서 서로 일치하지 않았으며 다양한 경향을 보이고 있다.

그러나 전쟁을 경과하면서 전란 이후 정치세력의 변동이 야기되었고 그 양상은 매우 복잡했다.[62] 그것은 아직 당색이 고착화되지 않았고 운영방식의 정형을 확립하지 못한 상태에서 정치적 입장이 뚜렷치 않은 인물이 정치적 사건에 따라 거취를 달리하기 때문에 나타난 것이었다.

기축옥사 과정에서 직접적인 화를 면한 이희도 정철을 위시한 서인세력의 배척에 앞장섰다. 선조 27년 5월 대사간 이희는 다음과 같이 정철의 죄를 물은 것이 정당했음을 주장하였다.

> 정철은 성질이 사납고 괴팍하여 어진이를 꺼리고 남을 이기기를 좋아하여 시기와 질투만을 일삼아 왔었습니다. 자기와 의사를 달리하는 사람은 물리쳐 무함했고 조그마한 원한도 반드시 보복하였습니다. 그는 늘 최영경이 자신의

---

60) 『선조수정실록』 卷22, 선조 21년 8월 임오 ;『鶴峰集』 부록 卷2, 행장.
61) 『黨議通略』 宣祖朝.
62) 김돈, 1997, 『조선전기 군신권력관계 연구』, 서울대학교 출판부, 357~358쪽. 서인계 정철의 체직과정, 남인계 영의정 류성룡 및 소북계 김신국 등에 내한 논박, 대북계 내의 육·골북(肉·骨北)으로의 분파과정, 대북계의 서인계 및 소북계 영의정 유영경에 대한 논박 등 선조조 후반기에 들어가 붕당간의 대립이 첨예하게 되는 결정적 계기마다 유생들의 상소가 제기되고 있었다.

간사함을 배척한 것을 원망하면서 묵은 감정을 끼고 분노를 품어 오면서 그 독성을 부리려 한 지가 오래였습니다. 그러던 차에 마침 역적의 변이 있는 틈을 타서 문득 배척하고 무함할 계책을 내어 허다한 근거없는 말을 지어내서 드디어 그 옥사를 일으켰던 것입니다. 영경의 죄상이 근거가 없음이 밝혀져 성상께서 특별히 석방해 주라는 명을 내리자 은밀히 언관을 사주하여 다시 죄목을 청해서 마침내 옥중에서 죽게 만들었으므로 온 나라 사람들이 그의 원통함을 말하지 않는 이가 없었습니다.[63]

선조 27년 10월 이희는 다시 정철에 대한 실질적인 처벌을 국왕에게 건의하여 본인들의 주장이 옳았음을 거듭 강조하고 있다.[64]

동인세력 중에서 이황의 학통을 계승한 사람들을 중심으로 하는 남인세력이 분기하자 나머지 사람들은 북인으로 불리게 되었다. 그러므로 북인세력은 구성원의 다기성과 사회·경제적 기반의 차이를 내포하게 되고 학문적 전통도 약했다. 북인은 조식과 서경덕의 학통을 계승한 사람들이 중심이었지만, 서인이나 남인에 비해 학연의 순수성은 강하지 않았다.[65] 이산해는 화담문하인 이지함의 조카이자 제자이고, 이발과 정개청은 화담의 학통과 연결되며, 정인홍은 조식의 문인이며, 정인홍의 문인 중 일부가 북인으로 지목되며, 나머지는 이들과 혈연·지연·혼인관계로 연결되어 있었다.[66] 처음부터 다양한 성분으로 구성되었던 북인세력은 전란을 수습하는 과정에서 현실정치에

---

63) 『선조실록』 卷51, 선조 27년 5월 갑진.
64) 『선조실록』 卷56, 선조 27년 10월 신해.
65) 대체로 북인들은 唯氣論의 세계관에 큰 영향을 받았으며 그 사유에 기초하여 정치사회 운영론을 모색하려 하였다. 이는 16세기 전반기 서경덕을 중심으로 본격 정립된 것으로, 세계의 시원과 운동의 원리를 기개념을 중심으로 파악하려는 인식체계였다. 그것은 성리학의 기축을 이루는 리와 기의 개념 가운데 기의 움직임, 기의 역할을 중시하는 사고였다. 북인들이 크게 영향 받았던 사상이 갖는 이러한 특징은 이황학파나 이이학파의 인물들과 달리 주자학을 상대화하며, 주자학과는 다른 정치론을 모색하는 근거이기도 하였다(정호훈, 2004, 『조선후기정치사상연구─17세기 북인계 남인을 중심으로』, 혜안, 39쪽).
66) 『典故大方』門人錄, 李德馨, 『漢陰先生文稿』卷12, 鵝城府院君李公墓誌銘竝書 참조.

대한 인식의 차이에 따라 다시 대북세력과 소북세력으로 분기하고 대북세력이 골북(骨北)과 육북(肉北)의 대립을 보이는 등 안정된 정국을 유지할 수 없었다. 편의상 북인세력을 범주화하면 다음과 같다. 대북[육북]의 중심인물은 이산해였다. 여기에 동조세력은 이희(산해 종제), 이경전(산해 차자), 임국노 부자(몽정·수정·취정), 이이첨, 이홍노, 민몽룡, 황우한, 유경종, 윤수민 등을 들 수 있다. 대북[골북]의 중심인물은 홍여순이고, 대북·문인의 중심인물은 정인홍이며 소북[淸北]은 김신국·남이공, 소북[濁北]은 유영경을 들 수 있다.[67]

『선조수정실록』에는 이희의 정치노선이 철저히 이산해를 따르며 심지어 그와 친척관계인 점과 사사를 받았다는 표현까지 등장한다.

> 이희는 이산해의 종질(從姪)로 그를 사사하였는데, 한고(寒苦)한 생활로 처신하였으나 논의가 괴벽(乖僻)하여 크게 당인(黨人)의 추중을 받았다. 또 홍여순(洪汝諄)과 더불어 시종 교제 관계를 맺고 선류(善類)를 공격하면서 한결같이 산해의 사주를 따랐다.[68]

여기서 이희의 당색이 홍여순을 지지하였다는 이유로 대북으로 분류되기도 하지만, 이러한 구분은 후대의 평가에 불과하고 당대의 시각으로 보면, 그의 당색은 남북 분화 단계의 북인에 해당한다고 할 수 있다. 이러한 분류도 이희가 정철을 탄핵하는 데 앞장서는 등 동서 대립과정에서의 활동이 기준이 된 것이다. 그러나 이희는 임진왜란이 끝나고 얼마 뒤인 1600년에 사망하므로 북인(대북)정권의 성립을 볼 수 없었다.

---

67) 『선조실록』, 『선조수정실록』, 『전고대방』 문인록, 『來庵集』 문인록 참조(구덕회, 1988, 「선조대 후반(1594~1608) 정치체제의 재편과 정국의 동향」, 『한국사론』 20, 229쪽에서 재인용).
68) 『선조수정실록』卷28, 선조 27년 11월 을해. 이 기사에서 이희가 이산해의 종질이라고 한 것은 착오인 듯하다. 이희의 父인 李之蘭은 이산해의 父인 李之蕃과 같은 항렬이므로 종질이 아니라 종제가 맞다.

지금까지 살펴본 것처럼 이희의 정치활동은 이이에 대한 탄핵과 그리고 기축옥사 이후 정철에 대한 탄핵 과정에서 집중적으로 살펴볼 수 있다. 비록 이희가 이이와 정철을 탄핵하면서 근거로 들었던 것은 공론(公論)에 따른 것이었지만 이는 동인의 정치적 입장과 일치하는 것이기도 하였다. 이와 같은 점 때문에 당대에나 후세에 이희에 대한 평가는 동인 또는 남북분화 단계에서 북인으로 분류되었던 것이다.[69]

Ⅳ. 후손들의 정치·사회 활동[70]

『간옹우묵』과 『송와잡설』에서 이희는 직계 가족과 관련된 일화를 많은 지면을 할애하여 소개하였다. 후손·동족들을 위한 서술로 보인다.

한산 이씨 동족으로서 알아야 할 선대의 행적으로 이희 이전의 선대에 대한 자세한 문행과 국가의 대소사를 가계사 정리와 함께 꼼꼼하게 기록하였다. 특히 6세 곡(가정, 문효공)과 7세 색(목은, 문정공)에 관한 사실이 유난히 많다. 본인의 직계로서 8세 양경공 종선에 관한 일화는 다음과 같이 기록하였다. 종선의 묘는 한산 목은의 묘소아래 썼는데 손자 파(坡)가 성종조 폐비(廢妃) 윤씨(尹氏)사건 당시 예조판서를 역임한 연유로 연산군이 죄를 묻자 종선도 연좌되었다. 이로 인해 강제로 그 무덤을 메우고 평탄하게 만들게 되었다. 이후 중종년간에 종선의 형 종학의 증손인 좌의정 이유청(李惟淸)에게 이희의 증조 봉화공 장윤이 저간의 사정을 설명하고 다시 그의 봉분을 정비하였다는 것이다.

조부 한성군 질에 대해서는 '기력이 강장하고 생각이 밝고 민첩하며 벼슬이 삼품의 당상관에 이르렀다'고 소개하고 특히 조상을 생각하여 제사 받드는

---

69) 오영교·정두영·김영본·이상순, 앞의 책, 15쪽.
70) 본 항의 서술은 한산 이씨 문중에서 보관한 수십 종의 교지·차첩을 비롯한 家藏자료를 바탕으로 작성하였다.

일에 독실하였으며 나이가 90세에 이르러서도 선조의 기일에 미리 가인들을 경계하며 엄숙히 재계(齋戒)하였음을 강조하였다.

맏형 충의위공(忠義衛公) 기는 61세에 어머니의 상사를 당하자 3년 동안의 시묘살이를 지극한 정성으로 수행하였음을 소개하고 차형 참봉공 루는 선군의 상사시 여막에서 3년을 머물렀고 나이 60세 모친의 상사 시에도 한결같았음을 소개하였다. 특히 사제(舍弟) 별좌공 용의 경우 고향에 머무르며 홀로 남은 어머니와 과부가 된 누이를 10년 동안 조석으로 문안하며 극진히 모셨다는 사실을 소개하고 그가 죽자 몹시 애도하는 글을 남기고 있다.

이희는 많은 지면을 할애하여 한산 이씨 선조들의 정치·일상사에서 펼쳐진 충·효·가정교육에 대한 일화를 자세히 열거하여 후손과 일문의 규범으로 삼게 하였다.

그는 원주 원씨 외척들의 가르침도 본가 못지 않았음을 설명하고 있다. 이희의 외조부는 진사 선인데 특히 엄한 기개로 자녀를 양육하기에 힘썼다. 외조의 아버지인 보륜(甫崙)은 지평 벼슬에 역시 청렴결백한 인물이었음을 강조하였다. 특히 외조의 고조부인 운곡 원천석의 행적에 대해서는 상세히 기록하고 있다. 이희는 운곡의 학문이 넓고 깊은 것과 행실이 바른 것을 찬양하였다. 운곡이 37세에 부인을 잃고 아이들이 장성하여 혼인할 때까지 홀로 21년 동안 생활한 사실에 대해 '도를 지키는 굳은 군자가 아니면 능히 하지 못할 일이다'라고 평가하였다. 또한 '어머니를 잃은 아이들이 눈앞에 있는데 곤궁하게 분수를 안 것이 20여 년일세, 다만 시렁 위에 오직 천권 책이 쌓인 것에 의지했네, 스스로 주머니 속에 한푼도 없는 것에 맡기고 늙기에 이르도록 새로 살 계획을 이루지 않았네, 남은 생애에 부질없이 옛 인연을 생각하고 이미 장가들고 시집가는 일이 끝났으니 남은 한이 없고 바야흐로 편안함을 얻어 저승으로 향하네'라는 운곡의 시를 소개하였다.

또한 빙옹(聘翁)의 외조인 목천현감 정오과 당상관이 벼슬에 오른 징윤겸 등 초계 정씨와의 인연을 수록하고 있다. 한편 이는 한산 이씨가 원주에 정착하는 과정에서 맺은 지역의 유력 성씨들과의 통혼권을 보여준다.

지란의 아들인 충의위공파(忠義衛公派)·참봉공파(參奉公派)·송와공파(松窩公派)의 경우 간현 일대를 중심으로 오늘날까지 거주하는 바, 송와공파 후손들은 14세 희 이후 형덕(馨德)－원무(元茂)－의영(義英)－노규(魯奎)－승긍(承肯)－명직(命稙)－정규(貞珪)－중구(重求)－일복(日馥)－태원(泰遠)으로 계승된 집안이다.

〈표 3〉 이희 이후의 가족관계

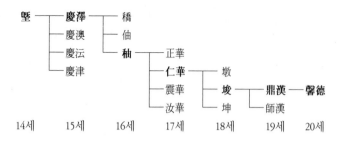

15세 경택은 온양군수를 역임했으며 송와공 묘소 옆에 묏자리를 씀에 따라 세거지로서 원주 간현의 지위는 확고해졌다. 경택의 장남 교는 홍천목사를 역임했고 주는 선무랑, 유는 증직으로 사복시정(司僕寺正)을 역임했다. 17세 인화는 92세까지 살았으며 수직으로 가의대부(嘉儀大夫)를 받았다.
20세 형덕(馨德)은 자가 명원(明遠)으로 1722년에 태어나 1765년(영조 4) 을유식년 문과에 병과로 급제하였다.

〈표 4〉 이형덕의 정치활동

英祖 49년(1773)	6월 20일	成均館 典籍
英祖 50년(1774)	5월 20일	宗簿寺 主簿
	6월 19일	禮曹 佐郎
英祖 51년(1775)	11월 19일	社稷署令
正祖 원년(1776)	6월 11일	兵曹佐郎
正祖 6년(1782)	6월	龍驤衛副司果

正祖 6년(1782)	6월 23일	司諫院 正言
正祖 6년(1782)	12월 12일	司憲府 持平
正祖 7년(1783)	2월 29일	司憲府 持平

　형덕은 병조좌랑, 사간원 정언, 사헌부 지평을 역임했다. 특기할 만한 사실로서 형덕은 1783년 이후 원주에 머물면서 당시 칠봉서원(七峰書院)의 도유사(都有司)를 겸임했다. 18세기 서원의 임원은 규모에 따라 다르기는 하지만 원장·강장·훈장·재장·도유사·집강·직일(直日)·장의(掌議)·색장(色掌) 등을 두었다. 이 중 서원내의 대소사를 총괄하는 일은 도유사였다. 정조년간 칠봉서원 도유사의 추천장에 따르면 중앙에서 관직을 역임한 지역 사족들이 상호 경합하는 사실들이 나타나 있다. 바로 도유사 직임의 획득은 '향중공론(鄕中公論)'을 주도하고 관과의 영향력을 행사하는 지역 유력 문중들의 세력과 시 경연이었던 셈이다. 조관(朝官)의 경력이 있는 유력 재지사족들인 전 정랑 이형덕, 전 좌랑 한광식(韓光植), 전 현감 정술조(丁述祖)가 경합하다가 10표을 얻은 간현출신 이형덕이 선발되었다.[71] 이와 관련하여 당시 서원이 붕당정치기 지방거점으로서의 역할이 증대되고 경원장(京院長)과 함께 진신유사(搢紳有司)의 활용 사례가 많았음을 주목하게 된다.[72] 특히 동족마을을 형성하고 있는 유력 문중이 나서고 있는바, 간현의 한산 이씨[議政公派]를 대표하는 이형덕과 함께 18세기 사마시(司馬試)의 입격자가 많았던 우담 정시한(愚潭 丁時翰)의 후손인 나주(羅州) 정씨가(丁氏 家), 한백겸·한준겸의 후손인 노림리의 청주 한씨가의 인물들도 참여하고 있음이 드러난다. 형덕은 1784년 5월 19일 졸(卒)했고 진천 송씨 및 안동 권씨의 두 부인과 함께 능골[陵谷]에 안장되었다.

　21세 원무(元茂)는 자가 경선(慶善)이며 부친 형덕의 정랑 벼슬로 인해 1775년(영조 51) 통선랑(通善郎)이 통덕랑(通德郎)으로 전변되었다. 다음으로

---

71) 韓山 李氏 議政公派 소장문서.
72) 이수환, 1990, 「조선시대 書院의 人的構成과 經濟的 基盤」, 영남대 박사학위논문.

23세 노규(魯奎)는 자가 예백(禮伯)이며 1796년 12월 4일에 태어나 1828년 식년 문과에 갑과로 급제했다.

〈표 5〉 이노규의 정치활동

純祖 28년(1828)	4월 24일	宗簿寺 直長
純祖 30년(1830)	1월	司憲府 持平
純祖 32년(1832)	윤9월	龍驤衛 副司果
純祖 33년(1833)	10월 4일	開城府 經歷
憲宗 1년(1835)	6월 19일	司憲府 持平
憲宗 3년(1837)	4월	司憲府 持平
憲宗 4년(1838)	8월 13일	弘文館 校理
憲宗 5년(1839)	7월 13일	司諫院 司諫
憲宗 5년(1839)	9월 7일	弘文館 校理
憲宗 5년(1839)	9월 17일	務安縣監
憲宗 5년(1839)	10월	兼羅州鎭管務安兵馬節制都尉
憲宗 8년(1842)	6월 14일	弘文館校理知製敎兼經筵試讀官春秋館記注官
憲宗 10년(1844)	6월	龍驤衛 副司果
憲宗 10년(1844)	6월 21일	弘文館 副修撰
憲宗 10년(1844)	11월	弘文館 校理
憲宗 11년(1845)	1월 8일	成均館 司成
憲宗 12년(1846)	7월 11일	弘文館 副校理
憲宗 12년(1846)	9월 21일	司憲府 執義
哲宗 1년(1850)	4월	司諫院 司諫
哲宗 3년(1852)	6월	龍驤衛 副司果
哲宗 3년(1852)	6월 17일	弘文館 修撰
哲宗 3년(1852)	7월	弘文館 副校理
哲宗 3년(1852)	윤8월	通禮院 左通禮, 掌樂院正, 龍驤衛 副護軍
哲宗 3년(1852)	11월 14일	敦寧府 都正

이노규는 사헌부 지평, 홍문관 교리, 사간원 사간, 돈녕부 도정(敦寧府 都正)을 역임했다. 1854년 8월 25일 졸했으며 광주 이씨 부인과 함께 간현리에 묻혔다. 24세 승긍은 자가 치구(致構)인데 1826년 5월 18일에 태어나 1858년 사마시에 입격하였다. 또한 아산현감, 김천군수를 역임했다.

<표 6> 이승긍의 정치활동

高宗　6년(1869)　　　　　穆陵參奉
高宗　9년(1872)　1월　　繕工監 別奉事
高宗　10년(1873)　1월　　尙瑞院 直長
高宗　10년(1873)　7월　　礫署別提
高宗　11년(1874)　　　　　狼川郡守
高宗　13년(1876)　　　　　牙山縣監
高宗　16년(1879)　11월　兼海州鎭管金川兵馬同僉節制使
高宗　16년(1879)　　　　　金川郡守

승긍은 1881년 4월 10일 임소인 김천에서 졸하여 이후 간현리에 안장되었다.

승긍의 후손인 25세 명직·희직·선직·면직·만직(命稙·喜稙·善稙·冕稙·晚稙)이 있는데 첫째 명직은 1879년 사마시에 입격(생원 3등 63인)하였고, 정규(貞珪)-중구(重求)-일복(日馥)[중등학교 교장, 배 은진 송경호(配 恩津 宋慶鎬)]-태원(泰遠)[강원대학교 교수]으로 연결된다. 둘째 희직의 경우 주사직을 역임했고 석규(錫珪)-윤구(潤求)[전 대한적십자사총재]로, 셋째 선직의 경우 용규(龍珪)-종구(鍾求)-창복(昌馥)[16대 국회의원], 넷째 면직은 영규(永珪)-돈구(敦求)-충복(忠馥)으로 연결된다. 다섯째 만직의 경우 필규(馝珪)-정구(定求)-영복(英馥)·동복(東馥)[남북회의 대표, 15대 국회의원]으로 연결된다.

15세 경택의 둘째 아들 주(伷)의 후손인 26세 만규(萬珪)는 일제하 교육운농가로서 이름을 떨쳤다. 세보에 의하면 1889년 12월 2일에 태어나 18세 되던 해 경성의학강습소에 입학해 5년간 수학한 후 개성에서 의사로 활동하였다.

그러나 2년 만에 의사의 길을 접고 당시 송도고교 교장이었던 윤치호의 권유로 교단에 서게 되었다. 이후 1946년 6월 배화고녀 교장을 그만 둘 때까지 민족교육에 힘썼다. 이러한 경험을 바탕으로 당시 성가를 높이던 동암 백남운의 '사회경제사학'과 단재 신채호의 민족주의 사관을 바탕으로 한국인에 의한 주체적인 입장에서 서술한 최초의 교육통사로서『조선교육사』를 집필하게 된다. 이만규는 일제강점 하에서 민족교육의 필요성을 절감하여 몸소 실천하였고 동시에 시대의 흐름에 부응하는 교육 이념을 모색하는데 일생을 바쳤다.[73] 그의 딸 철경(喆卿) 역시 서울 금란여고 교장을 역임하고 초등·중등 글씨본을 마련하는 등 교육에 힘썼으며, 한국여성단체협의회장과 대한적십자사 서울지사 상임위원과 1979년 남북 적십자대표단 자문위원을 지냈다.

간현의 한산 이씨 동족인들은 28세에 이르러 각자의 직임에 따라 간현을 떠나 서울을 중심으로 포진하기 시작했다. 그러나 마을에 남아있는 일족들에 의해 동족마을의 전통은 계속 유지되었다.

V. 간현 한산 이씨 동족마을의 운영

1. 동족마을의 형성[74]

동족마을이란 한두 동성동본의 성씨집단이 특정 마을에 대대로 거주하면서 마을의 인적 구성뿐 아니라 운영에도 주도적인 위치에 있는 경우를 말한다. 동족마을의 구성원들은 동조(同祖)의식을 갖고 있고 동족결합을 유지하기 위한 여러 조직을 지니고 있었다. 동족마을의 형성 시기는 삼국 또는 고려시대

---

73) 이만규, 1949,『조선교육사』, 을유문화사 ; 고성진, 1994,「이만규 교육사관에 관한 연구」, 한국교원대 대학원 석사학위논문 ; 제현수, 2000,「이만규의 생애와 사상」,『평론원주』4집.

74) 오영교, 2005,「조선후기동족마을연구Ⅰ」,『조선후기사회사연구』, 혜안.

까지 소급되기도 하고, 일제시기의 조사에서는 500년 전부터 형성된 것으로 보기도 한다. 역사학계에서는 조선시대 전기에 성립된 동족마을에 대해 집성촌·지연(혈연)공동체로 파악하면서 대체로 조선후기 17세기를 경과하며 집중적으로 형성되었음을 지적하고 있다. 다소 이견이 있기는 하나 동족마을 형성이 일반화되는 객관적 배경으로 상속제도의 변화, 「주자가례(朱子家禮)」 의 보급과 예학(禮學)의 발달, 종법(宗法)적 가족제도의 수용 등을 들고 있다.[75] 조선전기에는 아들·딸 또는 친손·외손의 구별이 엄격하지 않았으며, 이러한 사정에서 재산상속 또한 자녀균분을 원칙으로 하였다.[76] 또한 이 시기에는 양자가 일반화되지 않았고, 남자가 장가를 가서 처가살이하는 것이 일반적인 경향이었다. 따라서 사위가 처부모의 터전을 이어받는 경우와 외손봉사(外孫 奉祀)도 흔한 일이었다. 그러나 17세기에 이르러 종법적(宗法的) 가족질서로의 변화와 함께 상속제도가 점차 적장자(嫡長子) 중심의 차등 상속으로 변화하였 다. 가부장적인 친족체제의 변화·상속제의 변동·문중의식의 대두 등이 이 시기 가례의 사회적 실현 위에 나타난 현상들이었다.

한 마을에 거주하던 이성(異姓)인 여서·외손(女壻·外孫) 또한 장자상속의 관행이 보편화될 때 계속 그 마을에 거주하게 된다. 이처럼 여서·외손 및 여타 성씨가 함께 거주하던 이성잡거(異姓雜居)의 마을이 동족마을로 전환하 기 위해서는 무엇보다 특정 성씨의 경제·사회적 기반의 확보가 필수적이다. 이 경제적 기반이란 토지와 노비의 소유로 나타나는 것이며, 사회적 기반은 관직이나 학문적으로 뛰어난 조상[顯祖]을 가지는 것이다. 특정 성씨가 향촌주 도권을 배타적으로 장악함에 따라 열등한 여타 성씨들은 점차 촌락사회에서 소외되고 그들을 다른 곳으로 이주시키는 결과를 낳게 되었다.[77]

동족마을에서의 갈등은 적서 간 또는 계층분화에만 따른 것이 아니라

---

75) 이영춘, 1995, 「宗法의 원리와 한국사회에서의 전통」, 『한국사회사학회논문집』 46, 5~7쪽.
76) 이수건, 1991, 「조선전기의 사회변동과 상속제도」, 『역사학보』 129.
77) 정진영, 1998, 『조선시대향촌사회사』, 한길사, 340~341쪽.

동족마을 구성원 상호간, 즉 서로 다른 성씨 간(2개 이상의 성씨로 동족마을이
형성된 경우), 동성의 지파 간에서도 심각하게 전개되고 있었다. 조선후기
산송(山訟)과 토지분쟁에 관한 무수한 소지(所志)에서 확인할 수 있다.

　동족마을은 이러한 내부 문제에 대응하기 위해 여러 장치를 마련하고
있었다. 우선 원사·재실(院祠·齋室), 종택(宗宅)의 건축물들은 하층민이나
다른 성씨에 대한 그들 가문의 위세와 권위를 나타내는 상징물인 셈이다.
여기에는 이름난 학자 또는 고관의 유물이 보관되었고 춘추봉사(春秋享祀)의
개최 장소가 되었다. 상당수 동족마을의 입지를 보면 언덕에 터를 잡은
동족구성원들은 입향조의 종가를 후면에 위치하고 종가 전면으로 그들의
후손들의 주거지를, 그리고 마을의 입구가 되는 경작지와 가까운 쪽으로
민촌을 입지시키는 계층간의 확연한 위계성을 보여 주고 있다.

　이상의 건축물들이 마을 내 유교적 의례(儀禮)장소의 기능을 수행하였다면
또 다른 다양한 수기(修己)의 공간도 존재하였다. 정(亭)과 정사(精舍)라 불리는
수기공간은 유교적 교양인, 독서인으로서 사대부들의 생활양식과 거주지
선호를 가장 잘 나타내는 생활공간이다. 명망 높은 선비의 수기공간은 나중에
마을에 널리 알려져 공공장소의 성격을 지니게 되는 것이다.[78]

　동족마을은 이러한 외형적인 자기과시 장치와 더불어 동족간의 결속과
하층농민을 지배하기 위한 구체적이고 직접적인 장치를 마련하고 있었는데,
그것은 족적 기반의 바탕 위에 운영되는 족계(族契)와 특정 가문이 마을을
단위로 주도하는 동계(洞契)였다. 조선후기 이래 족계는 다양한 형태와 명칭으
로 동족마을에 보편적으로 보급되고 있었다. 족계의 가장 큰 목적은 조상에
대한 제사와 묘지 관리 등을 통해 자손들의 화합을 도모하는 것이다.

---

78) 원주 일대의 동족마을 중 강릉 최씨의 취석정, 파평 윤씨의 양심정, 초계 정씨의
　　벽옥정·독락당, 원주 봉산동 평산 신씨의 귀석정 등의 정자를 들 수 있다. 이러한
　　수기공간은 유교문화의 자연 공간관을 가장 특징적으로 나타내는 것이다. 아울러
　　다수의 유교적 전통촌락은 형성과정에서 입향조가 산수가 수려한 곳에 은둔하여
　　자연과 벗하며 학문에 전념했던 정사형성과정에서의 건립과 관련되고 있음이 확인된
　　다.

이상의 공간과 조직이 동족마을 유지를 위한 사회적 기반이라면, 보다 직접적인 사안으로 경제적 기반(토지와 노비 등 물적 기반)을 들 수 있다. 그들은 오랜 시기에 걸쳐 재산상속과 경작지의 개간 및 매입을 통해 토지소유를 유지·확대하였다. 다산 정약용은 경제적 기반과 현조를 중심으로 형성·전개된 조선후기 동족마을에 대해 다음과 같이 묘사하고 있다.

사대부가 수백 년 동안 관직에서 막혀 있어도 존부(尊富)를 잃지 않는 까닭은 그 풍속이 집집마다 각기 한 조상을 떠받들고 넓은 토지를 점하여 종족이 흩어져 살지 않으므로 견고하게 유지되고 근본이 뽑히지 않았다.[79]

오늘날 확인할 수 있는 동족마을의 전형은 대체로 17세기에 형성되어, 18, 19세기를 거치면서 보다 보편적인 마을의 형태로 발달하였다.

일반적으로 16세기 이후 성립한 마을들은 양란(兩亂)으로 인한 피병(避兵), 정치적 격변기에 화를 모면하기 위해 이거하는 피세(避世), 또는 정치에 대한 실망으로 인해 설정한 은둔지의 성격이 강하게 나타난다. 입향 시조들은 노자(老子)의 은둔사상(隱遁思想)이나 예학에 의거하여 골짜기를 찾아 동족마을을 조성하였다. 새로운 터를 찾아 거주하는 것을 복거(卜居)라고 한다. 선조의 연고지나 근거가 없는 곳에 새로이 동족마을이 조성된 경우는 대부분 혼인을 통해 이루어졌다. 사족들이 처가의 토지를 분급 받아 세거의 기틀을 마련하였던 것이다. 다음으로 조선전기 일찍이 현달하여 남한강 인접 지역에 기반을 확립하였고 후대에 이르러 그들이 문중 기반이 있는 지역으로 이주한 사례를 들 수 있다. 소위 지역에서 명문으로 꼽히며 조선전기부터 마련된 기틀을 유지하며 운영해 간 경우 그들 조상의 은거지를 숭모하는 과정에서 점차 동족마을(집성촌)로 확대·발전시키고 있다.

서울과 가까운 남한강 인근지역이 지니는 지역적 특수성의 하나는 정치세력 교체와 중앙정국의 변화가 곧바로 이 지역에 파급된다는 사실이다. 몇몇

---

79) 詩文集「跋擇里志」, 『與猶堂全書』 1.

문중들은 급격히 전개되는 정치·사회적 변화에 능동적으로 대처하지 못하고 이후 가세가 위축되는 경우 낙향의 근거지로 삼았던 것으로 보인다. 지역 동족마을의 형성 계기는 이상의 사안들을 통해 설명될 수 있을 것이다. 원주는 예로부터 서울과 가까워서 토성(土姓)들이 본관의 토착적 기반을 유지하면서 상경종사(上京從仕)하기에 편리하였고, 비토성(非土姓) 사대부들의 서울로부터의 입거(入居)와 낙향(落鄕)이 잦은 지역이었다. 이로 인해 일찍부터 서울의 중앙문화가 강원도 어느 지역보다도 빠르게 유입되는 곳이었다. 남한강의 수로와 여주·양평으로 연결되는 육로의 발달로 서울과의 통교가 손쉬운 교통상의 이점도 있었다.

2. 지정면 간현의 지역 개관과 한산 이씨 동족마을

지정면 간현은 원주시에서 서북 방면으로 약 13km 떨어져 있다. 면의 남부는 낮은 구릉성 산지로 이루어져 있으며, 북부는 400m내외의 산지로 이루어져 있다. 삼산천이 면의 서부를 남동류하여 간현리에서 섬강에 합류하고, 섬강은 중앙을 곡류하면서 남류하여 유역에 월송·간현·안창리 일대에 비옥한 충적평야를 발달시켰다. 지정면의 동쪽은 호저면, 서쪽은 경기도 양평군 양동면, 남쪽은 문막읍, 북쪽은 횡성군 서원면과 인접해 있다. 지정면의 호칭은 지향곡면과 정지안면의 앞 글자를 따서 명명한 것이었다.[80]

지정면은 조선시대 감영이 있는 원주에서 한양으로 이르는 교통의 요충지여서 역(驛)과 원(院)이 소재하였고, 섬강이 굽어 흘러 경관이 빼어난 곳이다. 지정면은 한말기인 1908년 행정구역을 개편하면서 횡성군 서원면 옥계리까

---

80) 1759년(英祖 35) 原州牧은 1읍, 20개 면, 4개 동, 86개 리로 구성되어 있으며 원주목 관할에는 8,719호 38,052명(남 18,639 여 19,413)의 인구가 거주하였다(『輿地圖書』 영조 35년 1759년). 1759년 당시 원주목의 면·리 중 지금의 지정면에 해당되는 正之安面의 경우 1,2,3,4里(426호, 862명) 그리고 地向谷面의 경우 1,2,3,4里(300호, 1635명)가 소속되었다. 1789년의 경우 正之安面의 경우 1,2,3,4리(271호, 879명) 그리고 地向谷面의 경우 1,2,3,4리(391호, 1474명)가 편재되었다(『戶口總數』 정조 13년).

지 관할구역으로 하여 상지곡면(上地谷面)이라고 칭하였고 면사무소를 월송리 송호동에 두어 1, 2, 3, 분3, 4리의 5개 리를 관할하였다.[81] 1915년에 서원면 옥계리가 횡성군으로 옮겨짐에 따라 면 이름을 지향곡면(地向谷面)으로 개칭하여 면사무소를 간현 2리 작동에 두었다. 1921년에 면 이름을 다시 지정면으로 바꾸고 1948년에 면사무소를 간현 1리에 두었다.

1995년 이전 원주군 소속일 때 지정면은 무장리 일부 지역을 포함하여 8개 리였으나, 현재는 가곡, 간현, 보통, 신평, 안창, 월송, 판대의 7개 리를 관장하고 있다.

간현(艮峴)은 원래 간재라 했는데 '숫돌고개' 또는 '큰 골짜기'에서 유래한 것이라 전해진다. 다음으로 이희의 고향집이 있고 묘소도 이곳 간현 2리 능골에 있으며, 호가 간옹(艮翁)인 점에서 미루어 볼 때 한자어로 표기한 사실과 관련짓기도 한다. 셋째, 이곳의 방향이 간좌(艮坐)[간방을 등진 자리] 곤향(坤向)[8방의 하나로서 남방]판이어서 간현이라 명명했다고도 전해진다.[82] 간현은 1914년 행정구역 폐합에 따라 간현동, 정진말, 진방골에 작동, 경장동을 합하여 간현리라 하였다.

보통리는 지정면의 최남단에 위치한 곳으로 섬강 가에서 떨어진 모퉁이-보퉁이라 불렸다. 1914년 일제가 행정구역을 정비할 때 한자로 보통리로 표기한 데서 오늘날의 명칭이 유래한 것으로 보인다. 복금동, 구리평, 자갑동, 관대를 병합하여 보통리라 하였다. 이지란의 묘가 있는 자갑동(自甲洞)은 한산 이씨가 갑자년부터 살기 시작한 데서 유래하였다는 설과 '작압(爵押)'에서 비롯되어 '잘 보이지 않는' 곳을 뜻한다는 설이 있다. 원래 이 동네는 약 400년 전 '작압부리'라 불리었는데, 이는 뒤가 막히고 앞이 조금 트인 곳이기 때문에 여기서 밖은 잘 보이지만 밖에서 안은 잘 보이지 않는다. 작압부리를 한자어로 자갑이라 적은 것인데 실제로는 작압동이 맞다는 것이다. 이처럼 간현 일대의 지면에는 한산 이씨 선조들의 동족마을 건립과 깊은 관련이 있다.

---

81) 『關東邑誌』 고종 32년(1893).

82) 원주문화원 편, 1975, 『原州·原城鄕土誌』 ; 원주시 편, 1999, 『原州市史』 참조.

지정면의 경우 2010년 9월 현재 1,316세대 남자 1,855명, 여자 1,757명이 거주한다. 그 중 한산 이씨는 간현과 가곡·보통리에 거주하며 안창리에는 연안 김씨, 신평리에는 원주 원씨, 월송리에는 초계 정씨, 간현리에는 청송 심씨의 동족마을이 더불어 소재하고 있다. 간현리의 경우 339세대(남491, 여 477명) 중 한산 이씨는 18가구이며, 가곡리의 경우 전체 191세대(남255, 여 267명) 중 2리에 해당되는 지촌을 중심으로 20가구가 살고 있다. 보통리에는 전체 110세대(남 163, 여 151) 중 자갑동을 중심으로 13가구가 거주하고 있다. 간현리에는 27세 '구(求)'자 돌림과 28세 '복(馥)'자 돌림이, 가곡리와 보통리에는 28세 '복'자 돌림 후손들이 거주한다. 여느 농촌과 마찬가지로 지정면내 한산 이씨 동족마을도 급속히 분해되고 있는 것이다. 현대로 오면서 동족마을이라는 현실공동체는 점차 쇠퇴하고, 이제 남아있는 사람들의 평범한 일상생활의 현장에 지나지 않는다. 동족마을의 종가는 시제와 명절에만 떠들썩해지며, '남아 사는 이들은 떠나 사는 이들의 얘기를 들으며 남아 사는 의미를 생각하고, 떠나 사는 이들은 남아 사는 이들의 얘기를 들으며 떠나 사는 의미를 새기는 장'으로 자리매김 되고 있다.

　　그러나 조사 대상이 된 한산 이씨의 문중은 시조에 제사를 드리는 대종회 참석은 물론 횡성·원주 주변 소종회 모임도 활성화되어 있다. 문중의 중심이 되는 원주 동족마을에서의 시제는 물론 때로 인근 도회지에서 개최되는 숭조회 행사 때에 문중인이 모두 모여 중요한 현안을 논의하고 서로 협동하여 과제를 해결하고 있다. 이러한 점에서 전통적 동족마을의 공동체는 쇠퇴하고 없어진 것이 아니라 현대사회의 규율과 규범 속에서 아직도 다른 형식으로 살아있다.

　　오늘날 동족마을, 문중 일에 열성적인 인사들은 대부분 어렸을 때 간현에서 성장한 기억을 갖고 있는 세대이다. 이들은 성장하면서 교육 및 사회적 욕구 때문에 마을을 떠난 사람들이지만 고향(마을)에 대한 향수를 강하게 갖고 있다. 이들은 고향 마을에 대한 귀소본능을 갖고, 실질적이든 심정적이든 노후 또는 사후에는 마을에 돌아오고 싶은 생각을 강하게 갖고 있다. 이들은 대부분 60대 후반, 70대의 고령이다. 이들이 적극적으로 활동하기 어렵게 되는 앞으로 10년 후에는 사정이 어떻게 될 것인가? 이는 한산 이씨 후손들이 응집력을 강화하고 전통을 내면화하려는 의식을 내세워, 현재의 열기와 조건을 시대에 맞추어 재적응하고, 새로운 전통으로 만들어 가는 데에 달려 있다고 하겠다.

이희의 후손들이 보장한 자료를 통해 한산 이씨 동족마을의 형성과정을 살펴볼 수 있다. 종가의 유물보관은 집을 지키는 일의 하나이다. 대부분의 종가들이 조상의 유물을 보관하는 데 많은 노력을 기울여 왔다. 유물은 단순한 물건이 아니라 조상의 역사와 얼이 밴 증거물이다. 종가가 어려운 살림살이 속에서도 유물을 얼마나 잘 유지해 왔는지는 곳곳에서 찾아볼 수 있다. 집이 불타서 없어지지 않는 한 조상의 유물은 후손에게 남아있게 될 것이라고 조상들은 생각했었고 그들의 예측은 들어맞았다. 무엇 때문에 이렇게 처절히 삶의 흔적을 남기려 했는가? 바로 선대와 자신의 이야기를 기록하고 그것을 반드시 후손에게 전하려 했던 소명의식의 발로였을 것이다.[83] 원주 인근 한산 이씨 동족마을은 지정면 내 간현, 보통리, 가곡리와

---

83) 동족마을 연구는 구성원들의 오늘의 삶을 조명하는데 목표가 있는 것이다. 그러나 중시조·입향시조를 비롯한 유물을 남긴 현조의 후손들이 주로 언급되므로 본의 아니게 개개 가문의 역사를 논하는 형태가 되기 쉽다. 동관동성 임에도 파를 구별한다면 양반도 있고 상인도 있다. 양반 가운데에도 여러 계급과 사회적 신분의 상이가 있다. 선조가 顯示되면 그 자손도 힘을 얻게 되고, 자신들의 직계 후손 가운데 몇 사람이 고관을 역임하면 자연스럽게 사회적 지위는 높아지게 된다. 그 경우 동족 가운데 특히 자신들만을 구별시키기 위한 파를 형성하게 된다.
한산 이씨 동족마을은 송와공 외에 元兄되는 충의위공, 참봉공의 후손들이 모여 사는 곳이다. 때문에 다른 파들의 조사가 부실했고 소개가 소략하다. 그러나 중요한 것은 고도의 산업화가 진행된 오늘의 향촌사회에서 고향을 지키며 전통을 지키며 사는 일족들이 파를 불문하고 바로 주인공인 것이다. 이 같은 점에서 자료조사나 분석이 상당히 조심스럽다. 어떤 경우 500여 년 전의 사실이 밝혀져 혹시 정직하고 꿋꿋하게 살고 있는 어느 피의 후손들에게 심리를 끼치는 일이 있을까 보아 일부러 서술을 삼갔다. 동족마을의 사람들은 현재를 과거의 한 부분으로 사고하므로 세인들에 의한 조상의 평가에 대해 과민한 반응을 보이기도 한다. 한 가문 내에서도 종손과 봉사손에 대한 갈등이 있어 서술하기 어려운 점이 많이 있다.

인근 횡성 공근면 수백리에 소재하고 있다.

3. 일제하 한산 이씨 동족마을의 구조와 운영

이희 후손이 거주하던 원주 간현의 한산 이씨 문중은 1943년 3월 경성제대 교수인 스즈키 에이타로[鈴木榮太郞]의 『조선농촌사회답사기(朝鮮農村社會 踏査記)』에 나오는 조사 대상 집안이다. 본고의 작성 시 한산 이씨 동족마을의 흔적을 보여주는 사회·경제자료를 체계적으로 입수하지 못했다. 이에 따라 일제말기 사회구조에 대해서는 당시 스즈키[鈴木]의 조사내용을 참고하고자 한다. 그는 일본 농촌사회에 대한 연구를 바탕으로 우리 농촌사회의 구성 원리와 특수성을 규명한다는 목표아래 현지답사를 전제로 한 지역연구에 나서고 있다. 1943년 3월 8일부터 약 15일간에 걸쳐 강원도 원주군 원주읍과 지정면 간현리, 충청북도 제천군 제천읍과 금성면 구용리, 경상북도 영주군 영주읍과 순흥면 동호리, 상주군 상주읍을 방문했다. 그의 조사목표는 농촌주 민의 통혼권, 양반의 동족조직, 촌락공동체로서의 동리의 사회조직, 군의 사회적 통일성의 문제 등이었다.[84]

간현의 한산 이씨가는 조사 당시 주인인 27세 이중구(李重求)씨가 지난 1993년에 사망하였고 후손들이 고택을 지키고 있다. 스즈키는 답사기에서 당시의 간현 한산 이씨가의 모습에 대해 아래와 같은 기록을 남기고 있다.

(1943년) 3월 9일 오전 9시 원주읍에서 간현에 도착한 후 주재소에서 면장을 만나 간흥여관에 짐을 풀었다. 당시 한산 이씨는 향족(鄕族)보다 높은 사족이었으며 간현 내 3개 마을 가운데 2개를 차지하고 있었다. 한산 이씨 종가(호주 이중구)의 규모는 예상외로 위용을 자랑하는 것은 아니었다. 부근의 집들이 초가인데 비해 기와지붕이 몇 동 있고 집구석에 오래된 은행나무가 서 있었다. 사랑채 옆에는 커다란 창고풍의 정미장 건물이 있었다.

---

84) 『朝鮮農村社會の硏究』(鈴木榮太郞著作集Ⅴ), 1973, 182~208쪽.

거기서 나는 발동기의 굉음이 이 집의 생활력을 상징하는 것 같았다. 또한 마을내의 배급품은 전부 이 집에서 통제하고 있었다. 은행나무 아래 한칸의 소옥에는 장여와 혼례에 사용하는 가마가 남아 있었다. 농업은 전적으로 농자(노비)가 담당하는데 당시 주인의 집에도 그 수가 많았고, 자신의 대에 이르러 구속하는 것이 인도상 좋지 않다고 생각되어 전업전지(轉業轉地)의 자유를 주었으나 남아있는 자도 있다고 한다. 농자의 가족들은 부인과 더불어 노동을 하였다. 양반 동족 중에서도 가난한 자는 소작을 하였다. 면장의 말로는 그 마을의 전지는 상당수 이 집의 소유이며 마을 사람들 역시 그의 소작인이라고 하였다. 그 중에는 물론 한산 이씨 동족 가호들도 다수였다. 일반적으로 조선의 통혼권은 매우 넓으며 특히 마을내의 통혼은 드문 것이었으나 상민의 경우는 그렇지 않다고 한다.

전조선의 한산 이씨 동족이 구성한 종중이 있고 이는 5대조 목은선생을 시향하기 위한 것이다. 1년에 1회 서울에서 종회[당시 이사장 이조원(李祖遠)]가 열리며, 각 지방의 동족들이 대표자를 참석시킨다. 이 모임에는 원주읍, 횡성읍, 간현의 세 곳에서 대표자가 참석한다. 이 지역의 동족호수는 지정면 내에 60호, 그 중 간현에 26호가 있다. 횡성과 양평군에도 상당한 호수가 있으며 원주군 내에도 원주읍의 대표자를 중심으로 수십 호가 있다.

문열공파(9세 계전)에서는 노론이 우세하다고 하나 간현의 한산 이씨들은 북인이었다. 북인도 대북과 소북으로 나뉘어지나 북인의 혼인 대상이 북인이면 된다. 남인과도 비교적 친한 관계에 있으므로 결혼하여도 된다. 그러나 북인과 서인은 절대로 통혼하지 않는다.[85] 간현의 한산 이씨들이 이곳에 들어와 살게 된 것은 종손으로부터 13대조 때였고 그 전에는 서울에 살고 있었다. 여기에 정착하기 전에 안창리에도 잠깐 살았다. 현재 간현에는 13대조와 12대조의 직계 종손은 없다. 다만 11대조의 직계종손이 주인인 것이다. 입향조를 제사하기 위해 종토(宗土)로 논 15반(反)과 밭 10반이 있어 묘직이가 소작하고 있다. 입향조를 제사하기 위한 종회가 있어 매년 1회씩 모여 종중의 일을 협의한다. 그것은 가을 시향 때로서 제사 뒤에 열린다. 오늘날에는 주인이 13대 자손의 종중 대표자로서 토지도 관리한다. 13대조의 제사에는 횡성, 강릉, 평창, 홍천, 양평에서도 참여하며 멀리 함경도에도

---

85) 『韓山李氏 內外系』 참조.

동족이 존재한다. 13대조 자손은 모두 300호 정도 된다고 한다. 간현에는 6대조 전에 분가된 집이 8호가 있다. 7대조의 시향 때에는 이 8호와 본가의 9호가 제사드린다. 10대조의 제사 때에는 이외에도 10호 정도 되는 충주의 동족에서도 대표자가 온다. 시향은 10월 2일로서 5대 이전의 선조를 같은 날 묘 앞에서 제사지내지만, 분가를 많이 한 세대의 선조 제사는 그것만 참가하는 자가 많다. 기제(忌祭)는 4대조까지 지내며, 면장의 아버지가 세대가 높으므로 5대조와 6대조는 면장 집에서 제사지낸다. 이 5대조와 6대조의 제사를 위하여 종계(宗契)가 만들어져 있고 논 1반과 밭 4반이 있다. 계원은 모두 13호이다.

30년 전(1913년경) 간현동의 전체 호수는 60호였다. 한산 이씨 20호 전후, 곽씨 2호, 류씨 7, 8호, 전주 이씨 7, 8호, 그밖에 김해 김씨 5호, 영월 엄씨 2호, 장씨 5, 6호 등이다. 그러나 지금(1943)에는 곽씨는 없고 원주 원씨 2호, 장씨 5, 6호, 류씨 7, 8호, 전주 이씨 7, 8호, 청송 심씨 5, 6호, 엄씨 4호, 한산 이씨 26호이다 그런데 26호 중에서도 양반이라고 일컬어지는 것은 20호라고 한다. 하지만 나머지 6호도 상민보다 나은 대우를 받는다.

간현동 내의 조직으로 동회가 있는데 우두머리는 직간(直簡)이며 봄에는 우물을 치기 위해 양력 9월에는 교량과 도로의 수리, 음력 10월에는 성황제를 치르기 위해 개최되었다. 동약과 동계가 존재하며 동계에는 계장 1인, 부계장, 유사(재정유사와 물품유사), 2~3인의 행사(行事)가 있으며 약간의 재원(300원 정도)과 토지를 지니고 민들에게 대여해주기도 한다.

간현동은 당시 8개의 자연촌 즉 고대동, 내곡, 능곡, 문전곡, 유곡, 내촌, 상촌, 하촌으로 이루어졌다. 이 8개의 마을은 농사 때만 각각의 패(牌)로 나뉘어진다. 이 8개의 패를 오가작통(五家作統)이라 한다. 그러나 이런 것들은 아주 오래 전의 오가작통이 거의 이름만 남은 것으로 오가작통의 본래의 기능과 역할은 사라진 것으로 보인다. 간현동에는 쓰레[社, 農社]가 1927년까지 행해졌다. 이는 공동노동조직이나 일종의 오락이기도 했다. 간현의 쓰레군은 15명을 하나의 패로 하고 있다. 그것은 혈기가 왕성한 장년에 의해 조직되었고 직임은 좌상(座上) 1인, 소임(少任) 1인이 있으나 소임은 동의 소임이 겸하고 있다. 농악이 더불어 편제되어 있다.

당시 간현의 생업 현황을 보면 자작농 15호, 소작농 30호, 농업노동자 30호, 철도 역무원 14호, 기타 가호로 구성되었다. 논과 밭의 비율은 1대

3쯤 되며 평균작으로 전 마을의 수확은 나락 400석, 보리 200석, 기타 잡곡 100석 정도가 된다. 동네 대지주로는 원세혁(元世赫)씨가 쌀과 보리를 합쳐서 약 300석, 이중구씨가 100석 정도를 생산한다. 반(反)당 수확량은 원미(原米) 약 1석 5두, 잡곡은 수수와 대두이다. 보통 농가에서는 논 7반, 밭 4반 5무(畝) 정도를 경영하였다.

이상에서 1943년과 오늘날을 비교해 볼 때 지정면내 한산 이씨 거주자는 60여 호에서 51호로 줄었고 간현의 거주자는 26호에서 13호로 변동되었음을 알 수 있다. 주요 성씨 가운데 동족마을을 형성하는 경우 연안 김씨, 원주 원씨, 초계 정씨, 청송 심씨 등을 들 수 있다. 한산 이씨가 관장하는 선조의 시제일과 종중 재산현황을 살펴보면 다음과 같다.

〈표 7〉 선조 시제일

議政公 之蘭 配位 原州 元氏			陰十月 一日
忠義衛公 基 配位 橫城 高氏			陰十月 一日
參奉公 壻 配位 草溪 鄭氏 後配 全義 李氏			陰十月 二日
松窩公 壄 前配 南陽 洪氏 後配 坡平 尹氏			陰十月 二日

〈표 8〉 종중재산목록 (1999.12 기준)

宗派 ＼ 地目	田(m²)	畓	垈	林野	기타
議政公派	1,000	11,745	610	508,921	
忠義衛公派		16,849		68,132	
參奉公派				793	
松窩公派	17,859	54,565	440	676,166	
慶沄公派	8,758	2,952	1,046	89,547	5,208

해방 전후 한산 이씨 집안은 이만규로 상징되어지는 사회주의 분위기에 휩씨여 있었고 그로 인해 평등사상이 넘쳐 있었다. 이로 인해 마을 뒤 종산[陵谷]내 양반묘·노비묘의 구별을 가능케 하는 묘비가 없어져서 후손들이 벌초와

성묘를 공동으로 단행하고 있으며, 종중 및 개인 소유토지의 토지문서가 거의 부재하며 심지어 노비문서의 경우에도 일반 서책의 겉표지로 이용하는 등 자의적으로 없앤 흔적이 보인다.

한편 원주 인근 횡성군 공근면 수백리(水白里)에 거주하는 한산 이씨 동족마을의 운영을 볼 수 있다. 수백리 한산 이씨의 경우 의정공 지란의 자손인 충의위공·참봉공·송와공 3파 후손들이 13대에 원주에서 갈려나와 횡성읍과 공근면으로 옮기게 되었다. 이후 25세 규자, 26세 구(求)자, 복자는 27세, 28세 원자 항렬에 이르는 후손들이 모여 산다. 수백에 거주하는 한산 이씨 화수회는 3파의 후손들이 이사장과 총무를 교대로 맡아서 운영하고 있다. 현재는 이사장과 총무를 참봉공파에서 맡고 있다. 공근면 내 한산 이씨 동족마을은 청곡리와 수백리를 들 수 있는데 2010년 12월 현재 청곡리의 경우 1리와 2리에 도합 11세대가 거주하며 수백리의 경우 1반 1세대, 2반 7세대, 3반 5세대, 4반 4세대, 7반 4세대, 8반 4세대 등 25세대가 거주하고 있다. 50여년 전만 하더라도 상수백리와 하수백리에 70여 호가 거주했으나 6·25전쟁기를 거치면서 급격히 수가 감소했다.

1935년 한산 이씨 화수회 횡성거주자 조사표에 따르면 전체 77호 중 청곡리 18세대, 수백리 19세대가 있었으며 화수친목회를 위해 1말씩의 쌀을 저축하고 있다. 한산 이씨 문중에서는 1932년 이원식(李元植)이 주선하여 목은영당(牧隱影堂)을 건립하고 존영을 봉안하였다. 현조(顯祖)로서 이색의 영당을 건립하여 강원 영서 일대의 한산 이씨들의 결집체로 삼은 것이다.[86]

---

86) 목은의 영당은 수백리 외에도 서울 수송동, 충남 서천군·예산군, 대전시, 충북 청원군, 경기도 연천군, 충남 부여군, 경남 하동군 등에 위치한다. 1933년 10월 29일 한산 이씨 화수친목회에서 작성한 현판에 따르며 영당은 공근면 상수백리 164번지 목조 초가·평가 건물 2동 및 상수백리 165번지 전 317평으로 형성되었으며 뜻을 같이한 김해 김씨 金鍾雲이 義捐보조자로 나서 후손들과 함께 봉향할 것임을 다짐하고 있다. 영당은 정면 3칸, 측면 2칸의 맞배지붕 형태로, 영당 전면에는 한산이씨화수친목회에서 쓴 「記」와 朴寅春이 짓고 安承哲이 쓴 「牧隱李先生影堂新建築記幷板上韻」의 현판이 걸려 있다.

VI. 맺음말

송와 이희는『송와잡설』이외에 별도의 문집을 남기지 않았으므로 정치활동의 사상적 배경을 깊이 있게 검토하는 데는 많은 어려움이 뒤따른다. 그러나 조선정치사의 중요한 시기 정치일선에서 활동했던 그의 행적은『선조실록』·『선조수정실록』의 연대기와 각종 당론서 및 필기류 잡록 등에 남아 있는 자료를 통해 간접적이나마 살펴볼 수 있었다.

이희의 관계 진출과 정치활동은 훈구파에서 사림파 정권으로 교체된 이후인 16세기 중·후반에 전개되었다. 이 시기는 언관언론과 유생층의 상소를 통한 공론형성이 상호 보완관계를 이루면서 권신의 전권으로 빚어진 폐정의 시정과 여러 정치현안의 논쟁이 이루어졌다. 특히 선조연간에 들어와 조정의 공론제기는 물론 중외 유생층의 공론제기가 보다 강화되기에 이르렀다. 이 시기 이희는 특히 동인과 서인의 첨예한 대립의 장이며, 동인이 남인과 북인으로 분열되는 계기가 되었던 기축옥사의 처리 과정에 깊이 개입하여 주목할 만한 활동을 보여주고 있다. 서인과 붕당화된 유생들의 초야 언론에 대응하며 언관으로 또는 당색[동인·북인]의 입장에서 여러 논의를 전개하고 있다. 서인으로 자정한 이이에 대한 탄핵과 기축옥사를 둘러싼 서인 정철의 엄혹성을 동인의 입장에서 탄핵하는데 깊이 관여하였다.

곧이어 발발한 왜란의 과정에서 관동호소사로서 활동하며 근왕병을 모으고 원주 여주 일대에서 왜군과 대치하던 김제갑 목사, 조방장 원호(元豪)와 연계하며 그 전투에도 간여하였다. 또한 명군의 군량확보를 위한 방안을 논의하고 정유재란 과정에서 한성 수호를 위한 기율 확립 과정에도 참여하였다. 특히 선조 31년 이조판서로서 왜군과의 전쟁에 대비할 전략방안으로 전함 수리와 수병의 증강, 성루의 보강, 무기의 정비, 노련한 장수의 선발, 병사의 훈련 방안을 제시하고 대마도와 일기도(一岐島) 등의 정탐 방략을 제시하였다.

이희는 고려 말의 명유(名儒) 이색(李穡)의 후손으로서, 한 집안인 아계 이산해(鵝溪 李山海)와 정치적 입장을 같이 하였다. 그러나 이산해가 정치적 부침을 겪는 동안에도 이희는 외임을 맡아 전출되었을 뿐, 유배를 간 일이 없었다. 동서분당, 기축옥사, 임진왜란, 남북분화 등 정치적 격변기와 국가 존망이 달린 전란의 한가운데서 자신의 소신과 원칙을 평생 동안 굽히지 않았던 인물로 평가할 수 있다. 그의 정치활동이 표면적으로는 동인, 북인이라는 당색으로 분류될 수도 있으나, 당파간 정치적 주도권을 오가는 것과 상관없이 각 시기마다 주어진 자신의 직임에 최선을 다한 모습이 확인된다. 이는 당파의 정치적 이해에 입각한 정치활동으로만 볼 수 없는 측면이 있다.

이희는 필기류의 단편적인 기록(『송와잡설』·『간옹우묵』)을 통해 전란기 사회상과 정국운영의 난맥상을 지적하고 주자학의 인성론에 기초한 사회의 회복을 기대하였다. 엄격한 신분하에서 같은 동포(同胞)이나 대를 이어 노비로 분속되는 공사천제도의 모순을 파격적으로 지적하였고, 양란 후 국가재조기에 중요한 관료 충원구조의 혼란과 문제점을 제기하여 그 해결책을 강구하고자 했다.

그가 이상적 인간상으로 생각한 인물들의 공통된 덕목은 절조와 기개였다. 사대부론을 설파하고 명예와 절개를 강조하였다. 이를 위해 역대 인물과 주변의 인사 가운데 실증적인 사례를 예시하였다. 또한 선대 가문의 전통과도 관련하여 '불사이군(不事二君)'의 절개를 지킨 이색의 행적과 그의 죽음, 외조의 고조부인 원천석의 사례를 서술하였다. 세조의 왕위찬탈과 관련되어 어려움을 겪였던 선친들의 삶을 저술하고 해당 사안과도 관련되어 지조와 절개를 지킨 인물들의 행적을 소상히 밝히고 평가하였다. 때로는 야사의 형태로서 고려왕조의 정통성을 언급하였다. 이성계 일파는 자신들의 역성혁명(易姓革命)의 정당성을 확보하기 위해 우왕(禑王)이 공민왕(恭愍王)의 핏줄이 아니라 신돈(辛旽)의 핏줄이라는 것을 강조하여 공식 사료에서는 신우(辛禑), 신창(辛昌)이라고 하였다. 이렇게 본다면 이희의 이야기에서는 당시 국가적 입장에 배치되는 내용을 소개하고 있는 것이다. 또한 설화의 형태로서 노산군의 죽음과 사육신을 탄압한 세력들의 위선을 비판하였다. 필기류

잡록의 형태를 빌어 세간의 일반백성들의 생각에 부합하고자 한 시도로 평가된다. 따라서 전체 내용을 관류(貫流)하는 이희의 사상이 배어 있음을 알 수 있다. 이희는 국가의 원칙과 기준이 있어 모든 구성원들에게 희망과 기회를 부여하며, 지배자의 청렴이 철저히 감시·준수되고 정치적 사안마다 절조와 기개가 있는 인간들이 열심히 살아가는 사회 내지 국가를 대망했음을 살펴볼 수 있다.

특히 이희는 청렴을 기본적이면서도 매우 중요한 덕목으로 여기고 이를 자신이 몸소 지키고자 했다. 이는 사후 청백리로 선출될 만큼 처신을 분명히 했던 자신에 대한 금언이었던 셈이다. 이희에 대한 실록의 사평은 『선조실록』 과 『선조수정실록』이 상반되지만, 공통적으로 지적하고 있는 것은 그의 '淸白'이었다. 청렴, 질박, 염정, 청수(淸修), 청소(淸素), 청고(淸苦), 청간(淸簡), 청덕(淸德), 청백(淸白) 등은 『선조실록』의 평마다 기술되어 있는 내용이다. 또한 『선조수정실록』에서는 혹평을 하는 가운데서도 '한고(寒苦)', '청백'을 지적하여 정치적으로 대립하고 있는 상대편마저도 그의 청렴함은 인정하고 있었던 것이다.

본 연구는 자료상의 한계로 인해 송와 이희의 정치사상이나 행적에 대한 초보적인 연구에 머물고 있다. 차후 송와 이희 이래 오늘날까지 동족마을을 이루며 지역의 명문가문으로 손꼽히는 한산 이씨 문중의 소장 자료를 거듭 꼼꼼하게 추적하고, 동서분당이나 기축옥사에 대해 보다 면밀한 연구가 수행되며 더불어 동일 당색으로 분류된 주요 인물들의 자료를 체계적으로 분석한다면 이 시기 정치사에 있어 이희의 역할이나 정치사상 및 그 의미가 보다 명확하게 비정될 수 있을 것이다.

『송와잡설』·『간옹우묵』을 통해 살펴본 이희의 사회인식과 사군자론

원 재 영

Ⅰ. 머리말

송와 이희는 정치적으로 훈구파에서 사림파로 정권이 교체되고 동서 분당으로 정치세력과 집단에 변화가 이루어졌던 시기에 활동하였고, 대외적으로는 임진왜란이라는 큰 사회 혼란이 있었던 시대를 살았던 인물이다. 그는 이처럼 정치적으로는 격변기와 국가 존망이 달린 전란의 한가운데서 관료로서 또 유자(儒者)로서 평생을 자신의 소신과 원칙을 지켜가고 있었다.

이와 같이, 16세기 중·후반 정치, 사상적으로 중요한 역할을 했던 이희의 행적은『선조실록』,『선조수정실록』의 관련기록과 각종 당론서, 그에 대한 기록을 남긴 다른 인물의 문집 등의 자료를 통해 살펴 볼 수 있다. 그러나 그의 정치 사상적 배경을 조금 더 깊게 살필 수 있는 문집이 남아있지 않은 이유로 그에 대한 본격적인 연구는 많지 않다.

다만, 그는『송와잡설(松窩雜說)』·『간옹우묵(艮翁疣墨)』이라는 두 개의 저술을 남기고 있다. 이 기록들은 이른바, 필기문학으로 분류된다. 필기문학이라는 용어는 연구자들 사이에 약간의 견해 차이가 있으나 잡록(雜錄)·찰기(札記)·

일록(日錄)·수필(隨筆) 등 여려 이름으로 불리며 그 형식은 일관된 서술체계로 구성되어 있지 않고, 체제 역시 정치, 경제, 문화전반, 자연현상, 인물 등 온갖 영역에 미치고 있는 것으로 규정되고 있다.[1] 이러한 개념 규정에 보이듯, 그의 두 작품에도 다양한 사건, 인물, 일화를 담고 있으며 서술 분량에 있어서도 대단히 많은 것이 있는가 하면 몇 자에 그치기도 한다. 그러나 여기에 실린 단편 가운데 일부는 이미 조선시대 여러 문헌에 인용될 만큼 객관적 사실을 담고 있는 것으로 유명하다.[2]

그러나 이처럼 일찍부터 알려져 온 저술임에도 불구하고 다양한 기록들이 혼재되어 실려 있는 필기문학의 특성상 그 일부의 기사들이 선별적으로 연구의 대상이 될 수밖에 없었고, 두 개의 저술에 담긴 전체적인 이야기들에 대해서는 연구가 거의 없는 실정이다.[3]

이희는 서두에 언급한 바, 평생을 관료이며 학자로서 소신과 원칙을 다했던 인물로, 특히 청백리로 선정될 만큼 투철한 청렴 의식을 지녔던 사람이었다. 그의 이러한 삶의 궤적을 주목해 보면, 두 개의 저술에는 그 기저에 이희의 사상이 배어 있는 기록이 될 수 있다.

따라서 『송와잡설』과 『간옹우묵』은 단순한 야담(野談), 잡기(雜記) 등을 담고 있는 필기류 문학 이상의 성격을 가진 것으로도 평가해 볼 만하다. 그의 사상을 깊게 살필 수 없는 자료상의 한계 속에서 이 기록이 가지는 의미는 더더욱 중요하며 그를 연구하는데 중요한 검토대상이 되는 것이다.

이에 본고에서는 두 개의 저술에 대한 종합적인 분석을 통해 전체를 관통하는 그의 사상을 사회인식과 이상적 인간상속에서 그가 지양했던 사군자론, 절의 정신이라는 두 가지 큰 주제를 통해 설명해 보고자 한다. 이를 통해

---

1) 임형택, 1984, 「이조 전기의 사대부 문학」, 『한국문학사의 시각』, 창작과 비평사.
2) 송시열의 『송자대전』, 정광필의 『정문익공 유고』, 김주신의 『수곡집』, 이긍익의 『연려실기술』 등에 인용되고 있다.
3) 최근 이강옥의 연구(2013, 「송와잡설(松窩雜說)의 서사적 재현과 이기(李塈)의 의식세계」, 『어문학』 120호)는 『송와잡설』에 담긴 내용을 통해 그의 의식세계에 접근한 연구라는 점에서 주목할 만하다.

간접적으로 그의 사상을 재조명해 볼 수 있을 것으로 생각된다.

Ⅱ. 현실제도의 폐단에 대한 비판과 사회인식

『송와잡설』과『간옹우묵』은 모두 이희의 저술로 알려져 있다. 이 두 개의 저술에 대해『간옹우묵』이 실린『한고관외사』의 저자인 김려의 언급에 따르면, 본래는『송와잡설』과 한 종의 책이며 애당 초 서로 다른 책이 아니었음이 분명하다고 밝히고 있다.[4] 그리고 김려는『송와잡설』과 중복되지 않은 기사만 가려 뽑아 별도로 두 권의『간옹우묵』으로 편집하여 수록하였다.[5] 그로 인해 몇몇 기록들이 중복되고 있으나 이들 몇 편의 기사들을 제외하면『간옹우묵』은『송와잡설』과 다른 내용을 담고 있는 기록이 되었다. 그런데 지금까지는 『송와잡설』에 실려 있는 기록들이 주로 인용되고 주목되었다. 상대적으로 『간옹우묵』에 실린 기록에 대한 관심과 연구는 지금까지 거의 없는 상황이다. 따라서 중복된 기사를 제외하고 양자의 기록에 실린 기사의 종합적인 분석이 이루어질 필요가 있다.

두 기록에 실려 있는 기사들의 내용은 필기류 문학의 특성상 양자 모두 다양한 분야의 내용을 담고 있다. 목은 이색을 비롯한 선대 및 형제들의 행적, 그가 살았던 시기의 여러 가지 제도상의 문제점 비판, 청렴, 선비의 덕목, 군자의 선행, 명분과 절개, 그와 정치적 입장을 같이 했던 동료 및 관료에 대한 세간의 평판, 그리고 학행과 관료로서 업적이 뛰어난 인물뿐만 아니라 이름 없는 자, 예언가, 이웃주민 등 개성을 지닌 자들의 다채로운

---

4) 김려,『潭庭遺藁』卷11,「題艮翁疣墨卷後」.
5) 현재 전해지는『간옹우묵』은 본래 김려의『한고관외사본』과 필자 미상의『패림본』에 상하로 나누져 있으나 2010년 이를 하나로 모아 한국학중앙연구원에서 번역서로 출간한 바 있다(이희 지음, 신익철·조융희·이철희 옮김, 2010,『간옹우묵』, 한국학중앙연구원출판부). 여기서는 이 번역서에 의거하여 인용하고 있음을 미리 밝혀둔다.

삶의 모습을 그리고 있다. 이를 통해 그는 한 시대의 사회상을 자신의 입장에서 전하고자 했던 것이다.

본 장에서는 먼저 이처럼 다양한 내용을 포괄하고 있는 두 저술에서 이희 당대, 혹은 앞 시기의 세태, 제도에 대해 언급한 기록을 중심으로 당대의 사대부 양반·관료로서 그가 지녔던 사회인식의 측면을 살펴보고자 한다.

1. 전란기 사회현실에 대한 인식과 자기반성

그는 임란을 직접 겪은 인물로서 자신이 목도하고 체험한 전란의 경험을 통해 당대 사회 현실의 참혹상과 혼란을 지적하고 있다. 『송와잡설』 「조선개국 이백년(朝鮮開國 二百年)」6)으로 시작되는 기록은 임란 전후 국가의 상황을 걱정하는 그의 인식을 가장 잘 드러낸 단편 중의 하나이다. 개국 이후 대단한 병란으로 인한 참혹함도 없었고, 큰 재해도 없이 선조 때까지 이르렀다. 그러나 수십 년 이래 전염병의 유행으로 많은 백성이 사망하고 기축년 옥사로 3년 동안 1천여 명이 죽고, 곧 이어 임진년 왜노의 침략으로 많은 백성이 사망하는 등 혼란이 지속된 시기로 서술하고 있다. 그리고 이어서 그러한 상황에 대해 "하늘의 뜻은 진실로 알 수 없다"라고 하여 당대의 혼란한 상황이 모두 하늘의 뜻에서 기인한 것으로 환기시키고 있다.7) 그러나 다음의 기록들에서 보이듯이, 그는 당대의 혼란을 하늘의 뜻으로만 본 것은 아니었다.

---

6) 『송와잡설』의 해당 기사에는 별도의 제목이 없으므로, 본고에서는 편의상 기사의 내용이 처음 시작되는 원문 첫 문장을 제목으로 사용하기로 한다.

7) "物이 성했다가 쇠하여지는 것은 天道의 상례이다. (중략) 옛 사람이 말하는 죽을 운수가 끝나지 않아서 그런 것이 아닌가? 온 세상 사람을 다 죽여버리고 별도로 마땅한 사람 하나를 낳게 하려고 그러는 것인가? 靑丘 수천 리 지역에 다시는 인간이 없고 兔鬼의 터로 변하게 하려고 그러는 것인가? 아니면 어지러움이 심하고 否運이 극도에 이르게 하여 인심이 허물을 후회하고 다스림을 생각하도록 한 다음에 다시 태평한 운수를 열어주려고 그러는 것인가? 하늘의 뜻은 진실로 알 수 없다."(『송와잡설』, 「朝鮮開國 二百年」).

① 대개 하늘이 인간을 사랑하는 것이 지극하다. 항상 편하게 보전코자 하건마는 오직 그 인사(人事)의 득실(得失)과 운수(運數)의 소장(消長)으로 감응(感應)하여 간혹 혼란하기에 이르기도 하나, 이것이 어찌 하늘의 본심(本心)이겠느냐? 지금 이런 말로써 본다면 국가의 다스려짐과 어지러움과 흥하고 망함이 모두 일정한 운수에 연유한 것으로서, 하늘도 또한 어찌할 수 없으며, 사람의 힘도 그 사이에 능히 용납되지 못하는 것인가? 매우 괴이한 일이다.[8]

② 우리나라는 성상께서 즉위하신 뒤에 밤낮으로 힘쓰시어 비록 정치와 교화가 새로워지고 문치가 융성했으나 기강이 이미 무너지고 사치가 도를 넘어 가렴주구하는 관리들이 조정에 가득하고 백성들은 원망하고 탄식하였으므로, 하늘의 경고로도 더 이상 어찌할 수 없게 되었다. (중략) 우리 명철하신 임금과 성실하게 보좌하는 어진 신하들은 이와 같이 거듭되는 이변을 만나고도 두려워할 줄 모르고 미연에 방지하고자하는 하늘의 인자한 뜻에 보답하지 못했다. 끝내는 미봉책을 써가며 편안히 즐기고 겉으로 꾸며가며 듣기 좋은 소리나 하고, 아첨으로 영합하고, 한적하게 지내면서 허송세월하였으니, 이는 곧 '하늘이 자신을 비춰볼 거울을 빼앗아가 병을 키우게 된 것'이다.[9]

위 기록에 따르면, 하늘의 뜻과 함께 당대의 혼란은 인사(人事)의 득실과 운수의 성쇠와 맞닿아 있는 것으로 이는 하늘도 또한 어찌 할 수 없는 것으로 언급하고 있다. 그리고 ②의 기록에서는 하늘의 경고로 임란 발생에 앞서 여러 가지 자연재해가 거듭 발생했음을 서두에 언급하며 나라의 기강이 무너지고 사치풍조에 가렴 주구하는 관리들만이 조정에 가득한 인사(人事)의 퇴락 풍조를 날카롭게 지적하고 있다.[10] 그가 세상과 임란의 발생 원인을

---

8) 『송와잡설』, 「全羅監司 啓本」. 이 기록은 광양현감의 첩정에서 지역의 쇠무덤에서 발견된 誌石에 임진왜란의 전조와 그 혼란을 예견한 神異한 기록을 서두에 기술하고 있다.

9) 『간옹우묵』, 「임진왜란이 전조」 55하

10) 『송와잡설』, 「有朴永之稱名者』라는 기록에서는 박영이라는 인물의 말을 빌려 임란 이전 당대의 세태를 풍자하기도 했다. 즉 그와 친분이 있던 박영이라는 인물은 임란 발발 몇 해 전 오랜만에 만난 이희에게 "위로는 朝土로부터 아래로 일반 선비까지 모두 남을 깔보고 스스로 잘난 체하는 버릇이 있어 이미 土崩瓦解의

바라보는 인식의 기저에는 하늘과 인간의 관계가 밀접히 연결되어 있다는 이른바 천인감응의 천인관(天人觀)이 반영되어 있음을 볼 수 있다. 유학적 천인관의 하나인 천인감응설은 하늘과 인간의 관계를 통해 정치와 도덕상의 질서를 확립하고자 했던 사상 가운데 하나였다. 이희 역시 그러한 천인관을 통해 당대의 세태를 바라보고 있었던 것이다.

이러한 인식의 일면은 임란을 겪으며 보여준 백성들의 모습 속에서 나타난 인심(人心)의 변화, 인간 본성의 회복 등을 언급한 기록에서도 발견된다. 그는 임란 이듬해인 1594년 이후 배고픔에 인육을 먹는 것이 꺼림이 없어지고, 보는 사람 역시 이상하게 여기지 않는 상황에 대해서 이른바 '민정이 그 본심을 잃었다'고 개탄하였다.[11] 그런가 하면, 『송와잡설』「만력임진하 왜적 도해입경(萬曆壬辰夏 倭賊渡海入境)」의 기록에서는 탄금대 전투에서 신립이 패한 이후 민정의 타락을 언급하고 있다. 즉 서둘러 대가(大駕)가 서울을 빠져나가는 과정에서 종실 및 문무백관은 모두 흩어지고, 서울에 남은 사대부를 비롯한 각 관청의 관리들이 왜적에게 항복하는 모습, 그리고 왜적이 채 입성(入城)하기도 전인데, 성안 사람이 궐내에 다투어 들어가서 약탈을 자행하는 행위를 거론한다. 그리고 도성을 탈출하지 않고 남아 왜인들에게 협력했던 자들이 자신들은 우리 군사가 오기를 잠시 기다렸다가 내응(內應)하고자 했다는 변명 등을 지적하고 있다. 이러한 사람들의 행동에 대해 그는 "민정(民情)의 반복(反覆)을 헤아릴 수 없으니 그 두려운 것이 또한 이와 같다[民情反覆難測 其可畏又如此]"라고 지적하며 탄식하고 있다. 또 다른 기록에서는 전쟁 이듬해 약간의 평온을 되찾자 겨우 죽을 신세에서 벗어났을 뿐인데 다시 교만과 사치로 안일해질 조짐을 보이는 백성들의 삶을 경계하고 있다.[12]

이 같은 기록들은 그가 생생히 경험한 임란 당시 사람들의 세태에 대한

형세가 되어버렸습니다."라는 말을 남기고 있다.

11) 『간옹우묵』, 「인육까지 먹을 정도로 인간의 본성을 잃어버린 세태」 53화.

12) 『간옹우묵』, 「안일해진 백성들의 삶에 대한 경계」 54화.

비판이었으나, 그 본질은 전쟁으로 흔들리는 인심의 회복에 대한 열망이었다. 그리고 이희의 이러한 기대 속에는 "겸허한 자에게는 복을 주고 교만한 이는 미워하는 하늘이 높은 곳에서 내려다보고 있거늘 재앙과 징벌의 화가 이전처럼 닥쳐올지도 모르는데 어찌 두려워 하지 않겠는가"[13]라는 지적에서 보이듯이, 천인감응에 기초한 성리학적 천인관이 그대로 반영되어 있었던 것이다.

그에게 있어 하늘은 도덕적 원리 내지 규범 법칙, 당위적 기준이 되었고 그로 인해 도덕적 본성 이외에 물질에 대한 욕구를 지닌 인간은 천리를 보존하기 위해 인욕을 제거해야만 인간의 본성을 회복할 수 있게 되는 것이었다.[14]

그러나 임란의 발생과 그로 인해 동요하고 있는 인심의 회복을 열망하는데 서 나타난 그의 천인감응의 천인관은 이념적 해석으로 교술적인 진술에만 머물고 있었던 것은 아니다. 전쟁을 유발한 여러 가지 요인에 대한 당시 지배층 관인·유자들에 대한 비판이면서 동시에 그 일원인 스스로에 대한 반성의 의미를 담고 있었다.

임진왜란의 전조에 대해 태조 이성계의 건원릉에서 임진왜란의 발생을 걱정하여 곡성이 들렸다는 신이(神異)현상을 통한 교술적 기록뿐만 아니라[15] 원주 흥원참(興原站)의 수부(水夫) 이일정과 사노(私奴) 원유공이 왜의 사신 평조연(平調淵)이 이미 임란 30여년 전부터 전쟁을 준비하고, 3~4년 내 군사를

---

13) 『간옹우묵』, 위 기록.
14) 오영교, 2013, 「송와(松窩)이희(李墍)의 정치활동과 사회인식」, 『한국사상사학』 45권, 224쪽.
15) "만력 무자·기축년 사이에 건원릉에서 곡성이 들렸는데, 수호하는 군사들이 가서 살펴보면 들리지 않았다. 수호하는 군사들만 들은 것이 아니라 朔望祭 때에 헌관과 집사원도 가끔 主山에서 가느다란 곡성이 나는 것을 들었는데, 무슨 연고인지 알지 못했다. 임진년 여름에 왜적이 바다를 건너와서 大駕는 서쪽으로 가고 종묘사직이 폐허가 된 다음에야 비로소 聖祖의 魂靈이 지하에서 걱정하고 애달파하여 이 세상에 정녕하고 간곡하게 가르쳐준 것임을 알았다. 그런데 上下가 모두 어둡고 어리석어 경계할 줄 몰랐으니, 얼마나 애통한 일인가!"(『송와잡설』, 「萬曆戊子己丑間」).

일으켜 침략할 것이라는 말을 듣고, 목사 김찬광에게 전했으나 이를 망령된 말로써 꾸짖은 사실을 지적하고 있다.16) 이는 그가 직접 전해 들었던 사실을 바탕으로 침략의 정황을 왜인 스스로 이미 알려주었음에도 그 정보를 무시했던 관료에 대한 직접적인 비판이었던 것이다. 그러한 인식은 임진왜란 발생 수년 전에 풍신수길의 사신이 조선의 실상을 정탐하고 있던 정황을 알고 있으면서도 대비를 하지 않았던 안일함에 대한 서술에서도 재차 확인된다.17) 이러한 그의 인식은 전쟁이 발생한 후 왜적에 제대로 대처하는 못하는 상황에 대한 다음과 같은 기록에서도 계속되고 있다.

> (전략) 그런데 오늘날 형편을 보면 왜적의 흉악한 칼날이 참혹한데도 전란에 착실히 대비하여 성루를 지키는 장수가 없고, 모조리 패하여 전란이 극도에 달하였는데도 쇠약함을 떨쳐내고 전란을 다스릴 재상이 없다. 비록 힘써 보좌하는 한두 사람이 있어 이즈음에 마음과 힘을 다하지 않은 것은 아니지만 대부분의 관료가 게으르고 나태하여 함께 일을 이룰 사람이 없다. 몇 년이 지나도록 전란이 아직 평정되지 않고 있으니, (1) 어찌하여 하늘이 오늘날의 백성을 내버려 두고 구원하여 바로잡을 사람을 내지 않는 것인가? 하늘이 이미 그런 사람을 내었는데 이를 등용하지 못하는 것인가? 등용하였으나 그 재주를 다하지 못하고 있는 것인가? 아니면 시정의 미천한 무리들에 뒤섞여 있는데 우리들이 알아보지 못하고 있는 것인가? 인재가 없다는 탄식을 재삼 반복하지 않을 수 없다.18)

나라가 위기에 빠진 상황에서 전장터에는 쓸만한 장수가 없고, 조정의 관료들 또한 그 상황을 극복하기 위해 힘을 모으지 못하고 있다는 비판을 가하고 있다. 그러나 "대부분의 관료가 게으르고 나태하여 함께 일을 이룰

---

16) 『송와잡설』, 「原州興原站」.
17) "평수길의 사신이 다시 와서 노략질한 자들을 잡아다 비치고 폐백을 올리며 우리의 실상을 정탐하였는데도, 여전히 주의를 기울이지 않고 거만한 태도로 스스로를 대단하게 여기면서 태평세월을 노래했다"(『간옹우묵』, 「임진왜란의 전조」 55화).
18) 『간옹우묵』, 「전란을 평정할 인재가 없는 안타까움」 23화.

사람이 없다."라는 서술에 보이듯, 이러한 비판은 동시에 그 역시 집권 관료이면서 여기에 제대로 응전하지 못한 지배층의 일원이 되어, 그러한 책임에서 자유롭지 못했음을 스스로 반성하고 있었던 것이기도 했다.

한편, (1)의 서술에서 '하늘'을 빗대어 전란을 평정할 인재가 없는 안타까움을 토로함으로써 이희는 천인감응의 천인관을 다시 한번 드러내고 있다.[19] 그에게 있어 하늘은 도덕적 원리 내지 규범과 법칙의 당위적 기준이 된 최고의 주재자였다. 그런데 임금[王]은 보통 그러한 하늘로부터 이른바 천명(天命)을 부여받은 지상의 주재자로 하늘의 이치인 천리(天理)를 현실의 사회·정치에 실현해야 하는 책임과 의무를 지닌 존재였다. 따라서 (1)의 서술에서 하늘을 임금[王]에 등치시켜 본다면, '하늘'은 곧 '임금[王]'으로 치환해 볼 수 있다. 이렇게 해석해 보면, 전란을 평정할 만한 인재가 없는 상황에 대한 그의 반성 속에는 지배층뿐만 아니라 하늘에 빗대어진 임금까지 포함했던 것으로 해석해 볼 만하다. 예컨대, '하늘'을 통해 전란의 상황에 제대로 응전하지 못하고 있는 임금을 포함한 전 지배층에 대한 비판과 스스로에 대한 반성이 되었던 것이다. 더불어, 뒤에 자세히 설명하겠지만 당대의 여러 가지 제도상의 문제들 가운데 인재등용 방식인 과거제에 대한 집중적인 비판을 가했던 것은 이와 같은 맥락과 연결되고 있는 것이다.

이처럼, 그는 임진왜란을 전후한 지배층 내부의 행태에 대한 비판적 서술과 함께, 실제 전쟁터에서 왜군들에게 효과적으로 대응하지 못한 조선의 병술이 지닌 문제점을 구체적으로 지적하기도 했다. 즉, 천하가 넓어 기후가 고르지

---

19) 이는 동일한 기록의 서두에 "하늘은 백성을 어여삐 여겨 보살피기에 세상을 안정시키고자 하는 마음을 잠시 놓은 적이 없다. 그러므로 세상을 늘 평안하게 하지 못해 간혹 난세에 이르기도 하지만 반드시 이 어지러움을 종식시킬 수 있는 인재를 미리 출현시켜 후세를 준비하고 있는 것이다."라는 언급에서도 나타나고 있다. 또 다른 기록(『간옹우묵』, 「시대의 인재」 22화)에서도 천하에는 천하의 事功을 담당한, 한 나라에는 한 나라의 事功을 담당할, 열집이 모여 사는 조그만 마을에도 충성스럽고 신의 있는 이가 있어 시대에 맞는 인재가 늘 존재하여 '인재는 다른 시대에서 빌리지 않는다'는 말을 어찌 믿지 않겠는가?라고 언급하며 하늘에서 늘 시대의 인재를 내었음을 말하고 있다.

않으며 풍속도 다르기 때문에 적을 막고 싸우는 기구도 또한 다르게 발전했는데, 조선은 강한 활과 뇌[勁弓强弩]를 잘 다루는 것이 장기이며, 조총과 창검에 익숙한 것이 왜군의 장점이라고 언급한다. 왜군에게 적절하게 대응하지 못한 것은 이 같은 조선군의 장점을 잘 활용하지 못한 전술의 문제점 때문이라고 파악하고 있다. 다만 그는 왜군의 조총에 대해서는 배울만한 것으로 봄으로써 이러한 주장을 통해 조선군의 단점을 보완하여 장기를 극대화하는 병술상의 전환이 필요함을 말하고 있었던 것이다.[20]

아울러 오늘날 장수들은 그 자질이 자잘하고 얄팍하여 군문에서 아이들 장난하는 수준에도 끼지 못한다고 빗대며, 전란에 임하는 장수들의 재목이 부족한 현실을 안타까워 하기도 했다.[21] 그러나 다음의 기록에서 보이듯이, 이희의 입장에서 임란 당시의 이러한 병술상 또는 장수의 자질 부족은 부차적인 문제가 되었다.

> 우리 동방만은 이(夷)라 하는데 이는 궁(弓)에다 대(大)가 있는 것으로 이것은 큰 활이니, 활을 잘 쏘는 것을 말한 것이다. (중략) 활이 억세고 화살이 날카로우며 사람이 날쌔고 말이 건장한 것은 하늘이 내린 것이다. 수 양제(隋煬帝)와 당 태종(唐太宗)이 천하 군사를 일으켜 왔어도 능히 뜻대로 하지 못하고 갔는데, 지금 왜적에게 패하여 감히 저항하지 못한 것은 활 재주가 예전 같지 못한 것이 아니고 다만 민심(民心)이 흩어져 배반한 지가 이미 오래되어[只緣人心之離叛已久] 여러 장수가 소문만 듣고도 달아나서, 능히 진격하지 못해서이다. 통분하고 통분하다.[22]

그는 위 기록에서 보이듯, 과거 수 양제와 당 태종이 천하의 군사를 일으켜 왔어도 뜻대로 하지 못할 만큼 예로부터 활을 잘 다루었던 전통이 있음을 강조한다. 이는 앞서의 서술에서 그가 조선군의 장점으로 들었던 사실을

---

20) 『송와잡설』, 「天下之廣風氣不齊」.
21) 『간옹우묵』, 「장수의 재목이 없음」 45화.
22) 『송와잡설』, 「中國乃文明之地也」.

136

뒷받침한다. 그런데 위 인용문의 핵심은 이어지는 내용의 서술에 있다. 과거로 부터 지금까지 활을 다루는 재주는 변함이 없었음에도 장수들이 소문만 듣고 응전하지 못하고 달아나기 바빴다고 하여, 그 근본적인 이유를 인심(人心)의 이반에서 찾고 있는 것이다. 이희는 왜군에게 패퇴하지 않기 위해서는 병술(兵術)의 전환이 필요함을 말하고 있었으나 그보다는 이반된 민심으로 인한 요인이 더욱 중요한 문제였다고 생각했다.

이렇게 볼 때, 그가 임란 당시 조선군 패퇴의 원인으로 지적한 병술(兵術)의 오류는 부차적인 문제였고 무엇보다도 내부적으로 흩어져 달아난 민심을 하나로 모아야 하는 과제가 우선 해결될 필요가 있다고 인식했던 것이다.

이상 살펴본바, 이희는 자신이 직접 목도하고 경험했던 전란기 사회혼란의 참혹상, 전란에 대비하지 못했던 지배층의 문제점을 낱낱이 제기하고 있었다. 이를 통해 전란의 책임에서 자유롭지 못한 지배층에 대한 비판과 반성을 촉구하고, 한편으로는 전란으로 이반되거나 흩어진 민심의 회복을 기대했음을 알 수 있다.

2. 현실 제도에 대한 비판을 통해 드러난 사회관

이희의 『송와잡설』과 『간옹우묵』에는 명종~선조 년간 조선의 사회상과 관련하여 자신이 관직에 있으면서 경험한 다양한 제도상의 문제점을 날카롭게 지적한 내용을 찾아볼 수 있다.

『송와잡설』「삼국지시 예문박략(三國之時 禮文朴略)」으로 시작되는 기록에는 예법(禮法)의 하나인 상제(喪制)가 무너진 현실에 대해 비판하고 있다. 삼국시대와 고려시대 예문(禮文)과 상제(喪禮)에 간략함이 많았고, 조선 건국 이후 조목이 갖추어져 제도가 정연해졌다. 연산군 때 잠시 흐트러진 예법은 중종 때 다시 회복되며 『주자가례(朱子家禮)』가 확산되어 민간에노 어막(廬墓) 사는 일이 흔했으나, 명종 때 3년간 여묘 살이는 가례(家禮)의 본 뜻이 아님을 핑계로 반혼(返魂)이 성행했다. 이로부터 상례(喪禮)의 기강이 무너졌고, 전란기에는 종군(從軍)의 명령 혹은 의병을 핑계로 상을 제대로 마치지 않고 기복(起復)한 자가 많아지며, 예법을 숭상하여 상례를 지키는 자가 거의 없는 현실에 대해 탄식하고 있다.[23]

상제(喪制)의 퇴락에 대해 그가 겪은 사례로써, 인성왕후의 상제(祥制)가 계속되는 중에 업무 차 평안도로 출장을 나아가면서 국상(國喪) 3년 안에는 풍악을 그친다는 예법에도 불구하고 안주(安州)로부터 참(站)이 있는 곳에는 풍악을 동반한 연회가 계속되며 의주에 이르자 평소와 다름없었던 사실을 기록하기도 했다. 그는 이러한 모습에 대해 비록 평안도가 변경지이긴 하나 풍교와 예법이 없는 사실에 대해 의아하게 여기고 있었다.[24]

이희는 이처럼 평소에 상제를 엄격히 준행할 것을 강조하였는데, 실제로 그는 1574년 겨울 모친상을 당했을 때 모든 사람들이 감복(感服)할 만큼, 3년 상을 극진하게 지냄으로써 그의 주장을 스스로 실천하고 있었다.[25]

다음으로 그는 궁중과 민간의 사치풍조에 대해 질타하고 있다. 먼저, 이희는 관리 및 민간의 복색이 사치스러워진 현상에 대해 경계하였다. 관복의 사치에 대해서는 다른 어떤 관리보다 스스로가 검소함을 보여야했던 감찰(監察)업무를 담당한 사헌부 관리의 관복이 시종(侍從)보다도 몇 배나 더 화사하고 선명해진 현상을 꾸짖고 있다. 즉, 명종 말년 무렵에 와서는 나라가 태평한지 오래되어 인심이 사치해지면서 궁중에서도 모두 복색을 바꾸겠다고 청원한 일이 있었고, 심의겸·박순·박응남 등이 이를 논의하여 고치게 되었고, 그로 인해 예로부터 내려오던 사헌부의 좋은 기풍이 사라지고 존양(存羊)의 뜻도 다시는 볼 수 없게 되었다고 비판을 제기하였다.[26] 이희의 눈에 비친

---

23) "어찌 이와 같이 우리 本然의 애달파하고 망극하게 여기던 본심이 하루아침에 흉악한 왜적의 변으로 인하여 씻은 듯 없어지고, 禽獸의 지경에 빠져들어도 스스로 깨닫지 못하고 있는 것일까? 탄식할 노릇이고, 괴이한 노릇이다."(『송와잡설』, 「三國之時 禮文朴略」).

24) 『송와잡설』, 「國恤三年之內」.

25) "是年春 拜江原道觀察使 秩滿 遷戶曹參議 連拜承旨 以母病辭不就 未幾遭籖 公篤於孝 親老在鄉 解官未嘗淹於京 歸侍親左右服勤 及是年踰五十 廬墓歠粥 視前喪如一 人無不感服 服旣闋 拜楊州牧使 居三月棄歸"(『樊巖先生集』 卷42, 謚狀, 松窩李公謚狀).

이들의 사치스러운 풍조는 관직경력의 많은 시기를 동일한 감찰업무 관련 직임을 맡으며 스스로 청렴함을 실천했던 그의 경험과는 배치되는 모습이기도 했다. 또한 민간의 복색에도 사치풍조가 만연한 현실을 지적한 사실도 보인다. 즉 토홍직령(土紅直領)은 조종조에 국법으로 당상관 이상의 사대부만 착용이 가능하도록 했다. 그런데 수십 년 이래로 천한 하리(下吏)들도 모두 홍화(紅花)로 물들인 옷을 입어도 나라에서 능히 금하지 못하고 있는 현실에 대해 탄식하였다.[27]

그는 이어서 일반가옥의 건축방식과 규모에서 점차 사치풍조가 생겨난 사실에 대해서도 지적한다. 즉, 본래 왕궁의 법전(法殿)만이 남향이며 광화문 밖 여러 관청은 동쪽에 위치한 관청은 서쪽을, 서쪽에 위치한 관청은 동쪽을 향하도록 했다. 관청뿐만 아니라 사대부 사가(私家)나 대청마루도 마찬가지였고, 도성안 세족(世族)들의 집은 모두 북향이었다. 남향으로 하지 못한 것은 비록 집에 있을 때라도 분수에 넘치게 남쪽을 향해 앉을 수 없었기 때문이었다. 아울러, 분수를 어기고 예도를 넘은 현상으로 집의 크기를 언급한다. 본래는 공경(公卿)으로부터 서인에 이르기까지 가사(家舍)의 칸수에 일정한 제도가 있었으나 점차 공경(公卿)의 집은 궁궐과 비길 만하고, 사서(士庶)의 집은 관청건물 같이 화려해졌음을 말하고 있다.[28]

이 같은 현상이 나타난 이유에 대해 이희는 "중종이후 법 기강이 점차 해이해져 인심이 날로 사치스러워져 분수를 어기고 예도를 넘는 일이 끝이

---

26) 『송와잡설』, 「監察 古之殿中御史也」. 이 기록의 말미에는 "아! 正朔을 고치고 복색을 바꾸는 것은 국정 중에 큰 것인데, 위에 아뢰지도 않고 여러 사람에게 묻지도 않고, 제멋대로 스스로 고쳐도 말하는 자가 없었다. 權臣의 방자하며 꺼림 없음이 이와 같으니, 그들의 행위가 참으로 두렵도다"라는 언급이 보인다. 여기서 언급된 權臣의 방자함은 앞서 거론된 심의겸·박순·박응남의 행위를 지칭하는 것으로 볼 때, 명종대 殿中의 복색을 미음대로 고친 이들의 행위를 비판하는 의도를 담고 있다. 그리고 여기에는 이들이 뒷날 서인으로 활동하는 인물들이라는 점에서 정치적으로 농서분당 이후 동인의 입장에 서있는 이희의 사고가 투영되어 있는 일면도 살필 수 있다.
27) 『송와잡설』, 「祖宗朝 士大夫服色」.
28) 『송와잡설』, 「王宮法殿南向」;「麗朝五百年之久」.

없다"라거나 "[중종] 중엽 이래로는 나라에서 능히 금하지 못하여 사람들도 법을 꺼리지 않았다"라고 언급하고 있다. 인심(人心)이 날로 사치를 좋아하게 된 이면에는 국법이 이를 적극적으로 제어하지 못했음을 간접적으로 비판하고 있음을 알 수 있다. 그는 인심의 사치 풍조가 날로 심해졌던 현상을 통해 국법이 해이해져가고 있다고 진단했던 것이다.

그의 현실 세태에 대한 비판은 궁중의 잘못된 예법과 신분제상의 문제점에 대한 언급에까지 이르고 있다. 궁중의 예법 가운데 조종조에는 궁중의 여러 군(君) 및 옹주(翁主) 등이 피접 나갈 경우 반드시 종실(宗室)이나 외족(外族)의 집안이었기 때문에 별다른 폐해가 없었다. 그런데 금상(今上) 때에 와서 일반 사족(士族)의 집으로 나가 시끄럽게 일을 만드는 여러 가지 폐단으로 원망의 소리가 자자한 상황에 대해 한숨짓고 있다.[29] 그런가 하면, 또 다른 궁중예법으로 본래 대전(大殿)과 동궁빈(東宮嬪)의 간택의 경우에만 사대부 집 딸의 나이 단자(單子)를 거두고, 직접 이들을 대궐에 들어오게 하여 선택했다. 그런데 지금에 와서는 후궁이 낳은 여러 군(君)도 같은 방식으로 간택하고 있는 현상을 지적하며 이는 선왕 대대로 지켜오던 왕실의 가법을 어긴 것이며, 그와 같은 잘못된 예법에서 분수에 넘치고 예도를 넘는 화(禍)가 시작된다고 지적하고 있다.[30] 신분제상의 제도적 문제점에 대해서는 우리나라의 법에 알 수 없는 두 가지로 나이어린 과녀(寡女)의 개가 금지와 환관이 취첩(娶妾)하여 일반사람과 똑같이 가정을 이루어 생활하고 있는 것을 들고 있다. 그는 이를 인정(人情)에 어긋나고, 천리(天理)에 순응하지 않는 현상으로 파악하여, 성인의 법에 맞지 않는 것으로 비판하고 있었다.[31]

---

29) 『송와잡설』, 「祖宗朝 宮中阿只氏出避之處」.

30) 『송와잡설』, 「祖宗朝 惟大殿及東宮嬪」.

31) 『송와잡설』, 「帝王之法」. 신분제와 관련된 내용은 이 기록 외에 「天有十日」로 시작되는 기사에서도 보인다. 여기에 따르면, 천인신분을 대대로 세습하게 하는 것은 중국에도 없는 잘못된 것이긴 하지만 중국과는 다른 오래된 我國의 풍속과 습속에서 나온 것으로 파악하였다. 그리고 계속된 언급에서는 이를 지금에 와서 바꾸어 중국과 똑같이 하려는 것에 대해 政事가 풍속에 따라 변하고 풍속에 따라서 교화시키는 뜻을 모르기 때문이며 이는 크게 어지럽힐 뿐이므로 시행해서는 안 되는 것으로

그런데 이처럼 자신이 살았던 당대의 사회, 풍속, 제도 등에 관한 여러 이야기 가운데 그가 무엇보다 관심을 보였던 사안은 관직제도였던 것으로 보인다. 그것은 아마도 그가 중앙에서 여러 관직을 오랫동안 역임했던 관료로서 느낀 당대의 여러 가지 제도상의 문제점들에 대한 지적이기도 했다.

이희는 관리들이 숙직하는 날 창기(娼妓)들과 어울리는 숙직제도의 문란함을 지적하거나, 조정과 멀리 떨어진 함경도에는 '낮도둑'으로 불릴 만큼 가혹한 형벌과 세금 징수를 일삼는 무관 수령의 파견이 상례가 됨으로써 발생한 폐단을 풍자하기도 한다.32) 또한 관청조직 자체의 문제점에 대해서 언급하기도 했다. 그는 의정부와 6조, 그리고 6조에 소속된 각사의 체계 속에서 업무를 명확히 분장하여 책임지며 처리해 왔던 본래의 설관분직(設官分職)의 원칙에서 벗어나 도감을 비롯한 여러 임시관청이 남설되고 있는 당대의 관청체계의 문제점에 대해 직접적인 비판을 하고 있다. 그리고 이러한 관청조직의 체계와 계통이 문란한 상황에 편승하여 업무에 전력하지 않고 책임지지 않으려는 관리들의 안일한 자세에 대해서도 간접적인 질타를 가하였다.33)

관청기구 운영의 혼란과 함께 관리들의 안일한 업무자세에 대한 질타에서 보이듯이, 그는 승정원과 비변사 관리들의 업무태도를 사례로 거론하며 그 중요성을 재차 강조하였다.34) 그리고 이어지는 기록에서는 그로 인해

말하고 있다[今有欲爲改絃易轍 變而通之 一如中國之制者 殊不知政由俗革 因俗成化之義 而適足爲大亂而已 必不可行也]. 따라서 그는 엄격한 신분제하의 천인신분에 대해서는 당대의 일반 양반지배층이 지닌 상식적인 수준에서의 인식을 보여준다. 신분차별에 대한 비판이나 파격적인 대안에까지는 이르지 못했던 것 같다.

32) 『송와잡설』, 「六曹直宿郞官等」; 「咸鏡一道緣於野人」.

33) 『송와잡설』, 「祖宗朝設官分職」, "設局愈多 事愈無統 悠悠汎汎 誰肯執咎而任其成效乎".

34) 승정원은 임금의 측근에 있으면서도 왕명을 출납할 때 옳은 마음으로 임금을 인도할 생각은 하지 않고, 언제나 자신의 잘못에 대하여 벌해달라는 말만 일삼았으며, 비변사는 중대한 국가의 일을 담당하면서도 계획을 세울 때에는 아무도 허물을 뒤집어쓰려 하지 않고, 임금의 교지대로만 따르는 것을 옳다고 여겼다. 도성 사람들이 두고 말한다. "승정원은 '황공하옵니다. 벌을 내려주소서', 비변사는 '주상께서 하교

기강이 해이해져 가고 있는 관리들의 정치행태에 대해 강한 어조의 직접적인 비판을 가하고 있다.

모든 관리들이 대간을 압도하고 수령들이 감사를 업신여기어, 일단 논박하고 나무라는 언사가 있게 되면 그 당사자는 반드시 큰 소리로 떠들며 헐뜯기를, "대간이 아무개와 사이가 좋지 않아서 옭아 맨 것이요, 감사가 아무개를 싫어하여 그렇게 한 것이다"라고 하였다. 서로 사이가 돈독한 자들은 서로서로 좋은 말을 조정에 퍼뜨려 기필코 아무개로 하여금 다시는 책망을 듣지 않도록 하여 승품(陞品)이나 초서(超敍)에 어려울 것이 없었다. 사람들은 거리낌이 없고, 정치는 대부분 고식적이며, 기강은 날이 갈수록 문란해지고, 뇌물은 날마다 늘어나니, 공론은 자취를 감추고, 옳은 것과 그른 것은 자리가 뒤바뀌었으며, 어진 이와 어리석은 자도 뒤바뀌어 쓰였다. 그러므로 국가의 일은 문란한 것에 익숙해져 구제할 길이 없게 되었다.[35]

상기의 기록은 그가 오랫동안 관직에 있으면서 보고 느낀 당대 관리들의 처신과 정치행태에 대한 비판이다. 조종조에 중앙에서는 대간의 공론(公論)이 매우 엄격하고, 지방에서는 감사의 전최(殿最)가 준엄했다. 그리하여 사대부나 수령들이 소송을 당하거나 폄출(貶黜)이라도 되면 스스로 물러나 부끄러움에 자중함으로써 이렇게 하여 조정의 공론이 행해지며 안팎으로 여러 관리들이 두려워하고 조심하게 되었다. 그러나 중종 중반이후 선비들의 기풍이 혼탁해지며, 위의 기록처럼 공론에 따른 정치가 사라짐으로 인해 국가의 일 역시 문란해지며 퇴락해 가고 있는 현실에 대한 강한 비판을 제기했던 것이다.

이희는 대간의 역할을 특별히 중시하여 '당대의 공론을 주관하는 자리로 대간으로 마땅한 사람을 얻어 공론이 행해지게 되면 간사한 논의가 자취를 감추고 나라의 위세가 더욱 엄해져서 다스림의 도가 확립된다'라고까지

하신 바가 지당하시옵니다.'"(『간옹우묵』,「관리들의 해이해진 기강」56화).
35) 『간옹우묵』,「공명정대함이 사라진 정치」57화.

언급하기도 했다.[36]

알려진 것처럼 조선시대에는 관료제의 건전성을 유지하기 위한 여러 가지 제도적 장치를 마련하고 있었다. 그중 인사관리제도인 포폄법(褒貶法)[=전최(殿最)]과 관리들에 대한 감찰 기능을 수행했던 사헌부는 관료제 운영에 중요한 역할을 담당한 제도였다. 포폄은 관리들의 직무 내용을 평가하여 승진시키거나 파직시키는 제도로서 관료제의 원활한 운영을 위한 인사관리 방식이었다. 그리고 사헌부는 사간원과 함께 양사(兩司)로 불리며 국왕에 대한 언론활동을 하던 기구였다. 특히 사헌부는 이러한 기능에 더하여 경관(京官)을 대상으로 한 분대(分臺), 그리고 외관(外官)을 대상으로 하는 행대(行臺)를 감찰로 두어 경외관의 고과에 대한 규찰을 시행하면서 관료제 유지에 중요한 역할을 했다.

이처럼 각 지방에서 감사의 역할인 포폄을 통한 수령에 대한 감독과 외관을 포함한 관료체제 전반의 감찰을 담당한 사헌부를 매개로 관리들의 자질을 평가하고 업무 태도를 상시적으로 관리해 나갈 수 있었다.[37]

이희는 이러한 제도적 장치가 순기능을 발휘하면서 정치운영에서 이른바 모든 관료들이 삼가고 조심하게 되었던 '공론(公論)'이 형성될 수 있다고 생각했던 것이다. 따라서 당대의 정치현실에서 그러한 공론이 자취를 감추며 정치운영이 혼란해지고 있던 상황을 경계하고 개탄하였던 것이며 '공론'의 본래 기능이 회복되었을 때 관료체제의 건전성이 유지될 수 있다고 판단했던 것으로 볼 수 있다. 관료체제의 건전성 유지를 위해 그가 많은 관심을 보였던 인사관리제도의 또 다른 측면은 해당 직임에 적합한 인사 배치와 인재등용의 사안에 대한 지적으로 연결되고 있다. 『송와잡설』「조종조위관택인(祖宗朝爲官擇人)」이라는 기록을 보면, 조종조에는 벼슬시킬 적에 사람을 가렸으므로, 비록 일반 벼슬아치라도 모두 그 직에 합당한 사람이 임명되었고, 정승을

---

36) 『간옹우묵』, 「대간은 공론을 좌우하는 자리」 10화.
37) 이상순, 2013, 「조선시대 양리선발 정책」, 『松窩 李墍 硏究』(원주학술총서 제16권), 51쪽.

제배(除拜)하는데 있어서는 더더욱 신중했던 사실을 강조한다. 그런데 근세 이래로는 정승을 뽑을 때에도 일반벼슬처럼 단지 관직 품계가 그 차서에 닿으면 되는 것으로 여기고 있는 사실을 지적한다. 이를 통해 관직의 임명에 어려워하고 조심하여 반드시 가리던 뜻이 사라진 현상에 대해 비판하고 있다.[38]

이러한 지적은 중국에 보내는 사신의 관직상의 위계가 문란해진 사실에 대한 언급에서도 보인다. 중종 연간 중반이후부터 사대(事大)의 일로 갖추어야 할 문서가 점차 빈번해지면서, 본래 육조 참판 가운데 임명했던 사행단의 정사(正使)와 부사(副使)를 여러 이유로 통정대부 중 군직에 있는 자들에게 임시로 참판의 직함을 주어 수행하도록 했다. 그리고 서장관은 나이가 젊은 문관 중 6품에 있는 자로 차정했었으나 이 또한 고하를 따지지 않고 지평과 장령을 겸하게 하여 파견하였다. 이로부터 사행단의 권한이 전적으로 서장관에게 돌아가며, 자신은 대간(臺諫)이지 사신(使臣)의 하료(下僚)가 아니라고 여기게 되었다. 이로 인해 관직의 상하 체통이 문란해지며 정사·부사·서장관 사이의 여러 가지 갈등이 발생하고 있음을 기록하고 있다.[39] 그는 1579년 성절사로 중국에 다녀온 바 있는데, 이 같은 지적은 그 과정에서 직접 경험한 사신단 내부의 적절하지 못한 인사 구성으로 인해 발생한 문제점에 대한 비판이었다. 그는 때마다 임시로 파견되는 사신단 구성에서도 인사 배치의 중요성을 강조했던 것이다.

그러나 관직체계 내 인사 배치의 합리성과 함께 이희가 다른 어떤 사안보다

---

38) "此可見難愼必擇之意也 近世以來雖有卜相之名 而無卜相之實 惟以職品當次 有若尋常窺闕者然 他可知矣".

39) "사소한 일로 서로 틀어지면 번번이 헐뜯고 욕을 하여 밤에도 한집에서 자지 않고 밥 먹을 때도 밥상을 마주하지 않았다. 강을 건너 復命할 때에도 모두 다른 날 하는 경우가 많았다. 같은 조정에 몸담은 신하로서 임금의 명을 같이 받들고 함께 上國에 가면서 만리를 오가는데 그 본분에 맞는 의리는 과연 어디에 있단 말인가? 이에 나라의 법에는 모두 깊은 뜻이 있음을 알게 되니, 그처럼 가벼이 바꿀 수 없는 것임을 이 일에서 또한 살펴 볼 수 있다"(『간옹우묵』, 「문란해진 서장관의 위계」 94화).

도 많은 관심을 보였던 것은 인재등용 방식인 과거제도의 문제점에 대한 지적이었던 것으로 생각된다. 여러 편의 기록에서 중국의 과거제도로부터 우리나라의 과거제도의 추이를 설명하면서 현재 시행되는 과거제의 문제점을 반복적으로 지적하고 있기 때문이다.

중국에 사신으로 가서 순천부에서 행해진 과거의 절차에 대해 자세히 기록한다거나, 중국의 과거제 시행은 3년만에 보는 대비(大比)외에는 특별히 과거를 보는 법이 없고, 과거를 보는 해는 외방 각도의 초시, 경사의 회시, 전시가 시행되는 해에 반드시 시행되고 있는 사실을 언급한다.[40] 이를 통해 중국의 과거제는 예전 법규를 그대로 지키며 시행 연월일이 비록 국가에서 큰 연고가 있어도 당기거나 물리지 않으며 조금도 흔들리거나 고침이 없었다는 사실을 들고 있다. 그리고 이어지는 기록에서 중국의 과거제와 달리 우리나라에서 시행되는 과거제의 문제점에 대해 기술하고 있다.

우리나라에서 과거로 사람을 뽑는 제도는, 삼국 때는 물을 필요도 없고, 고려도 5백년이나 오래된 나라여서 그 처음은 자세하게 알지 못하며, 중엽 이후 다만 3년만에 한 번씩 33인을 뽑는 외에 또 다른 과거는 없었다. 우리 조정에서도 또한 전조(前朝 고려)의 규칙에 의하여 식년(式年)에 33인을 시험해서 뽑는 규칙이 있었는데, 그때그때 뽑으므로 당기기도 하고 물리기도 하여 처음부터 정해진 날짜가 없었다. 영묘(英廟 세종) 때에 이르러서 문학을 숭상하여, 비로소 학궁(學宮 성균관)에 거둥하여 제술(製述) 시험을 치르고 몇 사람을 뽑아, 홍패(紅牌)를 하사하였다. 이 뒤부터는 드디어 특별 규정이 되어서 점점 성하게 되었고, 연산 및 중묘 때에 와서는 극도로 범람하였다. 명종조에 또 점수를 주고 과시(科試)에 나아가게 하여 그 점수를 통계하는 규칙이 있어, 혹은 바로 회시(會試)에 나아가게 하고, 또는 바로 전시(殿試)에 나아가게 하였다. 식년시(式年試) 외에도 별시(別試)·행학(幸學)·정시(庭試)라는 명목으로 혹 행사에 따라 거행하기도 하고, 혹은 예(例)를 들어 베풀었다. 봄·가을에 각각 거행하기도 하고, 한 달에 두 번 거행하기도 하며, 혹 해마다

---

40) 『송와잡설』, 「余之萬曆己卯年赴京之日」; 「中朝科擧之制」.

특별히 베풀고, 혹은 한 해에 세 번이나 거행하기도 하였다. 사방에 알리지 않으며 많은 선비를 모으지도 않고, 오직 표문·전문(箋文) 두어 문구(文句)를 한정된 시간 안에 짓게 하는데, 이를 촉각(燭刻)이라 하였다. 이리하여 하루 동안에 문득 높은 과거에 오르게 되니, 요행을 바라는 문이 활짝 열렸다. 선비들은 모두 분주하게 짧은 글귀를 뽑아 외워서 높은 벼슬을 도모하게 되어 3년만에 보이는, 경서에 통하고 글을 제술하던 대비(大比)의 법도가 점차 예전 같지 못하였다. 정시의 방을 낸 뒤에 보면, 모두가 벼슬아치의 나이 어린 자제이고 시골에서 학문을 깊이 연구한 무리는 한 사람도 참여하지 못하였다.[41]

위 기록에 의하면, 세종 때 문학을 숭상하여 수시로 시험을 치르기 시작하여 연산 및 중종 때 극도로 범람하여 정해진 식년시(式年試) 이외에도 별시(別時)·행학(行學)·정시(庭試) 등 다양한 이름의 시험이 행사에 따라 거행되었던 사실을 지적한다. 그로 인해 본래 정해진 규정 외에 봄·가을에 각각 거행하기도 하며, 혹은 해마다 또는 한 해에 세 번씩 거행하게 됨으로써 3년마다 치르며 경서에 능통하고 글을 제술하던 대비(大比)의 법도가 문란해진 현실을 언급하고 있다. 그 결과 선비들은 모두 짧은 글귀만을 외워 높은 벼슬을 도모하게 되었고, 정시의 방(榜)을 내면 모두 벼슬아치의 나이어린 자제이며, 시골에서 학문을 깊이 연구한 무리는 한사람도 들지 못한다고 하였다. 과거는 빈번하게 시행되고 있지만 오히려 선비들의 풍습은 더욱 경박해지고 인재는 날이 갈수록 수준이 떨어지게 되었다는 것이다.

그는 이처럼 우리나라에서 시행되는 과거제도의 횟수가 지나치게 많다는 사실을 문제점으로 인식하였다. 그러나 이희는 과거 시행 횟수 자체의 문제보다는 그로 인해 과거 시행에 관한 신속한 정보력을 지닌 일부 중앙관료의 자제들에 의해 그 기회가 독식되어 지방의 능력 있는 선비들을 발탁하는 인재등용의 통로로써 과거제의 기능이 축소되고 있던 상황에 대해 더욱

---

41)『송와잡설』,「東方科擧取人之制」.

우려했던 것으로 볼 수 있다.

따라서 그의 문제인식은 문과의 시험제도외에도 기타 방식 및 무과제도 전반에 걸쳐 인재등용 방식이 지닌 근본적인 한계에 대한 문제제기로 이어지고 있다. 본래 과거제도 외에 생원 진사의 선인(選人)을 통한 임용, 효자나 순손(順孫)한 사람, 문학·덕행이 있는 선비는 유일(遺逸)로 불리는 천거제도를 통해 그 학식과 재주를 시험하여 합격한 자를 서용하는 다양한 인재등용의 방식이 있었다. 그런데 조종의 옛 제도가 명종조에 이르러 어진 이를 등용한다는 핑계로 문음(門蔭)으로 뽑는 규정이 생기면서 자기가 좋아하는 사람만을 마음대로 등용하여 옛 제도가 크게 바뀌고 벼슬길도 점차 혼잡해졌다고 지적한다.[42] 임란을 전후한 인재등용 방식의 혼란에 대한 지적은 무과제도에 대한 비판에서도 계속된다. 선조 년간 계미년(1583) 별거(別擧)를 시행하여 무사 600여 명을 뽑은 이래로 해마다 수백 명씩 선발하면서 선발된 무사의 자질이 현저히 낮아지게 된 사실을 말하고 있다. 그리고 이러한 상황은 임란을 겪으며 더욱 확산되어 사실상 명목은 과거였지만 군목(軍目)에 지나지 않을 정도로 유명무실해지고 있었다. 그로 인해 "뽑은 사람이 많을수록 장수 재목은 더욱 모자랐고, 모두가 용렬하고 어리석어 거의 활도 당기지 못하며, 글자 한자도 모르는 자들이었다"라는 강한 비판을 제기하였다.[43]

임란 이후 어수선한 상황에서 이루어진 인재등용의 방식과 절차에 대해서는 "다양한 명목의 확인되지 않은 군공을 내세워 일정한 기준과 원칙 없이 관리에 등용되는 사례가 많아짐으로써, 상하가 서로를 능멸하여 일에 체계가 서지 않게 되었다"[44]고 언급하기도 한다. 임란은 당대 무과제도 나아가 인재등용 방식의 혼란함을 더욱 가속화시킨 요인이 되었던 것이다.

지금까지 이희의 저술에서 드러난 당대의 현실 제도에 대한 비판적 내용들에 대해 살펴보았다. 그의 현실사회에 대한 비판의식은 임진왜란의 참상을

---

42) 『송와잡설』, 「國家用人之道」.
43) 『송와잡설』, 「麗朝武擧之制」.
44) 『송와잡설』, 「國家用人之道」.

직접 경험하면서 더욱 고조된 위기의식의 발로이기도 했다. 그는 예제(禮制)의 문란함과 사치풍조의 만연에 대한 지적을 통해 당대 사회의 건전함이 위태로운 상황에 직면하고 있음을 비판하고 있었다. 나아가 국가가영에 참여하고 있던 현직관료로서 그가 목도한 국가제도, 특히 관직제도상의 여러 가지 문제점들을 집중적으로 언급하였다. 국가 경영의 근간인 인사(人事)의 중요성을 관직제도의 문란함을 통해 고발함으로써 임란을 초래한 가장 중요한 원인을 여기서 찾고 있는 것이기도 했다.

그리고 그러한 모든 비판은 이희 자신이 살던 당대 사회에 대비된 조종조의 시대로 수렴되는 것이기도 했다. 다시 말해, 그는 조종조와 대비되었던 자신이 살던 당대에 대한 비판을 통해 합리적인 제도의 운용이 이루어졌던 조종조 시대의 국가 원칙과 기준이 다시 회복되길 바라고 있었던 것이라고 하겠다.

Ⅲ. 이상적 인간상 속에 보이는 사군자(士君子)론과 절의 정신

명종~선조 년간에 걸친 그의 관직 이력을 보면, 이른바 조선시대 언론 3사로 불리며 국왕과 백관(百官)의 과실에 대해 간언(諫言)하고 관리의 인사에 서경권을 행사했던 사헌부·사간원·홍문관의 주요직임에 오랫동안 있었던 것으로 확인된다. 『조선왕조실록』에는 이러한 직임에서 활동한 그에 대한 다음과 같은 평가를 곳곳에서 볼 수 있다.

① "진실하여 겉치레를 일삼지 않았다" ② "사람됨이 청렴하고 조용해 번다스럽지 않았고, 종족을 보살핌에 자기의 재산을 아끼지 않았다" ③ "질박함이 많고 후덕한 데에 가까웠으며, 일가들과 화목했고 속이는 일을 하지 않았다" ④ "성격이 소탈하고 염정(恬靜)으로 몸을 지켰다" ⑤ "청수(淸修)하고 공직(公直)하며, 덕망이 높고 나이가 많아 당시 사람들이 흠모하였다"

⑥ "청백하고 검소하며 마치 물처럼 담백하였다. 거친 밥에 채소를 먹으면서도 태연자약하였다. 평소에 충성하고 효도하며 순수하고 조신하였는데 큰일에 임하여서는 이론이 늠름하여 마치 추상과 같았으며 늙어 갈수록 더욱 견고하였다."[45]

73세가 되는 해인 1594년 대사간의 직임을 맡고 있을 때 그에 대한 평가인 ⑥의 기록에서 보이듯, '청백(淸白)', '청수(淸修)', '청렴(淸廉)', '검소(儉素)' 등의 표현은 초년부터 말년의 관직생활에 이르기까지 그를 따라다닌 수식어가 되었다.

본고의 대상인 이희는 바로 이러한 규범에 충실한 삶을 실천함으로써 청백리에 선정된 인물 가운데 한 명이었다. 여기서는 그가 한사람의 선비[士]이자 동시에 관인으로서 도리를 충실히 이행하고자 했던 삶의 과정에서 추구했던 이념과 규범, 그리고 관인으로서 그가 평생을 지키고자 했던 이상적 인간의 모습을 어디에서 찾고자 했는지에 대해 살펴보고자 한다.

1. '청렴'을 근간으로 한 이희의 사군자(士君子)론

조선시대 유학자들은 이상적 인간상(人間像)을 목표로 끊임없이 사색하며 탐구하며 이를 추구해 왔다. 그렇다면 바람직한 인간, 곧 이상인(理想人)의 모습은 어떤 것이어야 했을까?

원시 공맹유학 이래 유학에서 제시한 '바람직한 인간'은 성인(聖人), 군자(君子), 현인(賢人) 및 선비[士人] 등으로 지칭되는 사람이었다. 성인은 결함

---

45) ① 『명종실록』 卷29, 명종 18년 8월 을축 ; ② 卷31, 명종 20년 11월 신해 ; ③ 卷33, 명종 21년 12월 정미 ; ④ 卷34, 명종 22년 4월 경술 ; ⑤ 『선조실록』 卷56, 선조 27년 10월 임자 ⑥ 卷57, 선조 27년 11월 병술 ; 다만 정치적으로 대립했던 서인에 의해 수정된 『선조수정실록』에 보이는 史評은 다소 혹평에 가깝다. 그러나 그러한 혹평 속에서도 '寒苦한 생활로 처신'을 했다거나(『선조수정실록』 卷28, 선조 27년 11월 을해), "젊어서부터 청백함으로 이름이 알려졌다"(『선조수정실록』 卷32, 선조 31년 12월 임자)라는 언급이 보일 만큼, 이희의 청렴함은 인정되고 있었다.

없이 거의 신(神)의 경지에 가까울 정도의 완전무결한 완전체의 이상인이다. 그러므로 이는 현실에서 실제로 달성되기 어려운 말 그대로 이상적 인간상이라고 할 수 있다. 군자는 높은 차원의 교양으로서 경학(經學)과 시문(詩文)에 밝고 예절(禮節)을 몸에 익혀야 했고, 언행에서도 도덕적 하자가 없으며, 타인을 포용할 수 있는 넓은 금도의 덕성(德性)을 갖춘 인간이다. 현인(賢人)은 군자의 품격을 거의 갖추었더라도 덕성보다는 지혜의 측면이 더욱 우월한 인간이다.[46]

선비 역시 '사(士)'의 번역으로만 보면, 유교에서 상정한 이상인 중의 하나임에 틀림없다. 이상인으로 상정된 점에서 이것은 군자, 현인과 견줄 만하다. 신에 가까울 정도로 완전성을 갖춘 이상인이 성인이라면, 이는 그 경지까지는 이르지 못했을지라도 일상생활을 영위하는데 별로 흠이 없는 인간이다. 이론상으로는 이러한 인간상은 모두 노력에 의해 성취할 수 있는 이상인으로 설명되더라도, 실제로 성인의 경지에 오른다는 것은 무망에 가까운데 비하여, 선비는 자기수양과 학문, 실천을 통해 성취가 가능한 인간상이다.[47] 그런 점에서 선비는 현실적으로 구현할 수 있는 바람직한 인간상을 형상화한 명칭이라고도 할 수 있으며, 보통 군자(君子)와 짝을 이루어 '사군자(士君子)'라는 어휘를 이룬다.[48]

조선시대 많은 관인·유자들은 스스로를 바로 이러한 사군자로 자처하며

---

46) 윤사순, 2003, 「태암(苔巖)으로 본 조선선비의 모습」, 『동양철학』 제20집, 214쪽.
47) 윤사순, 2003, 「16세기 조선유교사회와 竹川(朴光前)의 선비정신」, 『退溪學과 韓國文化』 32집, 3~4쪽.
48) '士'는 매우 다양한 개념으로 해석되지만 범주의 개념에서 보면, 학식은 있으나 벼슬하지 않는 사람과 관리, 벼슬아치 2가지 의미를 동시에 담고 있다. 따라서 士는 어느 경우에나 유교적 소양과 지식을 소유한 관리이거나 적어도 그 후보 자격을 지닌 사람이 될 수 있다. 그러한 점을 드러내는 단어가 바로 士大夫라고 할 수 있다. 이러한 측면에서 士와 聖人 다음으로 이상적인 인간상으로 추구된 君子가 짝을 이룬 士君子는 그와 같은 보통의 사대부들이 지향했던 가장 높은 경지의 인간상으로 수렴되는 용어라고 할 수 있다. 따라서 여기서는 이러한 사실을 전제로 이희가 추구했던 이상적 인간상에 대한 견해를 조금 더 넓은 개념으로써 '사대부론'이 아닌 '사군자론'으로 부르기로 한다.

이상적인 인간인의 모습으로 추구해 나가고자 했다. 이희 역시 『간옹우묵』의 여러 편의 기록에서 자신을 사군자에 빗대어 사군자로서 지녀야할 기본 소양과 자세에 대해 자세히 언급하고 있다.

가장 먼저 남송 진덕수의 말을 인용하여, 사군자는 세상을 살아감에 매우 청렴하고 깨끗함은 하나의 작은 선에 불과하고, 작은 탐욕으로 더럽힘은 곧 평생의 커다란 죄악이라고 한바 있는데, 이를 항상 잊지 말고 경계하며 살펴보아야 함을 당부하고 있다.49)

사군자가 지녀야할 가장 첫 번째 덕목은 탐욕을 멀리하여 자신을 청렴하고 깨끗이 하는데 있다고 본 것이다. 그리고 또 다른 기록에서도 그러한 청렴의 중요성에 대해 재차 강조한다. '청렴'은 작은 선(善)에 지나지 않아 군자가 스스로 자랑할 만한 것은 아니라고 하였다. 그런데 이처럼 작은 선(善)임에도 여기에 결함이 있다면 다른 훌륭한 점은 모두 사라지게 되므로, 어두운 밤이라 하더라도 사지(四知)[하늘, 땅, 나, 너]가 모두 알고 있기 때문에 속일 수 없음으로 늘 자중자애하며 천지의 신명을 두려워해야 할 것이라고 부언하고 있다.50)

이와 관련하여 그는 재물을 탐하는 탐욕은 사군자가 가장 경계하고 멀리해야 하는 것이라고 말한다. 그리고 그러한 이유로 "옛날 현명한 왕은 장법(贓法)을 삼가 지켜 조금도 느슨하게 다스리지 않았으니, 장법이 엄하지 않으면서 국가를 능히 보전하는 경우는 있지 않았다"라고 지적함으로써, 재물에 대한 탐욕으로 인한 관리의 뇌물죄가 국가의 근본을 뒤흔드는 큰 죄임을 강조하였다.51)

그는 권세를 탐하고 좋아하는 마음이 있게 되면 반드시 뇌물을 받고 옥사를 판결하거나 관직을 파는 일을 하게 된다고 하였다. 그리고 이들이 군주의 뜻에 영합하여 비위를 맞추어 그 총애를 공고히 하고 간사한 자를 끌어들여

---

49) 『간옹우묵』, 「청렴은 선비의 당연한 덕목」 2화.
50) 『간옹우묵』, 「청렴의 중요성」 6화.
51) 『송와잡설』, 「古之明王」.

세력을 키우고자 자신에 아부하는 소인은 억지로 칭찬하여 등용하고, 정도를
지키는 군자는 흠을 잡아 내쫓는다고 하였다.[52]

그에게 있어 뇌물죄는 뇌물을 주고받는 자들의 개인적 탐욕 차원에 머무는
문제가 아니라 이처럼 국가의 근간을 어지럽히는 국가차원의 문제가 되었던
것이다. 따라서 당대의 뇌물이 성행하는 세태를 아래의 기록에서처럼 강한
논조로 비판하게 된다.

> 선왕 대에는 기강이 널리 행해지고 전장(典章)제도가 찬란하여 사대부가
> 모두 탐욕하지 않음을 보배로 여겼다. (중략) 태평한 나날이 오래 지속되자
> 청렴하고 부끄러워할 줄 아는 도리가 사라져서 많이 취하는 것으로 흡족함을
> 삼고 일처리를 잘하는 것을 능사로 삼았다. 이런저런 방도로 흠을 찾아내어
> 함정 속으로 밀어 넣기도 하고 허황된 말로 결점을 덮어주어 자신의 무릎
> 위로 인도하는데, 모두 뇌물의 많고 적음에 말미암지 않은 것이 없다. 아!
> 사대부의 기풍이 이와 같으니 나라가 망하지 않는 것이 천행이다.[53]

뇌물의 적고 많음에 따라 모든 일들이 처리되는 풍조가 당연해진 사대부의
기풍에 대해 나라가 망하지 않은 것이 천행이라는 깊은 탄식을 하고 있다.

이에 이희는 탐욕을 비판하고 청렴을 고취하기 위한 방법으로 탐욕스런
인물과 이와 반대되는 여러 인물들의 일화를 소개하였다. 오랫동안 정승의
자리에 있으면서 뇌물의 다과에 따라 얼굴빛이 변할 만큼, 간사하고 탐심(貪心)
이 많았던 김안로의 탐오함을 경멸하고 있다.[54] 뇌물을 바치지 않아 파직당한
마운룡의 역설적 사례나 호랑이 가죽에 욕심을 부린 조상사(曹上舍)의 이야기
를 통해 재물에 대한 탐욕을 풍자하기도 한다.[55] 또한 부자가 되기 위해

---

52) 『간옹우묵』, 「권세를 탐하는 신하의 죄악」 8화.
53) 『간옹우묵』, 「뇌물이 성행하는 풍조」 25화.
54) 『송와잡설』, 「金安老久據相位奸貪自恣」.
55) 『간옹우묵』, 「뇌물을 바치지 않아 파직당한 마운룡」 1화 ; 『송와잡설』, 「湖南邊山近
    處」.

인·의·예·지·신(仁·義·禮·智·信)을 오적(五賊)으로 여겨 버려야 한다는 옛 기록의 풍자를 인용하여 도(道)를 버리고 재물만을 탐하게 되는 부자들을 비판하였고, 탐욕과 욕심이 부르는 화가 자기 몸을 죽음에 이르게 하는 데도 스스로 깨닫지 못한 원주의 무인(武人) 이옥정의 사례 등을 언급한다.[56]

반대로 청렴함을 보여준 여러 인물들도 언급하여 이들을 본받아야 할 사례로 칭송하고 있다. 부정하게 재물을 탐했다는 이유로 선산군수로 폄직된 교리 황여헌의 청렴을 일깨우고자 했던 김정국의 일화를 소개한다.[57] 국고(國庫)의 물건을 마음대로 사용하는 관리들의 관습에 흔들리지 않고 원칙을 고수하는 판서 조사수(趙士秀)에 대해서는 "공이 평생에 청렴하고 결백하여 구차하지 않았던 절조가 처음 벼슬하던 때부터 의젓하였으니, 아! 숭상할 만하다."라고 하여 그의 청렴을 칭송하였다.[58] 그런가 하면, 평소에 깨끗한 절조로 자신을 수양하여 그의 집에는 뇌물을 가져오는 사람이 없었다는 교리 정붕(鄭鵬)의 일화를 소개한다. 즉, 집에 양식이 떨어졌을 때 탐심(貪心)이 많고 방자한 외가 인척 유자광으로부터 받은 도움을 부끄러워하며 그가 보내준 쌀을 쓴 만큼 채우고 본래 쌀과 합쳐서 돌려보냈던 사례를 통해 가난했지만 절조를 지켜나갔던 인물로 설명한다.[59]

재상(宰相)의 직임에 있으면서 청렴함을 보여준 이준경과 안현의 사례는 그가 평소에 지닌 이상적이며 모범적인 관인들의 모습으로 부각되기도 한다. 이준경에 대해서는 행실이 엄숙 정직하고 효우와 충신(忠信)이 천성에서 나왔으며, 학문 역시 해박한 인물로 칭송하며, 자신의 녹봉을 절약하여 궤장연을 치른 일화를 통해 그의 청렴결백한 모습을 더욱 부각시켜 언급하고 있다.[60]

---

56) 『송와잡설』, 「偶閱兩山所錄」 ; 『간옹우묵』, 「독을 막아보겠다고 똥물을 먹다 죽은 이옥정」 111화.
57) 『송와잡설』, 「思齋先生 又有寄黃書云」.
58) 『송와잡설』, 「趙判書士秀 登文科第　等」.
59) 『송와잡설』, 「鄭校理鵬善山人也」.
60) 『송와잡설』, 「李相公浚慶」 ; 『간옹우묵』, 「자신의 봉급으로 궤장연을 치른 이준경」 36화.

또한 순수한 정성에서 나온 선물도 거절하고, 동료 중에서 사치스럽다고 일컬어진 이몽린의 사치를 일깨우고자 거친 채소와 소박한 식사를 대접한 일화를 통해 청렴한 마음을 천성으로 타고난 안현에 대해 칭송하였다.[61]

청렴을 강조한 인물의 사례에는 이희 선대의 외가 쪽 조상인 원보륜(元甫崙)의 일화도 보인다. 녹봉이외에는 남에게 절대 물건을 취하지 않고, 평생 쓸모없는 물건을 방안에 두지 않으며 검소한 법도를 지켰던 인물이었음을 밝히고 있다.[62] 선대 가문의 인물을 등장시켜 자신의 가계에 내재화된 청렴의식을 간접적으로 부각시키고자 했음을 엿볼 수 있다.

이희는 이처럼 다양한 인물의 일화를 소개함으로써 세인(世人)들에게 탐욕을 경계하고 청렴을 고취시키고자 했다.[63] 그리고 정승의 직임에 있던 청렴한 인물들의 사례와 일화를 다수 소개함으로써 관인(官人)으로서 개인적으로 지켜야할 가장 첫 번째 덕목이 청렴함에 있음을 더욱 강하게 드러내고자 했던 것이다.

그의 사군자(士君子)론에서 청렴 못지않게 주요하게 생각한 것은 '명분과 절개[名節]'였다. 그는 사군자가 세상을 살아가면서 즐겨야 하는 것은 의리(義理)이며 중시할 것은 명절(名節) 곧 명분과 절개라고 주장한다. 그리고 이를 가벼이 여기는 것은 외관상으로는 반듯한 의관을 갖춘 벼슬아치이더라도 실상은 마구간에서 길러지는 것과 다를 바가 없다고 언급한다.[64] 다음의 또 다른 기록에서 사군자에게 이 같은 명분과 절개가 중요한 이유를 다시

---

61) 『간옹우묵』, 「이몽린에게 두릅나물을 대접한 안현」 38화 ; 「안현의 청렴」 37화.
62) 『간옹우묵』, 「원보륜의 검소한 행실」 29화.
63) 이외에도 청렴을 칭송한 사례는 더 보인다. 어진 덕과 깨끗한 명망으로, 재물을 탐낸 아우 이극돈을 훈계한 相公 이극배의 일화(『송와잡설』, 「李相公克培 賢德淸望」), 집안이 부유했던 처가의 妻邊쪽 재산상속에 욕심내지 않고 전혀 개의치 않았던 대사헌 김덕룡의 일화(『간옹우묵』, 「分財하는 날 부인을 보낸 김덕룡」 39화), 물화가 풍부하여 이를 챙길 수 있는 평안도에서 2년의 감사 임기동안 바친 각종 물화를 창고에 보관해 두고 털끝만치도 건드리지 않아 청빈한 덕을 지녔다고 평안도 사람들에게 칭송받은 이준경과 김덕룡의 일화(『간옹우묵』, 「평안도 사람들이 칭찬한 이준경과 김덕룡의 청빈」 40화)도 보인다.
64) 『간옹우묵』, 「의리와 명절이 선비의 길」 3화.

154

한번 강조한다.

> 사대부가 귀중히 여겨야 할 것은 명절(名節)이니, 부귀는 쉽게 얻을 수
> 있지만 명절은 지키기가 어렵다. 높은 관직은 잃더라도 때가 되면 다시
> 얻게 되지만 명절은 한번 잃으면 종신토록 다시 얻을 수 없다. 그래서 늙도록
> 절개를 보전함이 더욱 어려운 것이다. 한위공의 시에 "늙은이의 채마밭
> 가을 풍경이 조촐하다 부끄러워 말지니, 국화꽃이 추운 시절 절개를 지켜
> 피어남 볼지라"라고 했으니 이는 곧 사군자(士君子)가 경책(警策)으로 삼아야
> 할 말이다.[65]

사대부가 소중히 여겨야할 덕목으로 명절을 재차 거론하며, 부귀(富貴)는
얻기가 쉬워도 명분과 절개는 보존하기 어렵다고 말한다. 즉, 높은 벼슬과
녹(祿)은 비록 잃어도 때로 다시 오지만, 명절은 한 번 잃으면 죽을 때까지
다시 얻을 수가 없고 이를 노년에까지 보존하기는 더욱 어려운 것이라는
사실을 역설하고 있는 것이다. 그리고 한위공의 시를 통해 은유적으로 명절을
지켜나가기 위해서는 검소한 생활이 선행되어야 함을 부각시키고 있다.
    이러한 점은 공자가 도(道)에 뜻을 둔 선비[士]가 나쁜 옷과 나쁜 음식을
부끄러워해서는 안 된다고 말한 바에서도 잘 드러난다.[66] 이는 선비가 외물(外
物)의 자극에 마음이 움직여서는 안 된다는 주장이다. 이희가 언급한 한위공의
시를 여기에 빗대어 보면, 그 역시 사대부가 명절을 지켜나가기 위해서는
빈천(貧賤)을 부끄러워해서는 안 된다는 주장으로 해석해 볼 만하다. 명절을
보전하여 평생 지켜나가기 위해서는 빈천(貧賤)을 부끄러워함으로써 부귀(富
貴)를 바라는 마음이 생기는 것을 가장 경계하고자 했던 것이다.
    따라서 사대부가 평생 명절을 지키기 위해서는 바깥의 헛된 명예와 명망을
쫓지 말고, 평소에 내면의 덕을 쌓는 데에 힘써야 한다고 주장한다.[67] 그는

---

65) 『간용우묵』, 「명분과 절개의 소중함」 14화.
66) "子曰 士志於道而恥惡衣惡食者 未足與議也"(『論語』 里仁, 9장).
67) "이런 까닭에 군자는 오로지 자신이 지닌 실제의 덕에 힘쓰고 바깥의 헛된 명예에

"군자가 덕을 이룸은 반드시 선행을 쌓는 데서 연유하고, 소인이 몸을 망침은 반드시 악행을 쌓는 것에서 비롯된다"68)고 하였다. 사군자가 자기수양을 통해 내면의 덕을 쌓는 과정은 선행을 실천하는데서 시작된다고 본 것이다. 따라서 작은 선행부터 시작하여 이를 지속적으로 행하게 되면 끝내는 이것이 쌓여 두루 행해지게 되어 반드시 존귀하고 영화로우며 널리 구제하는 아름다움을 이룰 수 있다고 하였다. 반면에 사군자와 대비하여 이른바 소인(小人)은 자신의 몸을 해치는 것을 알지 못하고 작은 악행은 해가 없을 것이라고 생각하여 이것이 쌓여 결국에는 자신을 해치고 가문을 망하게 하는 데까지 이르게 된다고 하였다.

한편, 사군자는 그 행동함에 있어서 분별없이 가벼워서는 안 되며, 위의(威儀)의 절도에 맞는 신중함을 갖추어야 한다고 보았다.69) 행동의 진퇴(進退)는 나아감은 어렵게 하고 물러남은 쉽게 해야 하며 이 과정에서 항상 자신의 몸가짐을 깨끗하게 하여 소신에 따라 거짓으로 속이거나 시류에 따르지 않아야 한다고 말한다.70)

이처럼 그는 명절을 지키기 위해서는 외물에 대한 욕심을 버리고, 자기 자신의 내면의 덕을 쌓기 위해 선행을 행하고, 행동함에 신중함이 있어야 한다고 보았다. 그렇게 됨으로써 사군자는 명분과 절개를 온전히 보전하면서도 허명(虛名)이 아닌 실질을 채운 명예[實名]를 얻을 수 있게 되는 것이었다.

이희가 이상적인 인간상으로 추구했던 사군자의 모습은 위와 같이, 소인(小人)으로 지칭되는 부류와의 대비된 설명을 통해 더욱 뚜렷하게 강조될 수

기뻐하지 않는다. 명예란 실질에 대해서는 손님이라 할 것이니 군자가 매우 부끄럽게 여기는 바다[是故君子專務在己之實德 不喜在外之虛名 名者 實之賓 君子之所深恥也]. 만약 바깥의 명망만을 좋아하고 내면의 덕을 닦지 않는다면 근원이 없는 물이나 뿌리 없는 나무와 같이 되어 단지 조물주가 그 명예를 망가뜨릴 뿐만 아니라 이미 그 실질을 채울 수가 없게 될 것이다"(『간옹우묵』, 「군자는 내면의 덕을 쌓아야」 15화).

68) 『간옹우묵』, 「군자의 선행과 소인의 악행」 5화.
69) 『간옹우묵』, 「군자는 위험을 가져야」 16화.
70) 『간옹우묵』, 「군자와 소인의 다른 점」 19화.

있었다. 그에게 있어 소인은 늘 살펴 경계하고 배척해야할 대상이 되었다. 그의 눈에 비친 소인의 모습은 권세와 총애를 누리는 왕의 외척들 문하에서 어깨를 으쓱대며 아첨하는 웃음을 짓고, 눈치나 보며 우물쭈물하면서 그 주인의 뜻을 잃지 않고자 하는 자들이었다.[71] 또한 무리지어 계책을 도모하여 공정한 주장을 펼치려는 상대방을 모략하여 무고하고, 권세를 훔치려는 자들로 묘사되기도 한다.[72] 이처럼 소인은 밖으로 드러난 이들의 행동에서, 또 그러한 행동에서 어떠한 사람인지 그 인품을 충분히 알 수 있는 것이다.

그러나 사람[小人]을 살피는 방법은 이처럼 밖으로 드러나는 모습만으로 판단해서는 안된다는 사실도 함께 지적하였다. 그는 밖으로 드러나는 모습에만 힘쓰는 형체[形]가 아닌, 진심에서 드러난 그림자[影]를 평소에 충분히 살펴보아야 한다고 말한다.[73] 소인을 가려내기 위해서는 겉모습과 행동보다는 평소에 내면의 본심을 잘 살펴야 한다는 것이다. 그는 이에 대해 몇 가지 예시를 들고 있는데, 여기에 따르면 ① 능히 만종(萬鍾)의 녹을 사양하면서도 변변치 않은 음식에 안색을 잃고, ② 입으로는 백이(伯夷)를 말하면서도 속으로는 도척(盜跖)을 그리워하며 ③ 공손히 꿇어앉아 충심을 바치면서도 내심으로는 실상 임금을 속이고 ④ 겉으로는 현자를 좋아하는 태도를 보이면서도 속으로는 독사 같은 마음을 숨기고 있는 자들이다. 이 밖에도 옳고 그름을 분명히 하지 못하면서 구차하게 남의 비위를 맞추는 술책, 영합하여 총애를 취하는 자취, 겉으로는 칭찬하면서 속으로는 배척하는 모습, 간사하고 교묘하게 은혜를 원한으로 갚는 것을 그러한 모습의 전형적인 사례로 언급한다. 이와 같이 평상시의 생활이나 다른 사람과 교제할 때 드러나는 그림자를 충분히 살펴본다면, 오히려 그 형체를 볼 필요가 없으며 이것이 바로 [새]군자가 사람을 정확히 살피는 방법이라고 주장하였다.

여기서 그가 예시로 든 자들이나 행위는 소인(小人)들이 보여주는 전형적인

---

71) 『간옹우묵』, 「선비는 벗을 가려 사귀어야」 4화.
72) 『간옹우묵』, 「소인은 없애기가 힘든 법」 9화.
73) 『간옹우묵』, 「그림자로 사람을 살피는 방법」 7화.

인간상이었다. 그리고 그 공통점은 사군자가 중시하며 지향했던 덕목인 '명절(名節)'이 결여된 존재였다고 볼 수 있다. 이희는 이러한 대비를 통해 사군자는 늘 소인을 멀리하고 경계해야 함을 강조할 수 있었다.

그런데 사군자가 지녀야 했던 명절은 개인적 차원의 덕목이기도 했으나 관인(官人)의 위치에서 봉공(奉公)을 위한 도리를 충실히 하는데서 더욱 필요한 이념과 규범의 성격을 지닌 것이기도 했다. 따라서 이희의 저술에는 세상이 흐트러지고, 기강이 문란한 가운데서도 그러한 이념과 규범에 충실했던 관인들의 모범적인 사례를 찾아 싣고 있다. 대표적으로 재상의 직임에 있으면서 그러한 덕목을 갖춘 인물로서 정광필, 김안국, 이현보, 이희보, 이준경, 황희 등을 거론하며 이들을 '어진 정승' 또는 '군자'로 높여 부르고 있었다. 이 가운데 이준경은 앞서 청렴한 재상으로 언급된 바 있는데, 청렴함과 아울러 결백하고 사사로움을 추구하지 않고, 학문 또한 해박하여 일을 한다면 즉시 결단하는 완벽한 군자의 인격을 보여준 인물로 묘사되고 있다.[74]

지금까지 살펴본 바와 같이, 이희는 사군자론을 통해 '청렴'을 근간으로 한 '명분과 절개[名節]'를 지닌 사대부를 이상적인 인간상으로 추구하고자 했다. 이희는 혼란한 사회 현실 속 한 사람의 관인·유자 그리고 선비로서 이 같은 이념과 규범에 충실한 삶을 몸소 스스로 실천해 나가고자 했던 것이다.

그런데 사실 이희뿐만 아니라 조선시대 많은 선비들은 청렴, 청빈을 우선 가치로 삼으면서 평소의 검약과 절제를 미덕으로 여기고 있었다. 이러한 의미에서 '청렴'은 이희뿐만 아니라 당대 많은 사람들이 공감하고 있던 규범이기도 했다.

조선시대 선비[士]는 항상 수기(修己)에 의한 군자다움을 추구하는 사인(私人)의 규범이 자리 잡고 있었다. 아울러 관인으로서 선비는 이상적인 정치의 시행을 위한 봉공(奉公)의 정신이 투철해야 했다. 그러한 봉공의 정신은

---

74) 이강옥, 2013, 「송와잡설(松窩雜說)의 서사적 재현과 이기(李墍)의 의식세계」, 『어문학』 120호, 154쪽.

관인의 도리(道理)를 충실히 하는 것을 의미했고 이를 공·사(公·人)의 규범이라고 본다면, 청렴의 마음가짐에 기초한 청백리는 바로 그러한 공인(公人)의 규범에 맞게 행위한 선비에게서 나타난 결과였다고 할 수 있다.

청렴을 근간으로 한 이희의 사군자론이 의미를 가질 수 있는 것은 여기에 있다. 왜냐하면 그는 '청렴'을 개인적 차원에 머무는 선비의 의례적인 가치와 미덕으로만 여겼던 것이 아니라, 청백리에 녹선됨으로써 공·사(公·私)의 규범으로써 청렴을 스스로 실천했던 인물이 되었기 때문이다.

사군자는 수기(修己)와 학문 수양을 통해 어느 정도 성취가 가능했던 이상적 인간상이었다. 이희는 청렴을 근간으로 한 사군자론을 평생 동안 보전해 가며 이를 추구하였고, 청백리에 선발됨으로써 이상적 인간상을 형상화할 수 있었던 것이다.

이를 통해 그는 사군자론에서 자신이 추구한 이념과 규범상의 덕목이 사인(私人)의 차원에 한정되는 것이 아닌 국가의 사회·정치 속에 공인(公人)의 이념과 규범으로 자리 잡아 사회는 개개인의 청렴이 철저히 준수되고 정치적으로 명분과 의리가 있는 인간들이 살아가는 사회를 기대하고 있었던 것으로 생각된다.

2. '불사이군'의 지조와 절의 정신

앞서 살펴보았듯이, 『송와잡설』, 『간옹우묵』에는 이희가 이상적인 인간상의 표본으로 여기며, 이들의 행동과 가치관을 자신의 입장에서 해석하고 설명한 여러 인물들이 등장한다. 이들 가운데 『송와잡설』에는 여말선초의 왕조교체기에 절의를 지킨 인물 이야기와 단종 복위 운동에 실패하고 절사한 사육신의 이야기가 실려 있다. 그는 이러한 인물들을 통해 지조와 절의 정신을 강조함으로써 사군자가 지녀야할 또 다른 덕목이 여기에 있음을 말하고자 했다.

먼저 기존의 통설과는 다른 우왕과 창왕에 관한 세간의 야사를 소개하고 있다. 즉 왕씨(王氏)는 용(龍)의 종(種)이므로, 아무리 못난 자손과 먼 후손이라도 그 몸의 어딘가에 반드시 비늘이 있다. 세상에 전해 오는 말에, "우(禑)의 왼쪽 어깨 위에 바둑돌만한 비늘이 있었는데, 우는 항상 숨기고 나타내지 않았다"는 이야기를 싣고 있다.[75] 이 내용은 조선왕조의 국가적 입장과 배치되는 내용이다. 조선왕조는 창업의 정통성과 정당성을 강조하고자 이들을 공식 사료에서 신돈의 자식인 신우·신창이라고 기록하게 된다. 이희는 조선왕조의 공식적인 입장과는 사뭇 다른 사실을 언급함으로써 고려왕조 마지막 왕들의 정통성을 회복시키고자 했던 것으로 생각된다. 그리고 이를 통해 고려 말의 이색, 원천석, 최영 등 불사이군의 지조와 절의정신을 지녔던 인물들의 행위를 정당화하는 근거를 마련하고자 했던 것으로 보인다.

이어지는 기록에서 그러한 입장을 보여준 인물들의 일화가 소개된다. 이희는 고려 말 충절을 보여준 인물로 원천석·이색의 행적과 시를 기술하고 있는데 이들 모두 그의 집안과 관련된 인물이었다. 지조와 절의 정신이 자신의 집안에 면면히 전해져오는 가문의 전통이었음을 이들 인물을 통해 드러내고자 했던 것이다.

먼저 원천석은 우왕이 폐위되어 강화로 귀양 갔다는 말을 듣고, 이러한 행위가 잘못되었음을 대서특서(大書特書)하였고, 이를 비난하는 시를 짓고 통곡하였던 사실을 기술하고 있다. 그리고 원천석의 시에서 우왕·창왕 부자(父子)를 선왕(先王)이라 지칭한 사실을 특별히 강조한다. 여기서 고려왕조의 정통성을 인정했던 그의 인식의 단면을 엿볼 수 있다.[76]

계속된 기록에서는 통제사(統制使) 최영(崔瑩)이 형(刑)을 당했다는 것을

---

75) 『송와잡설』, 「王氏龍種也」. 이 이야기를 전해 오고 있는 臨瀛[강릉]사람들은 『송와잡설』, 「臨瀛軍士三人」이라는 기록에서 의리와 신념이 뚜렷한 사람으로 묘사된다. 또한 『간옹우묵』, 「강릉의 넉넉한 인심」 60화에서는 흉년에도 베풀기를 좋아하여 굶는 걱정을 하지 않는 후한 풍속을 지닌 지역으로 그려진다. 이희는 의리와 신념이 뚜렷하고 후한 풍속을 지닌 강릉 사람들이 지금까지 고려 왕족이 龍孫이라는 말을 전한다고 함으로써 이 기록의 可信性을 높이고자 했던 것으로 생각된다.

76) "先王父子各分離 萬里東西天一涯 縱使一身爲庶類 寸心千古不遷移 公以禑昌父子爲 先王 而題詩哭之"(『송와잡설』, 「耘谷先生」).

들고 통탄하는 마음으로 시 세 편을 지었던 사실을 싣고 있다.[77] 그 시구 가운데는 "꼿꼿한 충성이야 죽은들 사그라지겠는가[爾忠誠死不灰]"라고 하여 최영의 충절을 기리고 또 다른 시에서는 최영의 죽음을 막지 못한 조정의 신하들을 비판하기도 한다. 그러나 이러한 통탄은 "내 지금 부음 듣고 애도의 시 짓노니 공(公)을 위한 슬픔보다 나라 위한 슬픔일세[我今聞訃作哀詩, 不爲公悲爲國悲]"라는 데서 보이듯, 최영의 죽음에 대한 안타까운 마음이기도 했으나 궁극적으로 망해가는 고려조정에 대한 충절에서 나온 것임을 알 수 있다.[78] 최영의 죽음에 빗대어 불사이군의 마음으로 고려조정에 충절을 다하고자 했던 원천석의 지조와 절의 정신을 강조했던 것이다.

이색 역시 원천석과 마찬가지로 새 임금을 세우려 논의할 적에 홀로 전왕(前王)의 아들을 세워야 한다고 주장하였고, 우왕이 폐위되어 강화에 있을 때 미복(微服)으로 찾아뵙고 당시의 현실을 탄식하는 여러 편의 시를 짓고 있다.[79] 그 시 가운데 "이 늙은이 갑자 쓸 줄 어이 알리오[此老豈知書甲子]"라는 구절에서 우왕의 정통성을 인정하고 있는 사실을 드러내었다. "갑자(甲子)를 쓴다"는 것은 정통으로 인정하지 않는 새로 들어선 나라의 연호를 쓰지 않고 간지(干支)로 표기한다는 의미로, 도연명(陶淵明)의 고사에서 온 것이다. 이색은 이를 인용하여 자신을 우왕의 신하로 자임하면서 새 세력에게 영합하지 않으려는 의지를 표현했던 것이다.[80]

---

77) 이희가 최영을 불사이군의 지조와 절의 정신을 지닌 인물로 흠모하고 있음은 최영에 대해 노래한 변계량의 다음과 같은 시를 인용하여 기록한 데서도 알 수 있다(『송와잡설』, 「春亭卞季良 過崔瑩墓詩云」). "위엄 떨치고 나라 구하느라 귀밑머리 희어졌네/ 말 배우는 아이까지 장군 이름 다 아누나/ 한 조각 장한 마음 어이 없어질손가/ 천추에 영원히 태산과 우뚝하리[奮威匡國鬢星星, 學語街童盡識名, 一片壯心應不死, 千秋永與太山橫].

78) 『송와잡설』, 「耘谷公」.

79) 『송와잡설』, 「牧隱於麗季議立新君之際」.

80) 도연명을 세칭 靖節先生이라고 부르는데, 그는 증조부 陶侃이 晉의 재상을 지낸 이유로 후대에 몸을 굽히는 것을 수치로 여겨 詩文을 지을 때 동진 義熙 전에는 前代의 연호를 쓰고, 永初 후에는 연호를 쓰지 않고 甲子만을 적었다고 한다(김영봉, 2013, 「송와잡설(松窩雜說)의 필기문학상 위상에 대하여」, 『松窩 李墍 硏究』(원주학

그는 이성계의 요청으로 계화(桂花)와 송헌(松軒)이라는 자(字)와 당호(堂號), 둘째와 셋째 아들의 이름을 지어줄 정도로 이성계가 크게 존중했던 인물이었다.[81] 이색 또한 귀양 가서 성(省)에 낭관으로 있는 여러 아들에게 보낸 시 가운데 자신이 죽음을 면한 것이 이성계가 친구였기 때문이라는 구절을 통해 그와의 친분을 드러내었다.[82]

1389년 장단(長湍)으로 귀양 당한 이후 여흥 청심루(淸心樓) 하류 연자탄(燕子灘)에 이르러 배 안에서 갑자기 죽음을 맞을 때까지 행적에 관한 기록에서도 이성계가 평소에 그를 극진히 예우했음을 재차 언급한다.[83] 이희가 이처럼 두 사람의 관계가 친밀했음을 여러 차례 언급했던 것은 결과적으로 이색이 지닌 고려왕조에 대한 불사이군의 지조와 절의 정신을 강조하는 역설이 되었다.[84] 그리고 그의 죽음이 정도전과 조준에 의해 많은 고려 왕씨의 자손이 배안에서 죽임을 당했던 사실과 마찬가지로 이들의 술책에 의한 것으로 여러 사람들이 의심하였던 사실을 말하고 있다. 이색의 죽음을 그와 반대의 행보를 보인 정도전과 조준 등의 술책으로 의심하며 고려 왕씨의 죽음과 동일하게 해석함으로서 그의 충절을 더욱 부각시켰던 것이다.

고려왕조에 끝까지 충절을 다한 이색과 원천석의 행적에서 이희가 주목했

술총서 제16권), 105쪽).

81) 『송와잡설』, 「牧隱大爲我太祖所重」.

82) "죽어 마땅한 신의 죄 聖主의 인자로/ 관내에 살게 되어 몸 편하다오/ 어이 천행을 만났는가 물어 온다면/ 송헌이 나의 친구여서라고[臣罪當誅聖主仁, 屏居關內得安身, 間渠何以逢天幸, 只爲松軒是故人]"(『송와잡설』, 「牧隱謫居長湍」).

83) "을해년(1395, 태조 4) 가을에 관동 지방을 유람하다가 五臺山에 들어가서 그대로 머물러 있었다. 그해 11월에 태조가 親書로 여러 번 부르자 공은 부득이하여 轎子를 타고 들어가 뵈었다. 태조는 御榻에서 내려와, 친구간의 예로써 대우하면서, "덕이 부족하고 식견이 어둡다 하여 버리지 말고, 한 말씀 가르쳐주시길 바라오" 하니 공은 "亡國의 大夫로서 일을 도모할 수 없고, 다만 이 骸骨이나 고향 산천에 묻히기를 원할 뿐이오" 하였다. 태조는 그를 머물게 할 수 없음을 알고 중문까지 걸어 나가서 서로 揖한 다음 작별하였다"(『송와잡설』, 「牧隱於高麗恭讓王」).

84) 원천석이 태종 이방원의 스승으로 그를 각별히 대하였음을 말하고 있는 기록(『송와잡설』, 「麗季進士元天錫」)도 그러한 서술 구도에서 설명되는 부분이다.

던 '지조와 절의 정신'은 조선 건국 이후 벌어진 단종의 폐위사건과 생육신·사육신에 대한 서술에서도 분명히 드러난다.

단종의 최후를 서술한 부분에서는 노산군으로 강등되어 영월군으로 내려간 후에도 왕으로서의 위엄을 잃지 않고 매일 아침 곤룡포를 입고 앉아 있었음을 말한다. 그로 인해 그를 죽이려고 내려간 금부도사가 감히 손을 쓰지 못하다가 겨우 목을 졸라 죽였다고 하였다.[85] 이희는 이를 통해서 단종 폐위의 부당함과 그의 죽음에 대한 안타까움을 표현하고 있다. 그리고 단종의 시신수습과 관련된 전해들은 이야기를 다음과 같이 소개하였다.

> 노산군이 영월에서 죽으니, 관(棺)과 염습(斂襲)도 갖추지 않고 짚으로 빈소(殯所)를 마련하였다. 하루는 젊은 중이 와서 매우 슬프게 곡하며 말하기를, "평소에 이름을 알고 지냈고, 보살핌을 받은 분의(分義)가 있노라." 하고, 며칠을 머물러 있다가, 어느 날 밤에 시체를 지고 도망쳐버렸다. 어떤 사람은 '산골짜기에서 태워버렸다' 하고, 어떤 사람은 '강물에 던져 버렸다' 한다. 지금 무덤은 거짓으로 장사한 것이라 하니, 두 가지 말 중에 어느 편이 옳은지는 알 수 없으나, 점필재(佔畢齋)의 글로써 본다면 강에 던졌다는 말이 그럴 듯하다. 그렇다면 중은 호승(胡僧) 양련(楊璉)의 무리로서, 간신(奸臣)이 지휘한 것이었다. 세월이 오래되었으나 그 한스러움이야 어찌 다하랴? 혼은 지금도 의탁할 곳이 없어 떠돌아다닐 터이니, 진실로 애달프다.[86]

이 기록에서 무명의 승려가 나타나 노산군의 시신을 가지고 사라졌는데, 김종직의 글을 근거로 강물에 던져졌을 것으로 추정하며[87] 그러한 행위가 간신(奸臣)의 지휘를 받은 것으로 말하고 있다. 이희가 살았던 시기는 단종이

---

85) 『송와잡설』, 「魯山君遜于寧越郡」.
86) 『송와잡설』, 「魯山君殂于寧越」.
87) 역사적 사실로서 단종의 시신은 영월 동쪽 금강정 근저 낙화암 옆 동강에 던져졌고, 시신을 거두는 자는 삼족을 멸한다는 말에 아무도 시신을 거두지 않았다고 전해진다. 그러나 이를 애석히 여긴 영월호장 嚴興道가 시신을 거두어 영월 엄씨의 선산인 冬乙支山 기슭에 매장하였다(오영교, 2013, 앞의 논문, 228쪽).

아직 복위되기 전이라 그와 관련된 사실을 직접적으로 언급하기 어려운 상황이었다. 따라서 정체불명의 승려와 이를 지휘한 간신으로 지칭되는 무리들에 빗대어 죽음 이후에 장례도 제대로 치르지 못한 단종의 죽음을 애석하게 여기고 있던 것이다. 그리고 그 이면에는 불사이군의 지조와 절의를 보여주지 못하고 단종을 폐위와 죽음으로 몰고 간 당대의 관련자들을 간접적으로 비판하고자 했던 것이다.

불사이군의 지조와 절의 정신은 사육신 하위지(河緯地)의 둘째 아들 하박(河珀)이 단종복위 사건에 연좌(連坐)되어 죽음을 당하는 과정에서 보여준 당당한 모습에서도 묘사된다.[88] 하위지의 둘째 아들 박은 죽음을 앞두고도 조금도 흔들리지 않은 자세로 모친과 영결(永訣)할 시간을 달라고 요청하고 누이동생에게 한 지아비를 따르는 의리를 평생 지키라는 당부를 하고 죽음을 맞이한다. 하위지의 아들은 죽음을 앞에 두고도 의연했고 의리를 지키는데 철저한 모습을 보여준다. 이희는 하위지의 아들이 죽음을 당하는 과정에서 보여준 이러한 이념적 당당함을 부각시킴으로써 단종 복위 시도의 정당함과 단종 폐위의 부당함을 드러낼 수 있었다.[89] 단종 복위 사건이 발각된 날 자결(自決)하려 했던 신숙주(申淑舟) 부인의 이야기도 그 이면에는 지조와 절의 정신을 은연중에 풍자한 내용이다.[90] 이 기록은 이희 역시 사실관계가 맞지 않는 것이라고 지적하고 있듯이, 설화(說話)의 성격을 갖고 있다. 그럼에도 불구하고 그가 이 이야기를 기록한 의도는 다분하다. 사실여부를 떠나 미담으로 전해지며 신숙주의 변절에 대한 대중들의 아쉬움을 담고 있는 기록이었기 때문이다. 이희는 이 기록을 통해 사실관계보다는 지조와 절개를 지닌 사육신과 함께 하지 못한 신숙주의 변절에 대한 질타와 커다란 아쉬움을 표현하고자 했던 것이다.

이희는 지금까지 살펴본 바와 같이 '불사이군'의 충절을 지닌 이색의

---

88) 『송와잡설』, 「光廟丙子之亂」.
89) 이강옥, 2013, 앞의 논문, 159쪽.
90) 『송와잡설』, 「申高靈叔舟之夫人尹氏」.

행적과 그의 죽음, 외가의 선조인 원천석의 사례를 비롯해 세조의 왕위 찬탈과 단종의 죽음에 대한 비판, 사육신 사건과 관련된 몇몇 인물의 행적을 밝히고 평가하였다. 그러한 단편들에서 하나로 수렴되는 공통점은 '지조와 절의' 정신이었다. 이상적인 인간상으로 사군자를 추구했던 그의 이념과 규범 속에 이러한 정신을 지닌 인물들은 모범적인 표상(表象)이 되었던 것이다.

그런데 불사이군의 지조와 절의 정신이 공인(公人) 즉, 신하가 되어 군신(君臣) 사이에 충절(忠節)로 표현되는 의리(義理)이며 도리(道理)였다면, 부자(父子)관계에서 사인(私人)으로서 반드시 힘써 행해야 할 도리는 '효행(孝行)'이었다. 따라서 이희의 저술에는 군신간의 충절정신 못지않게 '효행'으로 알려진 인사들에 대한 사례를 상당수 전하고 있다.

아흔이 다되도록 선조와 부모의 묘소에 다름없이 제사를 올린 고두명과 나이 팔십에 삼년상을 처음부터 끝까지 주관한 송흠의 이야기를 전하며 세상에 보기 드문 큰 인물이라거나, 천성이 효성스럽고 우애가 있고 청렴 정직했던 인물로 평가하고 있다.[91]

효성은 천성에 뿌리를 두어 자식된 도리로 마땅히 힘써야 하는 것이나, 사람의 마음이 혼탁해지고 게을러져 정성을 다하지 않고 소홀히 여길 우려가 있다. 그런데 노수신은 효심이 천성에서 나온 것이라 높은 관직에 있을 때도 그만둠이 없이 지극 정성을 다했다고 평가한다.[92] 모친에 대한 효행이 극진했던 금산의 최극성이라는 사람의 이야기에서는 그의 극진한 효성에 하늘이 감동하여 한겨울에 노모의 병을 치료하는데 효과가 있다는 제비가 날아들었다는 신이(神異)한 이야기를 소개한다.[93] 그런가 하면, 김정국은 황해감사 시절 아버지에게 말하고 행동하는데 항상 행패를 부린 아들에게 천륜(天倫)의 높음과 국법(國法)인 강상죄(綱常罪)의 지엄함을 깨우치도록

---

91) 『간옹우묵』, 「아흔이 되도록 성묘를 한 고두명」 115화 ; 「나이 팔십에 삼년상을 행한 송흠」 33화.
92) 『간옹우묵』, 「노수신의 효성」 35화.
93) 『송와잡설』, 「崔錦山克成扶安人也」.

교화하여 효자로 만든 이야기도 전한다.[94]

이와 관련된 사례 가운데는 자신의 가문과 관련된 인물들의 일화도 여러 편 싣고 있다. 아버지가 살아있으면 어머니에 대해 기년상을 행하는 관례를 따르지 않고 끝까지 3년상을 치른 외조부 원선(元瑄), 조상을 추모하는 일에 정성을 다하여 아흔에 가까운 나이에도 몸소 묘제와 기제사를 지내며 나태한 기색을 보이지 않았던 조부 한성군 이질(李秩)에 대한 이야기를 소개하고 있다.[95] 선대의 사례와 함께 당대 자신의 형인 충의공 이기(李基)가 상례를 철저히 지켜나간 모습, 둘째형 참봉공 이루(李壘)가 부친과 모친의 상에 지극 정성을 다했던 모습, 그리고 평생을 고향에서 부모님 봉양에 정성을 다한 아우 별좌공 이용(李墉)에 대해서는 효도와 우애의 성품이 천성에서 나온 인물이었다고 말하고 있다.[96]

그는 이처럼 다양한 인물들이 효와 예법으로 부모를 공경한 모습을 소개함으로써, 후세의 귀감으로 삼아 그것이 일가(一家)속 개인이 갖추어야 할 가장 기본이며 근본이 되고 있음을 말하고자 했다. 그리고 자신의 가문에서 효행과 예법을 준수한 모범적 인물을 찾아내고 소개함으로써, 가문의 자부심을 드러내면서[97] 동시에 자신도 그러한 가문의 한 개인으로 철저하게 이를 실천하였음을 강조할 수 있었다.

개인차원의 '효'의 실천은 횡적으로 형제간의 우애로 종적으로 조상을 받드는 원리가 되었고, 이것은 외연을 넓혀 군주에 대한 '충'의식으로 확장될 수 있다. 이렇게 볼 때, 이희가 중시한 불사이군의 지조와 절의 정신이라는 군주에 대한 충절 의식은 이처럼 한 집안의 일원이 되어 그가 개인적으로

---

94) 『송와잡설』, 「金參判思齋」.
95) 『간옹우묵』, 「상례에 엄격했던 외조부 원선」 42화 ; 「조상의 추모에 정성을 다한 한성군」 114화.
96) 『간옹우묵』, 「노년에도 상례의 정도를 지킨 충의공」 116화 ; 「부모제사에 정성을 다한 참봉공」 117화 ; 「부목님 봉양에 정성을 다한 별좌공」 118화.
97) 『송와잡설』과 『간옹우묵』에는 이외에도 많은 지면을 할애하여 한산 이씨와 외가인 원주 원씨의 일상사에 펼쳐진 모범적인 여러 일화를 싣고 있다. 이를 통해 가문의 전통의식을 드러내어 후손과 일문의 규범으로 삼고자 했던 것으로 생각된다.

철저히 지켜나간 효의 실천에서부터 시작되었던 것으로 볼 수 있다.

이로써 이상적인 인간상으로 사군자를 추구했던 그의 이념과 규범 속에는 '충'의식으로 집약되는 불사이군의 '지조와 절의' 정신이 강조될 수 있었던 것이며 그의 사군자론을 구성하는 중요한 이념이 될 수 있었다.

이렇게 볼 때, 그의 사군자론은 효의 실천에서 시작되어 개개인의 청렴, 정치적인 명분과 의리, 여기에 더하여 불사이군의 지조와 절의 정신을 통해 완벽한 이상적 인간상으로써 완성될 수 있었던 것이다.

IV. 맺음말

『송와잡설』, 『간옹우묵』은 저자 이희가 비슷한 시대를 살아간 여러 인물들의 행적과 일화를 자신의 견문에 근거하여 저술하고 있다. 여기에는 사대부 양반 관료·친우·친족으로부터 지방의 양인, 천인에 이르기까지 다양한 개성을 지닌 인물이 각양각색의 이유로 소개되고 있다. 또한 당대의 제도, 문물, 풍속 등에 대한 서술에서는 정치제도와 사회상을 총체적으로 묘사하고 있다. 이와 같이 다양한 소재의 여러 단편에서 그가 보인 관심의 폭은 대단히 넓어 언뜻 보기에 무원칙적인 소재의 나열로 보인다. 그러나 두 개의 저술에 보이는 기록들을 상호 보완해 가며 살펴본 결과, 조각조각 흩어져 있던 개개의 단편 속에서 이를 관류(貫流)하는 전체적인 그의 경세관·시국관·대민관의 흔적을 찾아 볼 수 있다. 이 글은 그 가운데 『송와잡설』과 『간옹우묵』의 내용 분석을 통해 이희의 현실인식과 그가 지닌 사유의 측면을 사군자론과 절의 정신을 통해 확인해 보려는 것이었다.

이희가 임진왜란을 겪으면서 목격한 참상은 당대의 여러 가지 현실 제도의 문제점에 대한 비판의 출발점이 되었다. 그는 자신이 직접 경험한 전란기의 사회혼란을 언급하고 전란에 대비하지 못한 지배층의 안일함을 질타함으로써 비판과 함께 반성을 촉구하였다. 그리고 이를 통해 전란의 수습과정에서 이반된 민심(民心)이 회복되길 기대하였다.

그의 현실제도에 대한 날카로운 지적과 비판은 이처럼 임란을 경험하면서 더욱 고조된 위기위식의 발로이기도 했다. 인간의 윤리의식의 표현인 예제(禮制)가 무너진 현실을 지적하는가 하면, 궁중과 민간의 사치풍조가 만연한 현실, 궁중의 잘못된 예법, 신분제도, 관직제도 상의 문제점 등 당대의 사회, 풍속, 제도 전반에 걸쳐 문제점을 지적하고 있다. 이 가운데 그가 무엇보다 관심을 보였던 사안은 관직제도였다. 관료들의 기강이 해이해진 봉공(奉公)의 자세에 대한 질책은 물론 관청기구의 운영, 인사관리제도의 문란, 인재선발 방식인 과거제도 운영상의 문제점 등 당대 관료제 전반에 대한 집중적인 비판을 제기하였다. 이희는 국가경영의 근간인 인사(人事)의 중요성을 관직제도의 문란함을 통해 고발함으로써 임란을 초래한 가장 중요한 원인을 여기서 찾고자 했던 것이다.

그의 단편들에서 현실제도에 대한 이러한 비판의식은 자신이 살던 당대 사회에 대비된 조종조(祖宗朝)의 시대로 수렴됨으로써 그의 시대와 대비된 합리적인 제도의 운용이 이루어졌던 조종조의 국가 원칙과 기준이 다시 회복되길 바라고 있었다.

이희는 혼란한 사회 현실 속에 한사람의 선비[士]이자 동시에 관인(官人)으로서 자신만의 이념과 규범을 굳건히 지켜가며 여기에 충실한 삶을 몸소 실천해 간 인물이이다. 그는 이상적인 인간상으로 사군자(士君子)를 추구하며 사군자가 지녀야할 가장 우선시되는 덕목으로 '청렴'과 '명분과 절개[名節]'를 강조한 사군자론을 설파하였다.

조선시대 선비[士]는 개인[私人]의 수기(修己)가 필요했고, 관인[公人]이 되어서는 이상적인 정치의 시행을 위한 관인의 도리(道理)를 충실히 하는 봉공(奉公)의 자세가 필요했다. 이때 개인과 관인으로서 행해야 할 공·사(公·私)의 규범 속 청렴의 마음가짐에 기초한 청백리는 공인(公人)의 규범에 맞게 행위한 선비에게서 나타난 결과였다. 이희는 이처럼 '청렴'을 개인적 차원에 머무는 선비의 의례적인 가치와 미덕으로만 여겼던 것이 아니라, 청백리에 녹선됨으로써 공·사(公·私)의 규범으로써 실천했던 인물이 되었던 것이다.

이를 통해 이희는 자신이 추구한 이념과 규범상의 덕목이 개인[私人]의 차원에 한정되는 것이 아닌 국가의 사회·정치 속에 관인[公人]의 이념과 규범으로 자리 잡아 사회는 개개인의 청렴이 철저히 준수되고 정치적으로 명분과 절개[의리]가 있는 인간들이 살아가는 사회를 기대하고 있었던 것이다.

한편,『송와잡설』의 많은 단편들 가운데는 고려(高麗)에 대한 인식의 문제, 불사이군(不事二君)의 모습을 보여준 이색과 원천석의 사례, 단종의 죽음에 대한 안타까움, 사육신과 관계된 인물의 행적 등을 강조한 내용들이 발견된다. 이러한 기록들을 하나로 묶는 주제 의식은 바로 '지조와 절의' 정신이다. 사군자론에서 명분과 절개[名節]를 중요한 덕목으로 삼았던 그에게 있어 불사이군의 '지조와 절의' 정신은 바로 그러한 덕목을 완성시켜 주는 이념이 되었던 것이다. 그런데 이희는 군신(君臣) 사이에 충절(忠節)로 표현되는 불사이군의 지조와 절의 정신 못지않게 부자(父子)관계에서 효행(孝行)을 강조한 다수의 사례를 싣고 있다. 개개인이 실천한 효행은 횡적으로 형제간의 우애로 종적으로는 조상을 받드는 원리가 되었고, 이것은 외연을 넓혀 군주에 대한 '충'의식으로 확장되는 것이었다. 효행은 개인적 차원의 행위에 머무는 것이 아니라 궁극적으로 군신 사이의 관계로 발전하는 규범의 출발이 되었다. 그가 효행을 언급한 예시를 다수 싣고 있는 의미는 여기에 있다.

이러한 측면을 강조해보면, 그의 사군자론은 효의 실천에서 시작되어 개개인의 청렴, 정치적인 명분과 의리, 여기에 더하여 불사이군의 지조와 절의 정신을 통해 완벽한 이상적 인간상으로써 완성될 수 있었던 것이다. 이희는 현실제도의 비판에서 인사(人事)의 중요성을 무엇보다 강조하였다. 따라서 그가 추구한 이러한 이상적 인간상은 당대의 혼란한 현실을 타개하기 위해 제시한 하나의 또 다른 측면의 대안이기도 했다.

본고는『송와잡설』·『간옹우묵』에 실린 여러 단편기록에서 그의 사상을 현실인식과 이상적 인간상을 추구하는 데서 강조된 사군자론이라는 주제를 통해 살펴보고자 했다. 그러나 자료상의 한계로 초보적인 연구에 머물러 있다. 추후 그의 사상을 조금 더 면밀히 살필 수 있는 자료가 발굴된다면, 이를 통해 그의 사유의 측면이 좀 더 명확하게 설명될 수 있을 것으로 기대된다. 이는 차후의 과제로 남겨두기로 한다.

『연려실기술』을 통해 본 『송와잡설』의 특성

이 철 희

Ⅰ. 머리말

송와(松窩) 이희(李墍)의 필기는 아직 본격적인 연구가 진행되지 않은 상태이다. 필기잡록의 집대성으로 불리는 『대동야승』에 『송와잡설(松窩雜說)』이 수록되어 일찍부터 번역 간행되었고, 근래에는 『간옹우묵(艮翁疣墨)』이 번역되었으나 아직 학계의 뚜렷한 조명을 받지 못하고 있다.[1] 다만 송와 이희에 대한 연구가 진행되면서 그의 정치활동과 더불어 유일한 유작으로 남아 있는 필기 또한 주목을 받기 시작하였다.[2]

그러나 이희의 필기잡록은 『대동야승』뿐만 아니라 19세기 초 김려(金鑢, 1766~1822)에 의하여 편찬된 야사총서 『한고관외사(寒皐觀外史)』에도 수록되어 그 자료적 가치를 인정받았다. 김려는 다음과 같이 이희의 『송와잡설』을 소개하고 있다.

송와 이장정공(李莊貞公)은 입조하여 홍문관 전한(典翰), 이조판서 등을 역임하였으며, 기로소(耆老所)에 들어갔고 청백리에 인선된, 선조(宣祖)대의

---

1) 이희 저, 신익철 외 역, 2010, 『간옹우묵』, 한국학중앙연구원 출판부.
2) 정두영 외, 2013, 『송와 이희 연구』 원주학술총서 제16권, 원주시.

명신이었다. 사류(士類)가 분당되던 시기에 처하여 명목은 동인(東人)이었으나 선배들은 그의 뜻과 생각이 곧고 밝으며 의론이 관대하고 공평하다고 칭찬하였다. 지금 그가 지은 잡설을 읽어보니 모두 좋았다. 간혹 결점이 있어 마치 금과 철이 섞여 있는 듯하고, 교룡과 미꾸라지가 섞여 서려있는 것과 같다. 그러나 이것은 문장이 부족한 것이요, 언론이 잘못된 것이 아니라 해도 될 것이다.[3]

김려는 『송와잡설』을 읽고 모두 좋다는 매우 긍정적 평가를 내린다. 그러한 평가를 내리게 된 근거를 살펴보면 먼저 이희에 대해 호의적임을 알 수 있다. 이희는 분명 동인으로서 당색을 지니고 있었음에도 당파적 편견에 사로잡히지 않았음을 선대의 증언을 통하여 인정하고 있다. 또한 김려는 『송와잡설』에 결점이 있음을 분명히 지적하고 있다. 금과 철이 섞여 있고, 교룡과 미꾸라지가 섞여 있다는 표현에서 결점이 가볍지 않은 것임을 분명하게 드러내고 있다. 좀더 구체적인 고찰이 있어야겠지만 서인 형성에 핵심적 역할을 한 율곡 이이를 비판한 내용을 지적한 것이 아닐까 여겨진다. 서인에서 분파된 노론에 속해 있던 김려의 입장에서 율곡을 비판한 내용을 지적하지 않을 수 없었던 것으로 보인다. 그럼에도 『송와잡설』의 결점이 문장 때문에 그런 것이지 언론이 잘못된 것이 아니라고 옹호하고 있다. 즉 표현이 잘못되었을 뿐 논지 자체가 편파적이라고 본 것은 아니다. 김려가 일방적으로 칭송만 하지 않고 그 결점을 아울러 지적하고 있다는 점은 김려가 『송와잡설』에 대하여 나름대로 객관적 관점을 지니고 있었다는 점을 보여주어 그의 평가에 신뢰감을 준다.

김려는 위에 인용한 글에 앞서 "역사란 천하의 공언이다"고 주장하며, 당론이 생긴 뒤로부터 역사에 공정한 의론이 없어졌으며 시대가 내려올수록

---

3) 金鑢, 『藫庭遺藁』卷11, 「題松窩雜記卷後」, "松窩李莊貞公登朝, 歷翰玉典史書, 入耆社選淸白, 穆陵名臣也. 身値士類分黨之始, 名以東人者, 而先輩以志慮貞亮, 論議寬平稱之. 今讀其所著雜說儘好, 雖間有疵纇, 如金鐵混淆蛟鰌蟠糅. 然此文章之不足處耳, 非言論之病也, 亦可也."

역사를 쓰는 것이 더욱 어렵다고 하였다. 그로 인하여 역사를 읽는 사람 또한 공정한 기준을 지니고 읽어야만 시시비비를 밝게 볼 수 있다고 주장하였다.[4] 김려가 이렇게 말한 것은 16세기에 이르면 이른바 사림정치로 이행되며 동서분당 등 사림의 분열이 본격화되었고 양반지배층은 당파에 소속될 수밖에 없었으며, 이러한 상황에서는 독자는 자신의 가치판단에 의하여 읽을 수밖에 없다는 인식이 깔려있기 때문이다. 그렇기 때문에『송와잡설』또한 결점이 있을 수밖에 없다는 것이다. 그러나 이러한 상황을 잘 이해하고 읽는다면 역사적 사료로서 높은 가치를 지니고 있다고 인정한 것이다. 이상의 논의로 본다면 이희의『송와잡설』과『간옹우묵』은 16세기 분당시기 정치관료의 수준 높은 필기잡록으로, 매우 가치가 있음을 시사한다.

『송와잡설』의 가치를 주목한 선행연구에서는 먼저『송와잡설』,『간옹우묵』및『간촌송와문견잡설(艮村松窩聞見雜說)』등의 이본 관계를 살펴서 문헌적 문제를 어느 정도 파악하였다. 그리고 내용의 전반적인 성격에 대해서는 1) 설화와 야담, 2) 야사, 3) 시화(詩話), 4) 변증·고증 등 4가지로 구분하여 고찰하였다. 이로써 이희의 필기잡록은 야사, 야담, 시화 등 다양한 내용을 포함하는 당시 필기의 일반적 성격을 그대로 보여주고 있음을 확인할 수 있다. 그리고 작품의 주제에 대해서는 다음 3가지를 제시하였다. 1) 절의를 강조하며 사육신을 추모하는 등 충의를 강조하는 춘추필법을 구사하였다. 2) 가정(稼亭) 이곡(李穀), 목은(牧隱) 이색(李穡) 등 선조를 선양하여 문벌의 자부심을 드러내었다. 3) 동이족으로서 자부심을 표현하는 등 문명국의 자존감을 드러내었다. 선행연구에서는 일단 핵심적 사항으로 3가지만을 거론했지만, 사실상 다양한 종류의 이야기를 수록하고 있는 만큼 관점에 따라서는 더 많은 주제가 추출되어 조명을 받을 수 있을 것으로 보인다. 선행연구는

---

4) 김려, 앞의 글, "史者, 天下之公言也. 自有黨論以來, 史無公言, 何則. 操觚者, 自以爲秉心至公, 如衡之平, 如鏡之明, 猶不免乎東自東而西自西. 況其不及此而初無是心者乎. 故世愈下而作史愈難, 讀史者必虛心平氣, 先立乎規度, 然後讀人之史, 方可得是是非非瞭然心目, 則讀者尤豈不難於作者乎."

필기문학의 전통 속에서 타 작품과 대비되는 특성에 대하여『송와잡설』의 사료적 가치를 주목하였다. 이희의 필기잡록은 기록의 정확성을 추구하였으며, 그로 인하여 "단순한 설화잡록의 성격을 떠나 엄정한 사관을 가지고 기록한 역사물이다."라고 평가하였다.[5]

한편 이희의 정치활동과 사회인식을 규명하는 과정에서도 이희의 저작의식이 유가 이념의 실천으로 이해되기도 하여, "필기류를 통해 전란의 사회상과 정국 운영의 난맥상을 지적하고 주자학의 인성론에 기초한 사회의 회복을 기대하였다."라고 하였다.[6]

이상의 논의로 본다면 이희의 필기잡록은 당시 필기문학사의 전개과정에서 어떤 특징적 경향을 보여주는 것으로 나타난다. 시화나 변증 등 잡다한 내용을 포함하고 있지만, 김려가 지적한 것처럼 분명한 사료적 가치를 지니고 있고, 더 나아가 강고한 유교이념을 관철시키고 있는 것으로 파악되기 때문이다.

고려후기 사대부 계급의 출현과 더불어 나타난 필기문학은 '잡록', '찰기', '일록', '필담', '수필', '만록' 등 다양하게 칭해지며, 형식이나 체제 또한 일정치 않아 매우 복잡한 형태로 전개되어 왔다. 조선전기 서거정(徐居正)의『필원잡기(筆苑雜記)』, 성현(成俔)의『용재총화(慵齋叢話)』에서 갖추어진 필기문학의 다양한 면모는 17세기 유몽인(柳夢寅)의『어우야담(於于野談)』, 장유(張維)의『계곡만필(谿谷漫筆)』을 거쳐 18, 19세기에 이르면 민간의 견문이 점차 강화되며 야담은 한문단편으로 발전하여 나갔고, 또 한편으로는 시화(詩話), 서화고동(書畵古董) 등 학술논변으로 발전하여 나가기도 하였다. 이러한 전개과정에서 16세기 필기문학의 특성은 어떻게 포착할 것인가란 문제가 제기된다.

---

5) 김영봉, 2013, 「송와잡설의 필기문학상 위상에 대하여」,『송와이희연구』원주학술총서 제16권, 원주시, 79~112쪽.

6) 오영교, 2013, 「송와 이희의 정치활동과 사회인식」,『한국사상사학』45, 한국사상사학회, 232쪽.

16세기에 이르면 종래의 상대적으로 안정되었던 이조사회가 점차 내부 모순의 누적으로 동요, 변화의 조짐을 각 부분에서 노출시키기 시작하고, 유교의 번성은 사림의 청의를 과열시켜 마침내 양반지배층의 격정적 분열대립을 가져오게 된다.[7] 이 과정에서 동서분당이 이루어지고, 기축옥사, 임진왜란 등 정치적 격변이 요동치고 있었다. 이희는 동인에 속한 정치관료로서 이 시기에 활동하였고, 그의 필기작품에는 역사, 정치, 사회 등과 관련된 많은 인물과 사건을 다루고 있다. 정치관료의 필기문학이 16세기 역사현실을 겪으면 어떠한 경향을 보여주는지는 이희의 작품을 통하여 확인할 수 있게 된다.

이 글은 이희의 필기문학이 지닌 특성을 파악하기 위하여 동일한 대상이나 주제를 다룬 타 필기작품과 대비하여 살펴보고자 한다. 수많은 작품 가운데 비교대상을 어떤 객관적 기준으로 찾는 것은 쉽지 않다. 이를 위하여 18세기에 기존 야사를 집대성한 이긍익(李肯翊, 1736~1806)의『연려실기술(練藜室記述)』을 하나의 연구 대상으로 활용하고자 한다.『연려실기술』은『송와잡설』을 비롯하여 약 500종에 이르는 필기잡록이 인용 수록되어 있으며, 역사적 주요 사건 별로 항목을 세워 그 전말을 기록한 '기사본말체(紀事本末體)'의 체제를 갖추고 있어 여러 편의 기사를 하나의 주제아래 대비해 볼 수 있기 때문이다. 기존연구에 따르면 이희의『송와잡설』은『연려실기술』에는 총 35회 인용되고 있는데, 함께 인용된 기사들을 상호 대비, 분석하면 이희의 필기문학이 지닌 특성을 파악할 수 있을 것으로 보인다. 이와 같은 작업을 통하여 선행연구에서 제시한 대체적 윤곽에서 보다 구체적이고 세밀한 특성을 파악하고, 필기문학사의 전개과정에서 16세기 정치관료에 의해 편찬된 필기문학의 특성 또한 파악해보고자 한다.

---

7) 이우성, 「학봉전집」,『한국고전의 발견』, 한길사, 181쪽.

II. 『연려실기술』의 『송와잡설』 인용 상황

『연려실기술』은 이긍익이 기존의 야사류의 문헌을 집대성하여 기사본말체로 편찬한 역사서로서 가장 체계적으로 기술되었다는 평가를 받고 있다. 이긍익은 명필로 유명한 이광사(李匡師)의 아들로, 부친과 조부 이진검(李眞儉)은 모두 소론으로, 소론이 반대하던 영조가 즉위하자 대대적 탄압을 받아 조부는 1725년에, 부친은 1755년에 유배를 당해 모두 유배지에서 죽음을 맞이한 폐족이었다. 이긍익이 아예 과거를 단념하고 역사편찬에 전념하여 이룬 저술이 바로 『연려실기술』이다.

『연려실기술』은 원집 33권, 별집 19권, 속집 7권으로 되어있는데, 속집은 이긍익이 집필한 것이 아니라 후대에 보완한 것으로 추정하고 있다. 원집 33권은 조선 태조조로부터 18대 헌종조에 이르는 280년간의 역사가 「태조조고사본말(太祖朝故事本末)」,「정종조고사본말(定宗朝故事本末)」,「태종조고사본말(太宗朝故事本末)」 등 왕조별, 사건별로 수록되어 있고, 각 조의 말미에 상신(相臣), 문형(文衡), 명신(名臣) 등의 전기가 부기되어 있다. 그리고 별집 19권에는 정치, 사회 및 문물제도와 풍속 등에 대한 기사가 국조전고(國祖典故), 사전전고(祀典典故), 사대전고(事大典故), 관직전고(官職典故), 정교전고(政教典故) 등 10개의 주제별로 분류하여 수록하였다.8) 속집은 숙종 47년간의 사건과 인물을 원집의 형식으로 수록하고 있는데 원집과 달리 인용서목을 기재하지 않고 있다.

이긍익은 「의례(儀例)」에서 편찬 과정과 태도에 대하여 밝히고 있는데, "널리 여러 야사를 채택하여 모아 완성하였는데, 대략 기사본말체를 모방하였다."라고 하면서 편찬방식에 대하여 다음과 같이 말하였다.

---

8) 황원구, 1976, 「실학파의 사학이론」, 강만길, 이우성 편, 『한국인의 역사인식(하)』, 창비, 388쪽 참조.

각 조마다 인용한 책이름을 밝혔으며, 말을 깎아 줄인 것은 비록 많았으나 감히 내 의견을 붙여 논평하지는 않아 삼가 "전술(傳述)하기만 하고, 창작하지 않는다.[述而不作]"는 공자의 뜻을 따랐다. 동서 당파가 나눠진 뒤로 이편저편의 기록에 헐뜯고 칭찬한 것이 서로 반대로 되어 있는데, 편찬하는 이들이 한 편에만 치우친 것이 많았다. 나는 모두 사실 그대로 수록하여, 뒤에 독자들이 각기 옳고 그른 것을 판단하는 것에 맡긴다.9)

『연려실기술』은 500여 종의 문헌에서 내용을 절취, 인용하여 하나의 기사로 편집하였는데, 그 스스로 '술이부작(述而不作)'의 편찬태도를 유지하였다고 밝혔듯이 대부분 출전을 밝힌 글을 인용하면서 간혹 문맥을 줄이거나 앞뒤 연결을 위해 문장을 수정하는 정도에 그치고 있다. 이긍익이 '술이부작'의 원칙을 지키기 위해 철저하게 인용방식을 고수한 것은 그 자신이 당쟁의 피해자로서 누구보다도 당쟁으로 인한 역사의 왜곡과 분쟁을 잘 알고 있기 때문이라 할 수 있다.

선행연구에 따르면 『연려실기술』은 총 524종의 문헌에서 8,416회를 인용하고 있는데, 인용수를 분석한 결과 『춘파명록(春坡明錄)』이 424회로 가장 많고, 50회 이상 인용한 문헌은 38종이다. 이희의 『송와잡설』은 총 35회 인용하여 전체에서 53번째 순위에 해당한다.10) 『송와잡설』보다 많이 인용된 문헌 중, 국고문헌이라 할 수 있는 『국조보감(國朝寶鑑)』, 『동국문헌비고(東國文獻備考)』, 『통문관지(通文館志)』, 『비국등록(備局謄錄)』 등과 개인 문집인 『백사집(白沙集)』, 『사가집(四佳集)』, 『월사집(月沙集)』, 『계곡집(谿谷集)』, 『우암집(尤庵集)』, 『염헌집(恬軒集)』, 『약천집(藥泉集)』 등을 제외하면 필기잡록류 중에서 『송와잡설』이 차지하는 비중은 상대적으로 높은 편이라 할 수 있다.

『연려실기술』이 『송와잡설』을 인용한 곳을 확인해보면 다음과 같다.

---

9) 이긍익 저, 이병도 외 역, 『練藜室記述』, 「義例」.
10) 신인수, 1999, 「연려실기술의 편찬 자료에 관한 서지적 연구」, 『서지학보』 23집, 한국서지학회, 148쪽 참조.

차례	권차	편 명	기 사 명	비고
1	제1권	太祖朝故事本末	고려에 절개를 지킨 여러 신하	
2	제4권	端宗朝故事本末	육신(六臣)의 상왕 복위 모의(上王復位謀議)	
3	제4권	端宗朝故事本末	금성(金城)의 옥사와 단종의 별세	
4	제4권	端宗朝故事本末	정난(靖難)에 죽은 여러 신하	
5	제5권	世祖朝故事本末	세조(世祖)	2회 인용
6	제5권	世祖朝故事本末	세조조의 상신(相臣)	
7	제5권	世祖朝故事本末	세조조의 명신(名臣)	
8	제6권	成宗朝故事本末	성종	
9	제6권	成宗朝故事本末	윤씨(尹氏)의 폐사(廢死)	
10	제6권	燕山朝故事本末	갑자화적(甲子禍籍)	
11	제8권	中宗朝故事本末	현량과(賢良科)의 파과(罷科)와 복과(復科)	
12	제8권	中宗朝故事本末	기묘당적(己卯黨籍)	
13	제9권	中宗朝故事本末	중종조의 상신(相臣)	
14	제17권	宣朝朝故事本末	난중(亂中)의 시사(時事) 총록(摠錄)	
15	제18권	宣祖朝故事本末	선조조의 상신(相臣)	
16	별집 권6	官職典故	의정부(議政府)	
17	별집 권6	官職典故	사헌부(司憲府)	
18	별집 권7	官職典故	동궁(東宮)의 요속(僚屬)	
19	별집 권8	官職典故	감사(監司)	
20	별집 권8	官職典故	수재(守宰)	
21	별집 권9	官職典故	과거 I	
22	별집 권9	官職典故	과거 II	
23	별집 권10	官職典故	과거 IV. 무거(武擧)	3회 인용
24	별집 권10	官職典故	환관(宦官)	
25	별집 권10	官職典故	서리(胥吏)와 하인[徒隷]	
26	별집 권12	政敎典故	혼례(婚禮)	
27	별집 권13	政敎典故	금령(禁令)	
28	별집 권13	政敎典故	관복(冠服)	
29	별집 권13	政敎典故	제택(第宅)	2회 인용
30	별집 권13	政敎典故	노비(奴婢)	
31	별집 권14	文藝典故	야사류(野史類)	

　　전체적으로 보자면 원집에서는 16회를 인용하고 있고, 별집에서는 19회를 인용하고 있다. 원집이 정치와 관련된 인물을 중심으로 다루고 있다면 별집은 문물제도를 다루고 있는데 모두 고르게 인용되고 있음을 볼 수 있다.

　　먼저 원집에 인용된 기사의 중심 소재를 살펴보면 다음과 같다.

① 이색(李穡) ② 단종(端宗) ③ 단종 ④ 하위지(河緯地) ⑤ 세조의 무과시행
⑥ 신숙주(申叔舟) ⑦ 양성지(梁誠之) ⑧ 성종(成宗) ⑨ 이세좌(李世佐)
⑩ 정붕(鄭鵬) ⑪ 정광필(鄭光弼) ⑫ 이자(李耔) ⑬ 정광필 ⑭ 임진왜란
예언 ⑮ 노수신(盧守愼)

원집에서는 인용된 15곳 중 ⑤와 ⑭ 2곳을 제외하고 모두 인물을 다루고
있음을 볼 수 있다. 조대별로 살펴보면, 고려시대에는 이희의 선조인 이색,
조선전기에는 하위지, 신숙주, 양성지 등 단종과 세조조 인물, 이어서 이세좌,
정붕, 정광필, 이자, 등 성종, 연산군, 중종시대에 활동한 인물과, 선조대의
노수신 등이 인용되어 있다.

원집은 역사사건에 각 조대의 인물을 부기하고 있지만, 사실상 기사의
중심은 인물에 놓여있다. 『연려실기술』의 「의례」 중 맨 첫 조항에서는 '기사본
말체'의 체제를 선택한 이유를 설명하고, 두 번째 조항에서는 앞서 인용한
바와 같이 '술이부작'의 편찬태도에 대해 설명하고, 이어 세 번째 조항에서는
원집에 대해, 네 번째 조항에서는 별집에 대해 설명하고 있다. 원집에 대해
설명한 조항은 다음과 같다.

> 잠곡(潛谷) 김육(金堉)이 『명신록(名臣錄)』을 편찬하면서 지천(遲川 : 崔鳴
> 吉)을 싣지 않고 계곡(谿谷 : 張維)을 실었더니, 용주(龍洲) 조경(趙絅)이 편지
> 로 그 부당함을 책하였다. 직접 귀로 듣고 눈으로 본 같은 시대의 사실인데도
> 듣고 본 것이 서로 달라 넣고 빼기가 어렵거든, 하물며 오랜 세대가 흐른
> 뒤에 전해 들어서 그릇되기 쉬운 것임에랴. 나는 이 책에 열성조의 말단에
> 각기 그 시대 명신의 사적을 약간 붙여 기록하되, 상신(相臣)과 문형(文衡)은
> 현우(賢愚)를 불문하고 모두 차례대로 기록하였고, 유현(儒賢)과 명신(名臣)
> 도 기록에서 보고 들은 대로 기재해 넣어, 감히 사견으로 어떤 이는 올리고
> 어떤 이는 깎아 버리지 않았다. 이는 널리 수집하여 후세에 완전한 글을
> 서술할 분에게 고징(考徵)의 자료를 제공하려는 것이다. 다만 듣고 본 것이
> 넓지 못하여 많이 빠뜨린 것이 한스러우니, 독자는 용서할지어다.[11]

원집에 대한 설명은 전적으로 인물 선정의 공평성에 대한 이야기로 일관하고 있다. 원집에서 다루고 있는 시대별 역사사건이 인물중심으로 서술되고 있음을 시사한다. 따라서 원집은 인용한 문헌들이 각각 어떠한 방식으로 인물을 이야기하고 있는지를 대비하여 살펴보는 것이 관건이 된다.『연려실기술』이 기술하고 있는 인물에서 이희의『송와잡설』이 기여하는 역할을 주목한다면 인물기술에 있어서『송와잡설』의 특성을 파악할 수 있을 것이다.

다음 별집은 관청과 관직으로부터 과거제도, 그리고 혼례, 금령, 관복, 제택, 노비 등 사회풍습의 다양한 부분을 다루고 있음을 확인할 수 있다. 기존연구에서는 설화와 야사의 성격이 주종을 이루고 있다고 하였다.[12] 분량 면에서는 그렇게 볼 수 있지만『연려실기술』의 별집에 인용된 곳이 19곳이나 된다는 점에서 사회나 문물제도에 관한 기사가 차지하는 비중 또한 적지 않다고 볼 수 있다. 이희가 문물제도를 기술하는 방식을 여타 필기문학과 대비한다면 여기에서도『송와잡설』의 특징을 살펴볼 수 있을 것이다.

Ⅲ.『연려실기술』의 인용서 대비를 통해 살펴본 『송와잡설』의 특성

1. 인물에 대한 풍자적 비평

필기문학은 기본적으로 문인학자들의 서재에서 형성된 것으로 주로 양반 사대부층의 생활의식을 내용으로 담고 있다. '잡록(雜錄)', '찰기(札記)', '일록(日錄)', '필담(筆談)', '수록(隨錄)', '만록(漫錄)' 등 다양한 명칭으로 불리듯, 일괄된 형식체제를 지니고 있지 않다. 각자의 다양한 직간접적 경험을 기술하

---

11) 이긍익 저, 이병도 외 역,『練藜室記述』,「義例」.

12) 김영봉, 앞의 논문.

였지만 저마다 치중하는 바가 상이하여 편차가 있는 것이다. 경(經)과 사(史)가 공적인 관점의 영역이라면, 필기는 사적인 관점의 영역을 다루고 있다고 볼 수 있다. 양반 사대부층이 정치, 경제, 사회, 문화, 예술 등을 비롯하여 각종 세상이 돌아가는 현실을 파악하기 위한, 정보에 대한 흥미와 수요가 필기문학 형성의 원동력이라 할 수 있다. 이러한 정보 중 큰 비중을 차지하는 것은 시대환경에 따라 변화가 있겠지만, 대부분의 이야기가 인물을 중심으로 이루어진다는 점에서 인물론이라 할 수 있다. 사화와 당쟁 등 역사적 사건을 이야기하든, 당대에 새로운 사업으로 출현한 거부를 이야기하든, 인물을 중심으로 이야기하는 것이 당시 담론의 형태라 할 수 있다. 이러한 정황은 서거정의 『필원잡기』 서문에서 볼 수 있다. 다음은 표연말(表沿沫)이 쓴 서문이다.

그 저술한 것이 모두 우리나라의 일을 찾아 모아서 위로는 조종(祖宗)의 신묘한 생각과 밝은 지혜로 창업하신 대덕(大德)을 찬술하였고, 아래로는 공경(公卿)과 어진 대부(大夫)들의 도덕·언행·문장·정사 등 모범이 될 만한 일도 수록하였으며, 국가의 전고(典故)와 촌락의 풍속에 이르기까지 세상 교화에 관계가 있는 것으로서 국사에 실려 있지 않은 것을 갖추어 기록해서 빠짐이 없었다.[13]

표연말은 『필원잡기』의 내용을 3가지로 나누어 설명하고 있다. 첫째는 역대 제왕의 인물론이고, 둘째는 공경대부, 즉 양반 사대부층의 인물론이며, 셋째는 나라의 문물제도와 풍속이다. 앞서 살펴본 『연려실기술』의 체제와 대비하여 본다면, 첫째와 둘째는 원집에 해당하고, 셋째는 별집에 해당한다고 하겠다. 또 뒤에서는 『필원잡기』의 성격에 대하여 "필담(筆談)은 산림(山林)에서 견문한 것을 말한 것이요, 언행록(言行錄)은 명신(名臣)의 실적(實跡)을

---

13) 表沿沫, 「筆苑雜記序」(徐居正, 『筆苑雜記』), "其所著述, 皆博採吾東之事, 上述祖宗神思睿智創垂之大德, 下及公卿賢大夫道德言行文章政事之可爲模範者, 以至國家之典故閭巷風俗, 有關於世敎者. 國乘所不載者, 備錄無遺."

기록한 것인데, 『필원잡기』는 이 둘을 겸한 것이다."[14]라고 하여 재야에서의 견문을 수록하였을 뿐만 아니라 『언행록』의 성격 또한 지니고 있음을 말하였다. 이와 같은 『필원잡기』의 서문은 필기문학의 중심이 인물론에 있음을 시사한다. 그리고 인물론은 명신(名臣)이나 후세에 모범이 될 만한 인물이 주류를 이루고 있다. 대개 '세교(世教)'라고 칭해지는 문학의 공리적 효용론을 명분으로 삼고 있기 때문이다. 『필원잡기』를 일별해 보면 부정적 인물에 대한 기술은 보이지 않는다. 그러나 '세교'란 인물의 선악과 시비를 분별하는 것 또한 포함되기에 부정적 인물 또한 필기에 등장하게 된다. 비록 주류는 아닐지라도 작가의 비판정신을 엿볼 수 있는 이야기도 수록된다.

『송와잡설』에는 이희의 비판정신을 보여주는 작품이 여러 편 존재하는데, 이것이 『연려실기술』의 기사에서 어떠한 역할을 하는지 살펴보고자 한다. 첫 번째 살펴볼 인물은 세조조에 활동한 양성지이다. 『연려실기술』 「세조조명신」 양성지 조는 『괴애집(乖崖集)』, 『남원군정안(南原君政案)』, 『정안(政案)』, 『사가집(四佳集)』, 『필원잡기(筆苑雜記)』, 『송와잡기』 등 총 6종의 문헌에서 기사를 절록하였다. 기사 내용을 요약 정리하면 다음과 같다.

○ 행성(行城)의 혁파, 종친을 견제하기 위한 외척의 등용, 변방방비 등에 대해 조언하자, 세조가 "양성지가 국가 일을 걱정함이 변계량(卞季良)과 같구나."라고 하였다.(『乖崖集』, 『南原君政案』)
○ 계유정난 뒤 지도 제작의 임무를 받아 수양대군의 집에 자주 출입하니 유성원 등이 백방으로 모함하였다.(上同)
○ 병자년 5월 공신의 집에서 잔치하지 말라고 간언하여 마침내 명나라 사신 환영 잔치에서 박팽년의 모의가 실패하였다.(『政案』, 『四佳集』)
○ 임금의 명을 받고 여연(閭延)·무창(茂昌)·우예(虞芮) 등 세 폐읍(廢邑)을 순시하고 돌아와서 지도와 지리지를 수정하고, 도내의 개혁안 8조를 올렸다.(上同)
○ 집현전 근무 시 시사(時事)를 논하는 상소를 자주 올려 주위로부터 핀잔을

---

14) 앞의 글, "蓋筆談談林下之聞見, 言行錄錄名臣之實跡, 而是篇殆兼之."

듣자 주자(朱子)의 예를 들어 오히려 부족함을 역설하다.(『筆苑雜記』)

○ 양성지의 두 아들이 양지현감, 횡성현감으로 나가 6년간 부모의 묘지를 보살폈다.(『政案』, 『四佳集』)

○ 세조가 일찍이 거둥할 때 양성지는 나의 제갈량(諸葛亮)이라고 하였다.(上同)

○ 양성지는 인물이 온화·순후하고 글 읽기를 놓아하여 두루 보고 잘 기억하였다. 또 책략에 있어서 자나 깨나 늘 국가에 도움이 될 수 있는 일을 생각하였다. 그러나 은퇴 후에는 시골 늙은이와 같았다.(上同)

○ 서거정(徐居正)의 「화상찬(畵像讚)」 인용.(上同)

○ 공이 지은 주의(奏議) 10권, 문집 6권이 있고 또, 어명을 받아서 엮은 『행동성씨록(海東姓氏錄)』·『동국도경(東國圖經)』·『농잠서(農蠶書)』·『목축서(牧畜書)』·『유선서(諭善書)』·『팔도지리지(八道地理誌)』·『연변방수도(沿邊防戍圖)』·『황극치평도(皇極治平圖)』·『팔도지도(八道地圖)』·『양계방수도(兩界防戍圖)』등이 있다.

○ 대사헌으로 오랫동안 근무하며 돈을 좋아한다는 평이 있고 직언하는 절개는 없었다. 왕이 8년간 대간으로 있으면서 귀에 거슬리는 말을 하지 않으니 갸륵하게 여긴다고 말한 것은 그를 풍자한 것이다.(『松窩雜記』)

양성지는 오늘날에도 '조선 수성기 제갈량'이라 칭해질 정도로, 조선전기 국가의 기틀을 구축하고 제도를 정비하는 데 크게 공헌한 것으로 평가를 받고 있다.[15] 특히 사후 300년이 지난 후 조선의 개혁을 추진하던 정조가 학자형 관료로서 그가 추가 추진한 개혁정책을 높이 평가하여 왕명으로 그의 문집 『눌재집(訥齋集)』을 출간한 점은 양성지의 경제실용의 학문과 정책추진이 하나의 모범적 사례로 받아들여졌음을 뜻한다. 세종으로부터 성종에 이르기까지 6대 동안 양성지의 정책과 국고문헌 편찬사업은 정치, 경제, 병학, 지리, 역사, 문학 등 전 분야에 걸쳐 제안되었고 많은 부분이 시행되었다. 『연려실기술』의 내용 또한 다양한 정책추진에 대혜 기술하고 있시는 않지만 대체적으로 양성지의 업적이 드러나도록 편집되어 있다.

---

15) 한영우, 2008, 『조선 수성기 제갈량 양성지』, 지식산업사.

그러나 마지막에 인용한 『송와잡설』은 유일하게 양성지에 대해 부정적으로 기술하고 있다. 내용의 전체를 제시하면 다음과 같다.

> 양남원(梁南原 : 梁誠之)은 성종대에 오랫동안 풍헌(風憲 : 사헌부)을 맡았는데, 그는 돈을 밝히는 버릇이 있었고 꿋꿋하게 바른 말을 하는 절조가 없었다. 하루는 연석(宴席)에서 성종이 양성지에게 이르기를, "경은 법관(法官)이 된 지 8년이나 되었으나 나를 향해 한 번도 귀에 거슬리는 말을 한 적이 없어, 나는 매우 갸륵하게 여기오." 하였다. 성주(聖主)가 한 마디 말로 풍자하였으니 그를 천하게 여기고 미워하였던 뜻이 깊었다.16)

양성지가 비판받는 이유는 두 가지로 드러나 있다. 첫째는 '동취지벽(銅臭之癖)', 즉 동전의 냄새를 좋아하는 성벽이 있다는 뜻으로 뇌물을 받았다는 것이고, 둘째는 '건악지절(謇諤之節)' 즉 임금에게 직언을 하는 절조가 없었다는 것이다. 『조선왕조실록』을 살펴보면, 성종 8년에 양성지가 대사헌에 임명되자 이를 반대하는 상소가 이어지는데, 그 이유가 뇌물을 받았다는 소문이 당시 파다하게 돌았다는 데 있었다. 양성지를 처음 탄핵한 장령 김제신(金悌臣)의 글은 다음과 같다.

> 양성지는 본래 조행(藻行)이 없고 오로지 재물만을 탐하였으므로 일찍이 이조판서가 되었을 때 그 문전이 저자와 같아서 자못 '보궤불식(簠簋不飾)'의 비난이 있었습니다. 그때 사람들이 '오마판서(五馬判書)'라고 그를 지목하기에 이르렀습니다. 또 '자리 안에 비단이 있다.'라든지, '말발굽에 편자를 더한다.'라는 말이 있었는데, 오마(五馬)라고 이르는 것은, 그가 받는 뇌물의 수가 다섯은 되어야 한다는 것이며, '명석 안에 비단이 있다.[席裏有段]'라는

---

16) 이희, 『송와잡설』, "梁南原在成廟朝. 久掌風憲. 有銅臭之癖. 無謇諤之節. 一日於通宴. 成廟謂誠之曰. 卿爲法官八年. 向予一無拂戾逆耳之言. 予甚多之. 聖主一言規諷而賤惡之意. 深矣." 『연려실기술』에 인용된 『송와잡설』은 『대동야승』에 수록된 『송와잡설』의 한국고전번역원 번역 대본의 원문을 인용하였다. 이긍익이 글의 내용을 고치지 않은 경우도 글자의 출입이 간혹 있어 원본에 가까운 것을 제시하기 위해서이다.

것은 멍석으로 비단을 싸서 받았다는 것이며, '말발굽에 편자를 더한다.[馬蹄加鐵]'라는 것은 쇠붙이를 말발굽에 덧붙여서 말을 뇌물로 주었다는 것입니다. 양성지의 더러운 소문이 이와 같았으니, 그에게 규찰하는 지위를 더하여 여러 사람들에게 어찌 보일 수가 있겠습니까? 양성지의 한 짓을 비록 목격하지는 아니하였지만, 그러나 사람들 입에 퍼진 소문은 이와 같으니, 양성지가 능히 하늘을 우러러보나 땅을 굽어보나 부끄러움이 없이 탐관오리를 탄핵하여 들춰낼 수가 있겠으며, 그가 능히 사람들로 하여금 사헌부의 탄핵을 듣고서 간담이 떨어지게 할 수 있겠습니까? 그 사람이 이와 같으므로 청류(淸流)의 논의가 부끄럽게 여기니, 빨리 파면시켜서 사헌부의 기강을 떨치게 하지 아니할 수가 없습니다.[17]

김제신의 상소에 의하면 양성지가 이조판서에 재직할 당시 악성 소문이 파다하게 퍼지며 여러 가지 말이 생겨났던 것으로 보인다. 비단은 멍석에 숨겨 받고, 말은 말발굽을 달아준 것이라는 핑계로 받아, '오마판서'라는 별명이 생기기까지 하였다는 것이다. 그런데 한 가지 주목할 것은 양성지의 부정이 어떤 증거가 있는 것이 아니라 소문만이 있다는 사실을 김제신 스스로 밝히고 있다는 점이다. 양성지도 이러한 소문이 무고한 것임을 적극 해명하였다. 이 문제는 당시 조정에서 논란을 불러일으켰다. 소문만으로도 대사헌으로는 하자가 있으니 임명을 철회해야 한다는 주장, 아무런 증거도 없이 대신을 탄핵한 김제신을 벌해야 한다는 주장, 비록 김제신이 잘못했으나 소문을 자신이 만들어 낸 것이 아니니 처벌해서는 안 된다는 주장, 두 사람의 주장을 끝까지 조사하여 진실을 밝혀야 한다는 주장 등이 난무하였다. 이 사건은 성종에 의하여 양자 모두 처벌하지 않는 선에서 마무리 되었지만, 4년 뒤

---

17) 『성종실록』권85, 성종 8년 10월 무술, "竊觀誠之本無操行, 惟貨是貪, 嘗爲吏曹判書, 其門如市, 頗有簠簋不飾之誚. 時人至以 '五馬判書' 目之. 且有 '席裏有段', '馬蹄加鐵' 之語, 謂之 '五馬' 者, 其所受끼數者五也, '席裏有段' 者, 以席裏綾段而納之也, '馬蹄加鐵' 者, 以其鐵加馬蹄而賂之也. 誠之醜聲如此, 則豈可加之於糾察之地, 而示衆庶也? 誠之所爲雖不目覩, 然播在人口者如此, 誠之其能俯仰無怍, 而彈擧貪黷乎? 其能使人聞風而膽落乎? 其人如此, 淸論可愧, 不可不亟罷, 以振臺綱."

관리들에게 시험을 치르게 하는 문신정시(文臣庭試)에서 양성지를 장원으로 뽑고 숭정대부로 품계를 높여 하사하자 이에 반발하여 대간에서 또 다시 전의 뇌물 사건을 들추어내어 반대하고 나섰다.[18] 김제신이 상소 말미에서 비록 증거는 없지만 "청류(淸流)의 논의가 부끄럽게 여긴다."라고 하였듯이 사림의 여론이 양성지에 대하여 부정적이었음을 보여준다. 신진사류들에게 집현전 출신으로 단종을 지키지 못하고 세조의 신하가 된 양성지는 절의를 상실한 출세주의자로 인식되었을 것이다.

이희의 양성지에 대한 부정적 인식은 당시 사림의 여론을 반영한 것이라 할 수 있다. 그리고 이희는 양성지에 대한 성종의 말을 인용하여 성종의 본의를 해석한다.

경은 법관(法官)이 된 지 8년이나 되었으나 나를 향해 한 번도 귀에 거슬리는 말을 한 적이 없어, 나는 매우 갸륵하게 여기오.

이 말은 액면 그대로 받아들여도 전혀 어색하지 않다. 세조에게 '나의 제갈량'이라는 총애를 받았던 양성지는 성종에게도 두터운 신임을 얻어 1471년(성종 2)에 좌리공신(佐理功臣) 3등으로 남원군(南原君)에 봉해지고, 1477년(성종 8) 대간들의 탄핵에도 불구하고 대사헌에 임명되었고, 뒤이어 홍문관 대제학에 임명되어 노년까지 중용되었다. 위 발언은 성종과 양성지가 상호 신뢰하는 사이에서 친밀함을 표현한 것이라 할 수 있다. 그러나 이희는 이 발언을 풍자로 보고 성종이 양성지를 천하게 여겨 미워하는 뜻이 담겨 있다는 해석을 인용하였다. 뇌물을 받았다는 소문에 따른 대간들의 지속적인 탄핵에도 양성지를 비호하였던 성종의 자세로 본다면 풍자로 보는 해석은 과도한 것으로 보인다. 그러나 양성지가 돈을 밝히고 직언을 하는 절조가 없었다는 당시 사림의 평판으로 본다면 위 성종의 발언은 달리 해석할 여지가 있다. 양성지가 자신의 몸을 사려 왕에 대한 간언을 회피하였고, 이런 점을

18)『성종실록』권135, 성종 12년 11월 기축.

안 성종은 양성지를 비호하여 계속 사헌부의 직책을 맡겨 자신의 안위를 도모하였으니, 성종으로서는 양성지가 갸륵하게 보이지 않을 수 없었을 것이다. 따라서 성종의 발언에 대한 해석은 성종과 양성지의 밀월관계에 대한 사림의 비판적 여론을 반영한 것이라 할 수 있다.

이러한 의미에서 양성지에 대한 『송와잡설』의 기록은 특별한 의미를 지닌다. 야사를 집대성한 『대동야승』이나 『연려실기술』에서 『송와잡설』을 제외하고는 어디에서도 양성지에 대한 부정적 평판을 기술한 기록이 없기 때문이다. 양성지가 실제로 속물적 근성이 있었다고 이희가 판단했는지는 알 수 없지만, 당시 사림의 여론에 주목하여 기록으로 남김으로써 양성지에 대한 당대의 평판이 보다 실제적으로 남게 된 것이다. 뿐만 아니라 성종시대 왕과 대신간의 내밀한 관계를 비판적 관점에서 보여준다는 점에서 이희의 예리한 비판의식을 보여준다.

다음으로 살펴볼 신숙주는 뛰어난 능력을 바탕으로 조선전기 국가의 기틀을 마련하는데 혁혁한 업적을 세운 인물이다. 그러나 집현전 학사 출신으로 세조를 추종한 변절자로서 '숙주나물'이라는 말이 생겨날 정도로 조롱을 받기도 하였다. 『연려실기술』「세조조상신(世祖朝相臣)」신숙주 조에는 『송와잡설』을 포함하여 4종의 기사가 다소 부정적인 면을 기술하고 있다.

○ 세조가 나라를 얻으니, 신숙주가 공신으로서 노산군(魯山君)의 왕비를 받아서 여종을 삼았다 하는데 이 말은 한강(寒岡) 정구(鄭逑)가 하였다.(『파수편(破睡篇)』)
○ 노산의 왕비 송씨(宋氏)가 관비가 되니 숙주가 공신비(功臣婢)를 삼아서 자기가 받으려 하였다. 그러나 세조가 그의 청을 듣지 아니하고 얼마 후에 정미수(鄭眉壽)의 궁에서 기르라 명하였다.(『월정만필(月汀漫筆)』)
○ 공이 젊었을 때에 성삼문·박팽년(朴彭年) 제공(諸公)과 더불어 명성이 같아서 함께 문종(文宗)의 탁고(託孤)의 유언을 받았다. 세조가 위에 오르매, 벼슬이 상상(上相)에 이르고 나이가 59세로 임종에 임하자 한숨 쉬며 탄식하기를, "인생이 마침내 여기에서 그치고 마는가." 하였으니, 대개

후회하는 마음이 싹터서 그러하였다 한다.(『해동악부(海東樂府)』)

앞의 두 기사는 단종의 왕비 송씨를 자신의 노비로 삼겠다고 요구할 정도로
신숙주가 계유정난에 크게 기여하였음을 증언하고 있다. 세 번째 『해동악부』
의 기사는 마치 신숙주가 죄책감으로 천수를 못 누리고 사망하여 마지막에
참회를 하는 듯 기술하여, 충절의 가치를 강조하고 있다.
　위 이야기와는 달리 이희의 『송와잡설』에는 신숙주의 부인이 주인공으로
등장한다. 다음은 『연려실기술』에 수록되어 있는 기사이다.

　　공의 부인은 영상(領相) 윤자운(尹子雲)의 누이동생이었다. 공이 세종시대
　조정에서 팔학사(八學士)에 참여하여 더욱이 성삼문과 가장 친밀하였다.
　병자의 난에 성삼문 등의 옥사가 일어났는데 그날 밤 공이 집에 돌아오니
　중문이 환히 열려 있고 윤부인은 보이지 않았다. 공이 방을 살펴보니 부인이
　홀로 다락 위에 올라가서 두어 자 되는 베를 가지고 들보 밑에 앉아 있었다.
　그 까닭을 물었더니 대답하기를, "당신이 평일에 성학사 등과 서로 형제와
　다름없이 사이가 좋았습니다. 오늘 성학사 등의 옥사가 있었다 하니 당신도
　반드시 그들과 함께 죽을 것이라고 생각하고 통지가 있기를 기다려서 자결하
　려고 하였습니다. 그런데 뜻밖에 당신이 살아서 돌아오셨습니다." 하니
　공은 몹시 부끄러워하며 몸 둘 바를 몰랐다.(『송와잡기』) ○ 『식소록(識少錄)』
　에는 정난(靖難)하던 날이라 하였다. 그러나 윤부인이 병자년 정월에 죽었고
　사육신의 옥사는 4월에 있었다.[19]

이 이야기가 당시 관료들 사이에 미담으로 전해 내려왔다는 증언에 따르면
신숙주 부인이 보여준 충절에 대한 신념이 감동적으로 인식되었음을 보여준

---

19) 이긍익, 『연려실기술』, "公之夫人領相尹子雲之妹也. 公在英廟朝, 與於八學士之流,
　而尤與成三問最善. 至丙子之難, 三問等獄事發覺, 其日之夕, 公還家. 中門洞開而尹夫
　人不在, 公歷探房廡, 見夫人獨上抹樓, 手持數尺之布, 坐樑下. 問其故, 答曰君於平日,
　與三問輩相厚, 不啻如兄弟, 今聞成三問等獄事發, 意君必與之同死, 待報至, 欲自處.
　不圖君之生還也. 公愧屈, 憮然若無所容.(松窩雜記) 識小錄作靖難之日, 盖申夫人卒於
　丙子正月, 六臣之獄起四月."

다. 그러나 이 이야기는 뒤에서 밝히고 있듯이 꾸며진 것이라 할 수 있다. 『송와잡설』에는 후대에 기입한 것으로 보이는 주석에서 이 부분을 상세하게 밝혀 놓고 있다. "상고하건대, 이 일은 을해년 여름 노산군이 왕위에서 물러나고 세조가 임금의 자리에 오르던 날에 있었던 일로, 관료들 사이에 미담으로 전해 내려왔다. 그러나 이 기록은 잘못 전해 듣고서 쓴 것이다. 부인은 병자년 정월에 죽었고, 육신의 옥사는 그해 4월에 일어났으니, 이러저러한 말이 어찌 있을 수 있겠는가?"[20]라고 하여 그 사실관계를 제시하였다.

그럼에도 불구하고 이 이야기는 정치적으로 의미심장한 뜻을 담고 있다. 이희가 신숙주 부인의 말을 주목한 것은 당시 민의를 매우 의미있게 받아들였기 때문이라 할 수 있다. "그대는 성삼문과 함께 죽어야할 터인데 어찌 혼자 살아 돌아왔느냐"는 부인의 의구심은 신숙주의 변절에 보낸 당시 민의의 야유라 할 수 있기 때문이다. 이희는 그 의미를 예리하게 간파하여 기록함으로써 신숙주를 향한 민심의 여론을 야사기록으로 남기게 된 것이다. 앞서 살펴본 3편의 기사 또한 신숙주의 부정적 측면을 조명하고 있지만 『송와잡설』은 전혀 다른 차원의 기사를 쓰고 있음을 확인할 수 있다. 부인의 발언을 통하여 아주 미묘하게 그의 치부를 드러내어 독자로 하여금 통쾌함마저 느끼게 한다.

다음으로 살펴볼 인물은 사육신 중의 한 사람인 하위지(河緯地)이다. 『연려실기술』「단종조고사본말(端宗朝故事本末)」에 수록되어 있다. 이긍익은 『추강집』, 『무인기문(戊寅記聞)』, 『동각잡기』, 『노산조일기(魯山朝日記)』, 『서애집』, 『여헌집(旅軒集)』 등 문헌으로부터 발췌하여 기술하였는데 맨 마지막에 『송와잡기』를 인용하고 있다. 성삼문, 박팽년이 주도한 단종 복위운동이 실패하여 하위지가 처형당하자, 그의 두 아들 또한 처형을 당하게 되는 이야기이다. 『송와잡설』의 기록은 다음과 같다.

---

20) 이희, 『송와집실』, "按此事, 蓋在於乙亥夏, 魯山遜位光廟受禪之日. 搢紳間相傳以爲美談, 此錄言出於傳聞之未詳耳. 夫人卒於丙子正月, 而六臣之獄起於四月, 安得有云云之說也."

세조 때 병자년 변란(變亂)에 하위지도 처형을 당했다. 그 처자가 선산(善山)에 있었는데, 조정에서 연좌법을 걸어 금부도사를 보내서 처형하게 하였다. 하위지에게는 두 아들이 있었는데, 큰아들 하호(河琥)는 당황하여 어찌할 줄 모르며 땅에 엎드려 말이 없었고, 둘째 아들 하박(河珀)은 나이가 스무 살도 못 되었는데, 조금도 두려워하는 빛이 없고 행동이 평소와 같았다. 그는 도사를 돌아보며, "도망할 리는 없으니, 처형을 조금만 늦추어 주십시오. 부득이 모친과 영결하는 말을 해야겠습니다." 하였다. 도사가 허락하니, 하박이 문으로 들어가서 모친 앞에 꿇어앉아 말하였다.

"죽기는 어렵지 않습니다. 아버님이 이미 죽음을 당했으니, 자식으로서 홀로 살 수는 없습니다. 비록 조정의 명령이 없더라도 자결하는 것이 마땅할 것입니다. 다만 누이동생이 시집갈 나이가 되었습니다. 비록 적몰(籍沒)되어 천한 종이 되더라도 여자의 의리로써는 죽을 때까지 한 지아비만을 섬겨야 할 것이니, 훗날 개나 돼지와 같은 행실은 하지 말게 하십시오."

드디어 두 번 절하고 나와서 조용하게 죽음을 당했다. 사람들이 모두들 하위지는 훌륭한 자식도 두었다 하였다.[21]

위 글에서 둘째 아들이 어머니에게 고하는 말은 액면 그대로의 의미를 넘어 풍자적 의미를 담고 있다. 표면적으로는 여동생으로 하여금 한 지아비만을 섬겨야한다고 하여 "열녀불경이부(烈女不更二夫)"를 이야기하고 있지만, 그 이면에는 "충신불사이군(忠臣不事二君)"의 의미가 내포되어 있기 때문이다. 결국 둘째 아들은 세조와 정난의 공신에 대하여 개와 돼지와 같다고 신랄하게 야유를 보내고 있는 것이다.

이 이야기는 이희의 기록에 의하여 보존되어 전파된 것으로 보인다. 『연려실기술』 이전 사육신의 유고와 부록문자를 수록한 『육선생유고(六先生遺稿)』

---

21) 이희, 『송와잡설』, "光廟丙子之亂, 河緯地見法. 其妻子在一善, 朝廷議以連坐之律, 遣禁府都事處之. 緯地有二子, 長琥, 悓惚失措仆地無言, 次曰珀, 年未弱冠, 略無懼色, 動止自若. 顧謂都事曰, '萬無亡命之理, 願少緩之, 不得已與母有告訣之言矣.' 都事聽之, 珀入門跪告於其母曰, '死不難也, 父旣被殺, 子不可獨生. 雖無朝廷之命, 猶當自決. 但有一妹年將就笄, 雖沒爲賤隷, 婦人之義, 猶當從一而終, 勿爲狗彘之行於他日也.' 遂再拜出從容就死, 人皆謂緯地又有子矣."

에도 이 이야기를 수록하며 출전을 『송와잡설』로 밝히고 있다.

이상의 논의는 이희가 단순한 기록자를 넘어서 비평적 관점에서 기사를 기록하고 있음을 보여준다. 특히 자신이 직접 어떤 논지를 발설하기보다 이야기에 등장하는 인물의 한 마디 발언을 포착하여 그 풍자적 의미가 드러나도록 기록하고 있다. 성종이 양성지에게 "공은 법관이 된 지 8년 동안 나의 귀에 거슬리는 말은 한 적이 없으니 나는 매우 갸륵하게 여기오."라고 한 발언과, 신숙주의 부인 윤씨가 "당신도 반드시 그들과 함께 죽을 것이라고 생각하였지, 살아 돌아올지 생각지도 못하였습니다."라고 한 발언, 하위지의 둘째 아들이 "여자의 의리로써 죽을 때까지 한 지아비만을 섬겨야 할 것이니, 훗날 개나 돼지와 같은 행실은 하지 말게 하십시오."라고 한 발언은 천 마디 말보다도 더 강하게 세조의 왕위찬탈과 그 동조자들을 신랄하게 풍자하고 있다. 『연려실기술』에 수록되어 있는 다른 기사들과 대비하여 살펴보면 이희가 이와 같은 풍자적 내용을 크게 주목하고 부각시키려했음을 확인할 수 있다. 특히 풍자가 사림의 의론과 민의를 반영하고 있다는 점에서 야사로서 역사적 의미가 있는 기사를 이희가 특별히 기록하였음을 의미한다. 이 점은 이희가 야사가 지닌 역사적 가치와 그 영향력을 십분 이해하고 있었음을 보여준다.

2. 인물과 정세에 대한 세부적 기술

앞서 인물에 대한 풍자적 비평에서 이희가 야사의 역사적 가치를 십분 이해하고 있음을 살펴보았다. 이희가 부정적 인물에 대하여 예리한 풍자의 기법을 활용했다면, 그렇지 않은 인물에 대하여 기술할 때는 어떠한 점을 주목하여 조명하고자 하였을까? 사실상 필기에서의 기술은 자신이 직간접으로 경험한 이야기 중 기록할 가치가 있는 것을 선택하는 것으로부터 시작한다. 한 인물에 대해 보고들은 여러 이야기 중 필기의 기록에 적합하고 생각하는 것을 선택하는 것이다. 그러므로 필기의 집필에는 두 가지 인식이 동시에 반영된다. 즉 어떤 이야기를 통하여 대상 인물을 표현할 것인가와 어떤 이야기가 필기의 기록에 적합한 것인가이다. 따라서 각 필기마다 인물을 다루고 있는 방식이 상이한 것은 인물에 대한 인식의 차이뿐만 아니라 필기문학에 대한 인식의 차이도 개입하기 때문이다. 이희가 야사의 특성을 분명하게 인지하고 있었다면, 풍자적 비평 이외에 또 다른 특성은 어떻게 나타날까?

『연려실기술』「연산조고사본말(燕山朝故事本末)」의 갑자화적(甲子禍籍) 조에는 갑자사화에 피해를 입은 인물을 수록해 놓았는데, 이중 정붕(鄭鵬, 1467~1512)에 대한 기사에서『송와잡설』을 인용하고 있다. 정붕은 본관은 해주, 자는 운정(雲程), 호는 신당(新堂)으로 김굉필의 문하에서 수학하여 길재(吉再), 김숙자(金叔滋)의 학통을 이어받은 것으로 평가받고 있는 인물이다. 1492년(성종 23)에 문과에 급제하여 관료로 진출하였으며, 1504년(연산군 10)에 교리로 재직하면서 갑자사회에 연루되어 영덕으로 유배를 당하였다. 중종반정 이후 다시 사헌부 지평 등 여러 차례 관직을 제수하였으나 신병을 이유로 취임하지 않았고, 1509년(중종 4)에 성희안의 건의에 따라 말을 보내 불렀음에도 오지 않자 청송부사에 임명, 임지에서 3년 만에 사망하였다.

먼저『연려실기술』의 내용을 요약하면 다음과 같다.

○ 자, 호, 본관 등 인물에 관한 기본정보와 갑자사화와의 관계양상 및 인물의 풍모와 성향 등을 간략하게 밝혀 놓고 있다.(『행장』)
○ 김굉필에게 성리학을 배워 깊이 터득한 바가 있어, 연산군 때에 문묘의 위패가 제자리를 지키지 못할 것을 꿈에 의탁하여 말하는 등 연산군의 폭정을 예언하였다.(『병진정사록(丙辰丁巳錄)』)
○ 연산군이 정성근(鄭誠謹)을 처형시키고자 홍문관에 의논을 명하자 관료들이 우왕좌왕하였는데 정붕이 명에 따라 죽여야한다고 결정을 내려 결국 정성근이 처형을 당하였다.(『명신록』)
○ 당시 홍문관의 의논은 정붕이 잘 처리하였지만 그의 출처에는 문제가 있다는 의견에 제자 박영(朴英)도 동의하였다.(『명신록』)
○ 갑자사화로 유배된 뒤 중종반정 이후에 조정에서 여러 차례 불렀으나

홍경주(洪景舟)와 같은 인물이 중용되는 것을 보고 귀향을 결심하였다. 후에 성희안의 건의로 청송부사에 제수되어 그곳에서 사망하였다. 부사로 재임하던 때 성희안이 잣과 꿀을 요구하자 정중히 거절하여 성희안이 부끄러워 사과하였다고 한다.(『사재척언(思齋摭言)』, 『명신록』)

○ 정붕이 귀양을 떠날 때 유자광이 독약을 주며 살아 돌아오기 어려우니 스스로 처신하라고 충고하였는데, 훗날 정붕은 유배에서 풀려 돌아오고 유자광이 귀양을 떠나자 간수하여오던 그 독약을 주며 필요할 것이므로 준다고 하였다고 한다.(『병진정사록』)

○ 정붕과 유자광은 외가친척 사이로 왕래가 있었으므로, 평소 계집종이 그 집에 가서 오래 머물지 못하도록 단속하였다. 또 양식이 떨어져 아내가 유자광 집에서 빌려온 것을 알자 다른 사람에서 빌려와 유자광의 것을 돌려주어 지조를 지켰다.(『송와잡설』)

○ 정붕은 「안상도(案上圖)」를 놓고 스스로를 경계하였는데, 퇴계 이황은 그것을 보면 정붕의 학문을 알 수 있다고 하였다.(『명신록』)

이긍익은 정붕의 『행장』을 비롯하여 임보신(任輔臣)의 『병진정사록』, 김육의 『해동명신록』, 김정국(金正國)의 『사재척언』, 『송와잡기』 등 5종의 자료에서 절취하여 정붕의 삶과 인간상을 기술하였다.

그 중 『병진정사록』에는 정붕이 김굉필로부터 성리학을 배워 매주 정미한 부분까지 터득하여 인물이나 세상사의 미세한 기미도 꿰뚫어 볼 수 있었다는 듯이 표현하고 있다. 연산군 초기 자신의 꿈에 문묘의 위패가 산중 절간으로 들어갔다고 말하였는데, 뒷날 연산군이 성균관에서 유락하며 위패를 남산의 암자로 옮겼고, 또 태평관(太平館)으로, 또 다시 장악원(掌樂院)으로 옮겨, 문묘제사도 오랫동안 폐지되었다는 것이다. 이에 대하여 사람들은 정붕이 연산군의 폭정을 미리 예감하고 꿈에 의탁하여 말한 것이라고 보기도 하였다. 이야기가 끝난 뒤 『연려실기술』에는 심순문(沈順門)이 죽으니 사람들은 정붕의 선견지명에 탄복했다는 말로 단락을 맺고 심순문과 관련된 사선이 무엇인지 밝혀놓고 있지 않다. 그러나 『병진정사록』의 원 글에는 이에 대해 좀더 자세한 이야기가 기술되어 있다. 당시 강혼(姜渾)과 심순문이 사인(舍人)으로 있으면서 기생에 정을 주고 있었는데 정붕이 기생을 멀리하라고 경고하자 강혼은 곧 기생과 헤어졌으나, 심순문은 충고를 따르지 않았다. 그런데 두 기생이 궁중으로 들어가 연산군의 총애를 받아 심순문이 결국 죽임을 당하여 사람들이 정붕의 선견지명에 탄복하였다는 것이다.[22] 정붕이 김굉필의 제자로서 다소 신비적 색채가 가미된 이야기로 전해지고 있음을 보여준다.

이긍익은 『병진정사록』에서 또 하나의 이야기를 인용한다. 정붕이 유배를 떠날 때 유자광이 평소 공을 미워하여 독약을 주머니 속에 넣어주며 이번에 죽음을 면치 못할 것이니 이것으로 자결을 하는 것이 좋을 것이라고 하였다. 그런데 훗날 정붕은 유배에서 풀려나고 유자광이 유배를 떠나게 되자 정붕은 지난날 받았던 독약을 돌려주면서 귀양가는 데 필요할 것이므로 돌려준다고 하였다는 것이다. 정붕과 훈구대신 유자광의 갈등을 기술한 것인데, 『병진정사록』의 원 글에서 임보신은 이 이야기는 잘못 전해진 것이라고 밝히고 있다. 영숙(永叔)이라는 인물의 말을 인용하여, 상대가 횡포무리(橫暴無理)하게 대했다고 하여 마음에 담아두는 것은 군자의 일이 아니며 원한을 갚는다하여도 이와 같이 하는 것은 부당하다고 주장하였다.[23] 이긍익은 이 부분을 제외하고 인용하였는데, 정붕의 인간상을 보호하려는 임보신의 발언을 빼고 당시 회자되던 이야기만을 수록하고자 하였음을 알 수 있다.

정성근과 관련된 『명신록』의 이야기는 연산군의 폭력적 성향을 이미 파악

---

22) 임보신, 『병진정사록』, "鄭先生雲程, 嶺南人, 形容魁偉, 身長八尺, 沈潛性理之學, 終造精妙之域. 嘗曰, '如論語, 吾教夷狄, 亦能使知大義也.' 燕山初嘗仕于朝, 一日謂人曰, '我夢文廟位板, 從于僧舍, 云云.' 及荒亂, 乃以成均館爲遊宴之所, 撤移位板, 置於南山庵裡. 又移太平館, 又移掌樂院, 次序無倫, 香火久絶, 神人之憤極矣. 或曰, '知文廟撤毁者, 抑自預料者, 而蓋托於夢云.' 其時姜渾沈順門爲舍人, 皆有所眄之妓, 先生戒二公曰, '亟遠之, 毋貽後悔.' 姜卽棄之, 沈不從. 其後二妓選入宮中, 極被寵幸, 沈竟死非法, 人服公先見之明."

23) 임보신, 앞의 책, "世傳, 鄭雲程嘗竄謫, 武寧君柳子光素嫉公, 以毒藥納于囊中, 而且語曰, '公之此行, 恐終不免, 持以自處可也.' 公受而藏之. 公放還, 子光被罪亦謫, 公乃以所藏藥囊還之曰, '此物前日贈我者, 謫中所須, 故今奉還矣.' 予恐傳之者之誤, 問永叔, 永叔曰, '人有橫逆於我, 蓄心不忘, 固非君子之事. 假使以直報怨, 亦不當如此也.'"

194

한 정붕이 순발력있게 대응하여 홍문관 관원 전체에게 미칠 핍박을 미리 막았다는 것이고, 훗날 당시 정붕의 판단이 옳았다는 평판이 있었음을 전한 것이다. 다만 연산군 시대에 출사하였다는 점이 흠결이 된다는 의견에 정붕의 제자 박영(朴英) 또한 인정하였다는 이야기를 전하고 있다.

다음 김정국의 『사재척언』에서는 중종시대 정붕의 행적에 대해 이야기하고 있다. 중종반정 이후 유배에서 풀리고 조정에서 여러 차례 관직을 제수하여 불렀지만 정붕은 모두 사양하고 돌아왔는데, 그 이유를 묻자 임금의 은혜로 마지못해 관직에 나갔는데 마음을 놀라게 하는 일이 있어 귀향하여 안식하는 것만 못하기 때문이라는 것이다. 그런데 정작 그가 놀란 이유는 홍경주와 같은 인물이 찬성(贊成)의 높은 지위에 있었기 때문에 벼슬할 마음이 없어졌다는 것이다. 또 좌의정 성희안이 특별히 교지를 내리게 하여 결국 청송부사에 제수되었는데, 평소 친분이 있는 터라 편지를 써서 잣과 꿀을 요구하니 "잣은 높은 꼭대기에 있고 꿀은 민간의 벌통에 있으니 부사된 사람이 어찌 얻을 수 있겠는가?"라고 답장을 쓰니 성희안이 부끄러워 사과하였고 그 뒤 사직하고 생전에 다시 벼슬을 하지 않았다고 한다. 『사재척언』에서는 불의와 타협하지 않는 정붕의 강직한 인간상을 조명하는데 집중하고 있다.

뒤이어 『송와잡설』의 글을 인용하고 마지막에서는 퇴계 이황이 정붕의 학문이 『안상도』에 있다는 『명신록』의 내용을 인용하여 끝맺는다. 정붕이 사림에서 크게 추중을 받았다는 사실로 마무리를 한 것이다. 이긍익은 정붕이 김굉필에게 수학하여 길재의 학통을 이어 퇴계로 연계되고 있음을 마지막 짧은 기사를 통하여 명시하려 했음을 볼 수 있다. 그러므로 『송와잡설』은 정붕의 삶을 다룬 마지막 기사라고 할 수 있는데, 『송와잡설』의 원래 내용은 다음과 같다.

(가) 교리 정붕은 선산인(善山人)이다. 깨끗한 설조로 자신을 수양하여, 그의 문간에는 뇌물을 가지고 오는 사람이 없었다. 그때에 유자광은 적개좌리 공신(敵愾佐理功臣)으로서 무령군(武靈君)에 봉해졌는데 간사하고 탐심(貪

心)이 많으며, 또한 방자하여 기세가 조정을 휩쓸었다. (나) 공은 유자광과
외가 친척이 되므로 비록 문안하는 예는 폐하지 않았으나, 여종이 갈 때에는
반드시 삶은 마(麻) 끈으로 팔을 단단히 묶고, 묶은 자리에 표를 해서 보냈다가
돌아오면 풀어주었다. 그것은 묶인 곳이 아파서 그의 집에서 지체하지 않고
빨리 갔다가 빨리 돌아오게 하려 한 것이었다.

한번은 공이 입직하였는데 집에 양식이 떨어졌다. 공의 부인이 유자광의
집에 꾸어줄 것을 청하자, 유자광이 쾌히 말하기를, "친척의 정의는 서로
구휼하는 데에 있다. 교리가 지나치게 괴팍하지만 내가 어찌 괄시하겠는가?"
하며, 곧 쌀을 자루에 넣고, 장을 항아리에 담아 종을 시켜 노새에 실려
보냈다. 공이 숙직하던 곳에서 나와서 옥과 같은 쌀밥을 보고, 얻어온 곳을
물으니, 부인은 사실대로 알렸다. 공은 상을 밀치고 웃으면서 일어나, "입직하
던 날 아침에 비지를 사다가 죽을 쑤어 주기에 양식이 떨어진 줄은 알았소.
그런데도 내가 조처를 하지 않았으니, 이것은 나의 실수이지 집사람의 허물이
아니오."하고, 드디어 친구들에게 편지를 띄워 쓴 만큼을 채우고 본 쌀과
합쳐서 돌려보냈다. 그가 궁핍하여도 절조가 변하지 않는 것이 이와 같았
다.[24]

이희의 필기작품에는 정붕에 대한 이야기는 단 한 차례 등장하는데, '청절자
수(淸節自收)', 즉 깨끗한 절조로 스스로의 행동을 규제하였음을 강조하고
있다. 이긍익은 (가)부분은 생략하고 (나)부분만을 인용하였다. 이희는 정붕의
청렴과 절조를 드러내는데 유자광과의 갈등을 다룬 이야기를 선택하였다.
유자광이 정붕의 어머니 쪽 친척이므로 왕래가 있을 수밖에 없었고 계집종이
자주 오고갔다면 가까운 사이였음을 알 수 있다. 여종의 팔을 끈으로 묶어

---

24) 이희, 『송와잡설』, "鄭校理鵬善山人也. 以淸節自牧, 門絕苞苴之物. 時柳子光以敵愾佐
理功, 封爲武靈君, 姦貪自恣, 氣焰傾朝. 公以表親之故, 雖不廢問安之禮, 婢子往, 必以熟
索牢結其臂, 着署而送, 返則解之, 欲其覺痛急往急來, 不使遲留於彼家也. 公之入直,
擧家絕食, 公之夫人求貸於子光家, 子光欣然謂曰, '親戚之義, 在於相恤, 而校理過於剛
愎, 吾豈恝然乎.' 卽納米於帒盛醬於缸, 令邱使載之騾子而送之. 公出直見其玉粒之飯,
問其所得之處, 夫人直告之, 公推案笑而起曰, '入直之朝, 買泡滓作粥饋我, 我知其乏窘,
而不爲措置, 是我之失也, 非家人之過也.' 遂發書於親舊, 准其所用, 並與本米而還之,
其固窮不變如此."

유자광의 집에 오래 머물지 못하게 한 것이나, 궁핍함 속에서도 유자광에게 쌀 한 톨 빚지지 않으려한 행동을 통해 그의 결벽성을 부각시켰다. 실체적 삶에서 발생하는 소소한 사건이나 미묘한 갈등을 포착하여 사안의 핵심을 표현하는 것이 이희가 선택한 하나의 방식이라 할 수 있다.

이 점이 정붕을 표현한 다른 인용서들과 변별되는 특징이라 할 수 있다. 앞서 인용한『병진정사록』에는 독약을 건네며 서로 원수로 대하는 적대적 관계만이 드러내고 있을 뿐, 친척으로서의 갈등은 전혀 표현되어 있지 않다. 인간관계에 대한 단면적 서술이라 할 수 있다. 또한『사재척언』에도 훈구척신이 득세하는 현실과 타협하지 않는 품성을 부각시키고 있는데, 주로 벼슬을 거부하는 이유를 설명하는 방식을 취하거나 선물의 요구에 거절하는 방식으로 표현되어 있다. 정치현실에서 벌어진 직접적 사건을 통해 출처관(出處觀)이나 비타협적 성격을 드러낸 것이다.

이희의 기록과 다른 인용서의 기록을 비교하면 세상에 잘 알려지지 않은 일상의 사적인 일화를 통해 대상의 인간상을 묘사하는데 이희 기록의 특징이 있다는 점을 깨닫게 된다. 정치적 사안이 아니라 일상생활 속에서 그의 결벽성이 드러나게 되고, 이희의 기록을 통하여 정붕의 정치적 개결함이 그의 결벽한 성품에서 나온 것임을 알게 한다. 이희의 기록은 대상의 내면을 보다 심도있게 이해하도록 기술되어 있는 것이다.

이러한 관점에서 정광필에 대한 이희의 기술은 주목을 요한다. 정광필(鄭光弼, 1462~1538)은 자는 사훈(士勛), 호는 수부(守夫)로서 1492년(성종 23)에 문과 급제하여 관료에 입문한 뒤, 연산군대 한 차례 유배형을 당하였고 중종반정 이후 더욱 중책을 맡아 1516년(중종 11)에 영의정에 올랐다. 1533년 김안로의 모략으로 회덕에 유배를 당하였으나 1537년 김안로가 사사되자 곧 복귀되었다. 중종시대 대표적 정승으로 중종의 묘정에 배향되었다. 후대에 명재상으로 추중을 받아, 허균은『학산초담(鶴山樵談)』에서 황희(黃喜), 허조(許稠)와 더불어 정광필을 꼽았고,[25] 이희 또한 이준경을 재상으로 높이 평가하면서, "본조(本朝)의 어진 정승으로서, 황희·허조·정광필 외에는, 오직

공 한 사람뿐이었다."이라고 말하여 정광필을 꼽고 있다.26) 심재는『송천필담
(松泉筆談)』에서 "덕망이 세상을 덮어 나라의 주춧돌이 되었으며, 국가의
안위가 그의 몸에 매인 것이 30여 년이었다."27)라고 칭송하였다.

『연려실기술』「중종조고사본말」상신(相臣)편 정광필 조를 요약하면 다음
과 같다.

　○자, 본관, 문과급제 및 최종 관직 등 기본적 인적 사항 소개.
　○좌의정 이극균(李克均)이 공의 국량을 알아보고 실록청에 발탁하는 등
　　중진들로부터 인정을 받았다.
　○연산군에게 사냥에 너무 빠져있다고 간언하다 아산으로 유배를 당했는데,
　　그곳에서 고초를 겪으면서도 괴로워하는 기색이 없었다.
　○1506년 압송관이 들이닥칠 때나, 귀양을 떠날 때나 태연자약하였으며,
　　중종반정의 소식을 전해들은 뒤에는 전 임금의 생사를 모른다고 하여
　　고기반찬을 물리쳤다.(『동각잡기』,『조야첨재(朝野僉載)』)
　○1513년에 정승이 되었다.
　○1515년 장경왕후 사망 후 후궁이 왕비자리를 엿보자 공이 홍문관 동료를
　　이끌고 간언하여 새 왕비를 맞아들게 하였다.(『조야첨재』)
　○공의 도량을 알아보고 정승에 추천하였는데, 이로 인해 여론의 지지를
　　받던 김응기가 정승이 되는 것이 막혀 조정에서 안타깝게 여겼다.
　○기묘사화 때 공은 홀로 임금의 벼락같은 노여움에 응대하여 관련자들이
　　도륙을 당하는 재앙을 면하게 해주었다.(『음애일기』)
　○좌의정 정광필이 경연에서 각 관청 노비의 부역을 고르게 조정할 것을
　　건의하였는데, 재상들이 반대하자 우물쭈물 주장을 펴지 못하였다. 정승이
　　될 때 인망을 얻기 위해 가식할 것이라고 주변에서 의심했는데 과연
　　되고 보니 자기 자리가 아닌 곳에 앉아 어찌할 바를 몰랐다는 조롱을
　　받았다.(『음애일기』)

25) 許筠,『惺所覆瓿藁』卷26,「鶴山樵談」.
26) 이희,『송와잡설』, "本朝賢相黃喜·許稠之外, 鄭光弼之後惟公一人而已."
27) 沈梓,『松泉筆談』, "鄭文翼光弼字士勛. 德望盖世, 爲國柱石, 係安危於身者, 三十餘.
　　己卯之禍, 公以首相, 涕泣叩頭, 而諫, 事得少寬."

○ 기묘년에 정승에서 파직을 당했다가 정해년 남곤이 죽자 다시 정승으로 돌아왔다.(『기묘록(己卯錄)』)

○ 1533년 김안로가 정권을 잡자 공을 죽이려고 희릉묘를 불길한 땅에 장사지냈다는 죄를 씌워 처벌하고자 하였다.

○ 중종이 사형에서 감하여 김해 유배를 명하였는데, 금오랑이 닥쳐와도 태연히 두던 장기를 계속 두었고, 또 감형 소식을 전해 들었을 때도 임금의 은혜가 지극하다고 말할 뿐 모든 행동이 평소와 조금도 다르지 않았다.(『전언왕행록(前言往行錄)』)

○ 공이 김해로 귀양을 떠난 뒤 부인의 부탁을 받은 원계채(元繼蔡)가 장님 김효명에게 점을 치게 하니 무사할 것이라는 점괘가 나왔는데, 처음에 사형의 명이 나왔다가 후에 감형이 되어 결국 점괘가 맞게 되었다.

○ 김해로 유배를 떠난 길에 여관에서 지은 율시 한 수를 기록하다.(『당적보(黨籍譜)』)

○ 김안로가 처형되고 공이 복권되었다는 조보(朝報)를 보고도 평소처럼 코를 골며 자고 다음날 서울로 올라왔다.(『기묘록』, 『병진정사록』)

○ 기묘년 영의정이 되었는데 조정에서 한충(韓忠)이 비루한 자가 정승에 있어 나라에 재앙이 일어난다고 비판하여 정승들을 분노하게 하였으나, 공이 신진들의 언로를 막아서는 안 된다고 설득하여 대신의 도량을 보여주었다.(『송와잡설』)

○ 사람을 보는 안목이 있어 용모와 관상으로 미래를 예언하여 적중하기도 하였다.(『성옹지소록(惺翁識小錄)』)

○ 1515년 중종이 후궁 숙의박씨를 왕비로 삼으려 대신에게 의논하였는데, 공만이 홀로 불가함을 간언하여 받아들여져 새 왕비를 맞아들이게 됐다.(『국조보감』)

○ 연산군과 중종 때의 활동에 대한 찬사와 정승으로서 높은 위상을 기록.(『당적보』)

○ 시호 문익(文翼)의 의미 설명.

이긍익은 『동각잡기』, 『조야첨재(朝野僉載)』, 『음애일기』, 『기묘록(己卯錄)』, 『전언왕행록(前言往行錄)』, 『당적보(黨籍譜)』, 『송와잡설』, 『성옹지소록

(惺翁識小錄)』,『국조보감』 등 총 9종의 문헌에서 자료를 모아 정광필에 대하여 기술하였다. 정광필은 명재상으로 꼽히는 터라 내용은 재상으로서의 활약상과 인간상이 그려져 있다. 이극균, 성희안 등 당세의 실력자들로부터 일찌감치 재상감으로 인정을 받은 사실과 연산군과 중종 시대에 두 차례 유배형을 당하면서 보여준 당당하고 초연한 자세, 또 연산군에게 사냥을 자제할 것을 간언하고, 중종에게는 장경왕후 사후 후궁이 아닌 새 왕비를 맞이하도록 설득하고, 기묘사화 때는 벼락같은 중종의 노기에도 불구하고 영의정으로서 신중하게 대응하여 사화의 피해를 감소시켰던 사실들이 기술되어 있다. 한편 이자의 『음애일기』에는 보신주의로 명예만 탐했다는 부정적 평판이 기록되어 있다.[28] 그러나 이희는 그의 필기작품에서 정광필을 네 차례 다루고 있는데, 모두 우호적으로 평가하고 있어 정광필 문집의 부록에 수록되어 있다.

다음은 『연려실기술』에 인용된 『송와잡설』의 내용이다.

정문익공(鄭文翼公 : 鄭光弼)이 기묘 연간에 수상(首相)으로 있었다. 중종이 재변(災變)으로 인해, 사정전(思政殿)에서 여러 신하를 모아놓고 문의하니, 좌우에서 차례로 나아가서 재변을 그치게 할 방책을 아뢰었다. 한충(韓忠)이 나아가서, "성상(聖上)께서 정신을 가다듬어 다스림을 구하시나, 비루(鄙陋)한 사람이 감히 수상 자리를 차지하였으니, 재변이 일어나는 것이 반드시 연유가 있는 것이며, 다스림도 이룩할 수 없을 것입니다." 하였다. 빈청(賓廳)에서 물러나오자, 우상 신용개(申用漑)는 얼굴빛을 바꾸며 큰 소리로, "신진의 사자(士子)가 면전에서 정승을 배척하니, 이 버릇은 그냥 두어서는 안 된다." 하였으나, 공은 얼굴빛 하나 변하지 않고 손을 저어 말리면서 말하기를, "그는 우리들이 성내지 않을 줄 알고 이 말을 한 것이요, 만약 조금이라도 꺼리는 것이 있었다면 비록 권한다 해도 반드시 하려 하지 않았을 것이오. 나에게는 진실로 해로운 바가 없으니, 젊은 사람이 과감하게 말하는 기풍(氣

---

28) 이자, 『음애일기』, "初光弼入相, 議者皆云, 光弼必謬爲恢大之體深遠之規, 以誣人望, 及處非據, 手足俱露, 罔知所爲. 第一建白, 不過皁隷數事, 而更無所著, 識者譏之."

風)을 꺾을 것이 아니오." 하였다. 신용개도 그 말에 탄복하였고 듣는 사람들도
대신(大臣)의 도량이 있다 하였다.[29]

윗글은 당시 영의정이었던 정광필이 대신으로서의 도량을 지니고 있었다
는 취지의 이야기를 담고 있다. 이 과정에는 신진사류 한충이 영의정 정광필을
강하게 비판하고 있는 상황이 드러나 있다. 나라에서 발생하고 있는 재변(災變)
의 원인으로 거론하며, "비루한 사람"이라고 원색적으로 비난하고 있다.
어떤 정책이나 의론의 대립을 넘어서 보다 본질적인 문제에서 대립하고
있음을 시사한다. 한충(韓忠, 1486~1521)은 중종 전반기에 진출한 신진사류로
서 조광조가 주도하던 정국에서 이조전랑, 홍문관 전한, 직제학, 좌승지
등을 역임하며 훈구대신 남곤 등과 대립하기도 하였다. 그로 인해 기묘사화의
여파로 벌어진 신사무옥(辛巳誣獄)에서 결국 옥사하게 된다. 위 이야기에서
보이는 정광필에 대한 한충의 비난은 당시 신진사인들이 삼사(三司)를 중심으
로 간쟁과 탄핵을 추진하며 공신세력에 대항하던 상황을 보여주는 하나의
장면이라 할 수 있다.

중종반정 후 정국을 장악한 정국공신세력은 공신책봉의 남용과 도덕성의
문제로 인하여 삼사의 탄핵을 받았고, 그에 따라 신진사류가 장악한 삼사의
위상은 상당한 위력을 지니게 되었다. 중종반정을 주도한 일등공신 박원종이
1508년(중종 3)에 삼사의 탄핵정국에 불만을 표출하여 "지금 조정의 하는
일은 매양 아랫사람에게 견제되므로 육조 판서가 낭관(郎官)을 상대할 때
문득 그들이 말하는 대로 좇아 감히 반대하지 못하니, 이것은 다른 날 대간이
자기의 과실을 논의할까 두려워하기 때문입니다."라고 하였다.[30] 훗날 대간

---

29) 이희, 『송와잡설』, "鄭文翼公, 在己卯年間爲首相, 中廟因災異延訪于思政殿, 左右秩
進, 各陳弭災之策. 韓忠進曰, '聖上雖勵精求治, 鄙夫敢據首相之位, 災變之作, 必有所
由, 而治道之成, 不可望矣.' 及退賓廳, 右相申用漑作色大言曰, '新進之士面斥相臣,
此習不可長也.' 公顔色自若, 揮手止之曰, '渠知吾輩之不怒, 發此言也. 若少有忌憚,
雖勸之必不肯也. 於吾固無所害, 而年少敢言之風, 不宜摧抑之也. 用漑服其言, 而聞者
以爲有大臣之量."

30) 『중종실록』 권7, 중종 3년 11월 경신, "今朝廷間所爲之事, 動牽在下之人, 故六曹判書,

이 될 낭관들에게 잘 보여야 할 정도로 삼사의 힘은 막강했던 것이다. 당시 대간의 탄핵 수위는 상당히 높았다. 박원종의 행위를 중국 진나라 때 황제를 농락한 조고(趙高)의 '지록위마(指鹿爲馬)'에 비유하기도 하였고,[31] 대간을 비판하는 경우에도 대간에 대하여 사적 감정이 있다는 이유로 탄핵을 하기도 하였다.[32] 폐주 연산군 때 신진사인을 무참히 탄압한 무오사화를 명분으로 삼아 삼사의 간언과 탄핵을 비판하는 행위는 연산군 시대의 폭정으로 간주하였던 것이다. 사실 간쟁과 탄핵은 정국을 주도하는 가장 강력한 힘이 되었으며, 권신이 삼사를 장악할 경우, 훗날 등장하는 김안로와 같이 정적을 제거하는 음해의 도구로 전락하기도 하였다.

이상의 논의로 본다면 한충이 영의정 정광필을 재변의 원인으로 비난한 것에 대하여 정광필이 반발하기보다 오히려 신진사인의 언로를 막아서는 안 된다고 옹호한 것은 당시 삼사와 대신의 정치적 세력관계를 보여주는 사례라고 할 수 있다. 정광필에 대하여 대신의 도량이 있다고 칭송하였지만 실제적으로는 중종과 공신세력과 신진사류의 세력관계 속에서 원만한 정승의 지위를 유지하고 있었던 것이라 할 수 있다. 이와 같은 정광필의 태도는 중종 집권 후기까지 지속되었다. 1531년(중종 26) 대간으로부터 탄핵을 받던 정광필이 사직을 청하자 중종은 재상과 사림은 둘이 아니요, 모두가 사림이며, 재상은 사림을 마치 자제처럼 아껴서, 선비의 기개를 꺾어서는 안 된다고 당부하였다. 이에 대하여 정광필은 사림을 사랑하고 아끼는 것은 자신의 평생 포부였다고 밝히고, 사림을 모함하려는 마음을 지녔다면 천벌을 받았을 것이라고 맹세하였다.[33] 이 대화는 사림을 후원하여 공신 및 훈구세력을 견제하려는 중종이 정광필을 중용하였던 이유를 설명해 준다. 역사 초유의 반정(反正)으로 시작된 39년의 중종시대는 정국공신, 신진사류, 훈구척신세력

　　接遇郎官, 輒從所言, 莫敢違忤, 此恐異日爲臺諫, 議已之過失也."
31)『중종실록』권10, 중종 5년 1월 정묘.
32)『중종실록』권10, 중종 5년 1월 경오
33)『중종실록』권72, 중종 26년 11월 을묘.

등이 복잡하게 얽히며 대치하는 가운데 여러 차례 정치적 격변이 발발하며 수많은 신하들이 정적의 모략에 형장의 이슬로 사라졌고, 조광조, 김안로 등 왕의 측근들도 권력의 무상함을 맛보며 죽음을 맞이하였다. 이러한 정국의 흐름 속에서 정광필은 특유의 정치적 감각을 발휘하여 20년간 정승의 지위를 유지하였고, 이희의 기록은 바로 그러한 정황을 포착한 것이라 할 수 있다. 『연려실기술』에 인용된 타 기사들 중에서 당시 정치세력의 권력관계 속에서 정광필이 지위를 유지할 수 있었던 태도를 이토록 실체적으로 기술한 자료는 없다. 그만큼 이희가 당대 정치현실을 잘 이해하고 가장 핵심적 사안을 선택하여 기록한 것이라 할 수 있다.

『연려실기술』에 인용된 것 외에도 정광필에 대한 2종의 기사가 『송와잡설』에 수록되어 있다. 정광필은 반정이후 1507년(중종 2) 이조참판에 임명된 이후 1538년(중종 33) 77세로 타계하기까지 중종에게 중용되었으나 정적 김안로의 사주로 탄핵을 받고 두 차례 축출을 당한 적이 있다. 처음은 1535년(중종 30) 74세에 삭탈관직을 당하고 회덕(懷德) 농사(農舍)로 퇴거한 것이고, 그 다음은 이듬해 장경왕후(章敬王后)의 능을 잘못 썼다는 이유로 탄핵을 받아 김해로 유배를 당한 것이다. 2종의 기사는 모두 회덕과 김해 유배시절의 일화를 기록한 것이다.

(가) 정문익공은 소인들의 모함을 받아, 파출(罷黜)되어 회덕현에 있었는데, 조석 반찬도 갖추지 못할 때가 있었다. 하루는 관인(官人)이 앞산에서 사냥을 하는데 죽음에서 벗어난 사슴이, 공이 우거(寓居)하는 집 울타리로 뛰어들었다. 자제들은 하늘이 내는 것이라 여겨 함께 쫓아 잡아서, 찬을 만들어 드렸다. 고을 원이 알고서, "죄인이 진상(進上)할 물건을 훔쳐 먹었으니, 또한 죄가 있다." 하고, 관리를 보내 그 사슴을 내놓으라며 문간에서 독촉하였다. 그러나 산에 가서 잡을 수 없고, 시장에 가서 살 수도 없는 노릇이어서, 온 집안이 허둥지둥 어찌할 줄 몰랐다. 그 때 마침 공의 친족으로서 이웃 고을에 원으로 있는 자가 우연히 사슴 한 마리를 보내와서 독촉하는 사람을 따라가 관가에 바치고, 원의 분노를 풀게 하였다. 그후 공이 조정에 돌아왔는

데, 조정에서 이 일을 알고 그 원을 관직에서 쫓아내려 하였다. 공은, "문음(門蔭)으로서, 권세를 잡은 사람을 두려워해서 그런 것입니다. 또한 우연히 그렇게 된 것이며, 그의 본정은 아니니, 심하게 책망해서는 안 됩니다." 하여, 다시 관직에 서용(敍用)되도록 힘껏 변호하였으나, 끝내 되지 않았다.[34]

(나) 정문익공은 덕망이 온 세상을 뒤덮었으나, 김안로(金安老)만은 미워하여, '희릉(禧陵)을 옮겼다.'고 하였으니, 오로지 공을 죽이기 위한 발언이었다. 온 조정이 중형(重刑)으로 처단하도록 다투어 청하니, 중종은 여러 신하를 대궐 뜰에 모아놓고 각자 의논을 올리게 하였는데, 한두 신하 외에는 모두 죽여야 한다는 것이었으나, 중종은 특별히 용서하여 김해부(金海府)로 멀리 귀양을 보냈다. 김해부는 동래군(東萊郡)과 경계가 맞닿는 곳이었다. 그 고을은 공의 본관으로, 시조의 무덤이 있었다. 공은 술과 과일을 간단하게 갖추고 자제들을 시켜 성묘하게 하였다. 그때에 무부(武夫)로서 동래 현령이 된 자가 이 소문을 듣고, 김안로에게 잘 보이고자 하여 큰 소리로, "정모(鄭某)는 죄를 짓고 귀양을 왔으니, 이는 곧 서인(庶人)이다. 그 부모에게만 제사하는 것이 옳은데, 어찌 그 자제들을 보내서 지경 너머에 있는 먼 조상에게까지 제사를 지내느냐?" 하고, 건장한 군졸을 많이 출동시켜 몽둥이를 휘두르며 몰아내어 발도 붙이지 못하게 하였다. 공의 자제들은 할 수 없이 경계 위에서 무덤 쪽을 바라보며 제사지냈다. 현령은 또 동래 향소(鄕所)도 죄인과 마음이 같아서 그의 자제들을 보호하였으니 그 죄 또한 무겁다 하고, 다른 일로 죄를 얽어 공문서를 경재소(京在所)에 보내서 그 직임을 갈도록 청하였다. 그해 겨울에 김안로가 죽음을 당하고 공은 조정에 들어와서, 다시 동래 경재소의 당상(堂上)이 되었는데, 동래 현령이 죄를 논란한 관문이 아직도 그대로 있었다. 공은 김해 현령의 공문서를 오랫동안 지체시킬 수 없다 하여, 곧 그가 지적한 대로 소임을 갈아 보냈다. 현령의 간사함이 회덕현의

---

34) 이희, 『송와잡설』, "鄭文翼公, 爲群小所搆, 罷黜于懷德縣. 朝夕甘滑, 有所未具. 一日官人獵於前山, 脫死之鹿, 投入於公之所寓之籬. 子弟等以爲天賜, 而共逐捕之, 設饌進之. 主倅聞之, 以爲罪人偸食進上之物, 亦有罪也. 發差徵之, 立門督促. 旣不能山行而得之, 又不能貿之於場市, 擧家遑遑, 莫知所爲. 適公之親族作宰於隣邑者, 偶送一肩, 從其所持之人, 納之於官, 而解其怒. 及公還朝, 朝廷聞之, 斥黜其倅. 公以爲門蔭之怵於權勢, 而亦出偶然, 非其情也. 不宜深責, 力護復敍, 而終不得也."

원보다 심하였는데도 공은 말이나 얼굴빛에 조금도 변화가 없었고, 자제들도 또한 말을 하지 않았기 때문에 조정에서도 몰랐다. 그 현령은 품계가 높아져서 승진하였고 끝까지 관직을 보전하였으니, 공의 훌륭한 덕은 참으로 따라갈 수가 없다.[35]

위의 두 이야기는 정계에서 축출되어 머물던 향촌이나 유배지에서 고초를 겪은 사소한 일화를 기록한 것이다. 파란만장한 연산군, 중종 시대에 40여 년간을 정계에 몸담으며 역사상 명재상으로 꼽혔는데, 이희는 한충의 탄핵을 받았던 이야기 외에 모두 향촌이나 유배지에서 일어난 사건을 다루고 있다. 사건 또한 우연히 찾아들어온 사슴을 잡아먹고 벌어진 사단이나, 자식을 시조의 묘소에 성묘를 보냈다가 배소의 현령에게 핍박을 받은 일로서 정치와도 거리가 먼 것이다. 이희는 정광필이 타계한 17년 뒤에 문과급제를 하였으니 바로 앞 시대의 명재상에 대한 이야기는 많이 접할 수 있었을 것이다. 기묘사화 때 중종의 노여움을 감당하며 눈물로 조광조 등의 신진사류가 극형에 처해지는 것을 막으려했던 일화는 기묘사화에 대한 기록에서 빠질 수 없는 이야기였다. 또 김해 유배지에서 김안로가 사사되어 복귀하게 된다는 급보를 듣고서도 태연히 코를 골며 잠을 잔 뒤 아침이 되어서야 편지를 읽었다는 일화는 가장 주목을 받아 『병진정사록』, 『송천필담』, 『율곡전서』, 『임하필기』 등에 수록되어 전해졌다. 아마도 20년을 정승으로 지낸 큰 도량과 품성을 보여주는 대표적 일화로 인식되었던 것으로 보인다.

---

35) 이희, 『송와잡설』, "鄭文翼公, 著龜德望, 蓋於一世, 而安老特惡之, 其遷改禧陵, 專爲殺公而發也. 擧朝爭之請置重典, 中廟聚會群臣於闕庭, 各獻議, 一二臣外皆曰, '可殺'. 中廟特原之, 遠竄於金海府. 府與東萊郡接境, 乃公之本貫而始祖墓在焉. 公略備酒果, 令子弟往而拜掃. 時武夫爲縣令者聞之, 欲取媚於安老, 乃大言曰, '鄭某以罪謫居, 是乃庶人, 只可祭其考妣而已, 豈可遣其子弟, 祭遠祖於越境之地乎.' 多發健卒, 擧杖驅逐, 使不得接跡. 公之子弟等, 在境上望而祭之. 而縣令以鄕所等, 與罪人同心容護子弟, 其罪亦重, 構以他事, 送關於京在所, 請遞其任. 其冬安老被死, 公乃還朝, 復爲京所堂上, 而縣令之論關猶在, 公以爲城主關文, 不可久滯, 卽令從其所指而遞送. 縣令之奸譎, 有甚於懷德之倅, 而公略無辭色, 子弟等亦不發言. 故朝廷不能聞知, 至於改品陞職, 終保爵祿. 公之盛德, 眞不可及也."

이희가 기록한 위 두 종의 이야기는 다른 필기작품에는 보이지 않는다. 야사를 집대성한 『대동야승』과 『연려실기술』을 검색해보면 이희의 필기에서만 수록되어 있음을 확인할 수 있다. 이희는 왜 이 사소한 일화를 주목하여 기록을 남긴 것일까. 이희가 기록한 두 이야기의 공통점은 김안로가 처형된 뒤 정계에 다시 복귀한 정광필이 자신을 핍박한 지방관을 모두 용서하려했다는 것이다. 그들이 자신을 괴롭힌 이유가 권력을 잡은 이를 두려워했거나, 그에게 잘 보이려 했기 때문이라는 것이다. 정광필은 권신을 추종하는 관료사회의 세태를 누구보다 잘 알고 있었을 것이다. 또 앞서 살펴본 한충의 탄핵에 대처하였던 것과 마찬가지로 적을 만들지 않고 원만하게 사태를 해결하는 것이 급변하는 정계 속에서 생존하는 비결이라는 점도 알고 있었을 것이다. 이런 점에서 위 정광필에 대한 이희의 기록은 파란만장한 정치적 격변을 겪으며 20년간 정승의 자리를 지킬 수 있었던 처세의 도량과 지혜의 실체를 보여주고 있다. 바로 이 점을 포착하여 기록한 것이 이희의 작품의 특징이라 할 수 있다.

이상에서 살펴보았듯이, 『송와잡설』에 나타난 인물 기술의 특징은 필기문학에 대한 이희의 인식을 보여준다. 이희는 필기는 야사라고 인식, 사람들에게 잘 알려지지 않은 일화 속에 인간상의 진면목이나 당대 정세의 미묘한 기미가 담겨있다고 생각하였던 것으로 보인다. 이 때문에 이희는 정치현장의 세세한 장면이나 일상의 소소한 사건에 주목하여 당시 정세와 인물을 표현하고자 하였다. 이로 인하여 『연려실기술』에 함께 수록된 다른 필기보다 이희의 작품에서 보다 실체적이고 구체적인 인간상과 당대 정세를 파악할 수 있게 된다.

3. 문물제도에 대한 실증적 기술

필기문학에서 문물제도는 풍속과 더불어 주요한 소재가 된다. 『필원잡기』의 서문에서도 제왕과 공경대부 등 인물과 함께 "국가전고(國家典故)와 여항풍

속으로 세교(世敎)와 관계가 있는 것"을 주요한 대상으로 제시하고 있다.36)
필기는 양반 사대부층에게 필요한 역사, 국토, 인문, 지리 등 제 방면의
지식을 공유하는 기능을 하였다. 『연려실기술』에서 별집으로 따로 편성하여
수록한 것이 바로 문물제도 등에 대한 지식정보라 할 수 있다.

이긍익은 별집에 대하여 의례(義例)에서 다음과 같이 밝혀 놓고 있다.

> 국조의 예악, 형정, 법제 등의 변화와 관직의 연혁, 변방의 사건에 관해서는
> 이 책이 편년체로 된 것이 아닌 만큼 기재할 곳이 없고, 또 각 조대별에
> 나누어 기재하자니 찾아보기에 어려울 것이므로 한 곳에 묶어 수록하고
> 이름을 '전고별집'이라 하였다. 전고에는 혹 신라와 고려의 옛 제도 및
> 풍속을 각 편의 앞부분에 간략하게 거론하기도 하였는데 사람들로 하여금
> 우리나라가 시대에 따라 변천해온 과정을 알게 해서 그 문화의 차이가
> 어떠한지를 고찰하게 하고자 한 것이다.37)

『연려실기술』 별집의 전고에는 「국조(國朝)」, 「사전(祀典)」, 「사대(事大)」,
「관직(官職)」, 「정교(正敎)」, 「문예」, 「천문」, 「지리」, 「변어(邊圉)」, 「역대(歷代)」
등 10편으로 구성되어 있는데, 『송와잡설』은 「관직」에서 12곳, 「정교」에서
7곳이 인용되었다. 「문예전고」는 「야사류」에서 서책의 목록으로 인용한
것으로 내용은 없다. 이 별집에 수록된 내용 중에는 다른 필기잡록과 구별되는
『송와잡설』의 특징을 보여주는 기사들이 적지 않은데 그 대표적인 것이
과거제도 중 무과를 다룬 부분이다.

이긍익은 무과에 대하여 8종의 문헌으로부터 기사를 인용하여 기술하는데,
『송와잡설』을 첫 번째로 인용하고 있다. 그 내용은 다음과 같다.

---

36) 표연말, 「필원잡기서」(徐居正, 『筆苑雜記』), "其所著述, 皆博採吾東之事, 上述祖宗神
思睿智創垂之大德, 下及公卿賢大夫道德言行文章政事之可爲模範者, 以至國家之典
故閭巷風俗, 有關於世敎者. 國乘所不載者, 備錄無遺."

37) 이긍익, 『연려실기술』, 義例, "國朝禮樂刑政法制損益, 以至官職沿革邊圉事故, 旣非編
年, 無所係附. 且若分入各朝, 則難於尋閱, 並列爲收錄, 名曰典故別集. 典故或有略擧羅
麗舊制及遺俗於篇首者, 欲使人知吾東方歷代因革, 以考其文質得失之如何耳."

○고려조의 무과제도는 비록 상세히 알 수 없으나, 우리나라 식년(式年)의 법규는 인(寅)·신(申)·사(巳)·해(亥)년에 문과와 함께 서울과 각 도에서 초시를 실시한다. 배정된 일정한 정원이 있는데, 그 거자가 과녁을 맞춘 화살 수효에 따라 방(榜)을 내붙인다. 다음 해 자(子)·오(午)·묘(卯)·유(酉)년에 초시에 입격한 사람을 모아서 육량편전(六兩片箭)과 기창(騎槍)을 시험하여 입격한 연후에 『장감박의(將鑑博議)』, 『무경(武經)』 중에서 하나, 사서(四書) 중에서 하나와 『대전(大典)』을 강하게 하여, 조(粗)·통(通) 이상에 입격한 자는 과녁에 적중한 화살 수효와 글을 강한 점수를 합계하여 등급을 나누어 28명만을 뽑는 것을 회시(會試)라 이른다. 회시에 응한 사람을 모아 임금이 친히 살펴보고 그 재예를 시험하여 그 석차를 정하는 것을 전시(殿試)라 하였다.38)(『송와잡설』)

위 글은 조선시대 무과제도에 대한 객관적 사실들을 설명하고 있다. 시행시기, 3단계의 과시방법, 등급 계산, 과시 종류 등 무과제도의 요체라고 할 수 있는 사항이다. 『연려실기술』에는 무과제도에 대해 기술할 때, 첫 시작은 인용서 없이 고려시대의 무과제도를 설명하고, 이어 첫 번째로 위의 『송와잡설』 기사를 인용하여 조선시대 무과제도를 설명한다. 『송와잡설』이 여타 인용서보다 체계적으로 객관적 사실을 요약하여 기술하고 있기 때문이다. 위 글을 읽으면 조선시대 무과제도의 개요를 빠르게 이해할 수 있다.

문물제도의 설명에서 『송와잡설』이 여타 다른 인용서보다 객관적 사실에 근거하고 있음은 세조시대 무과난발에 대한 기사를 대비해보면 확인할 수 있다. 『연려실기술』은 아래 3편의 글을 순서대로 인용하여 설명하고 있다.

○세조 6년(庚辰)에 사방을 순행하여 이르는 곳마다 반드시 무과를 베풀었는

---

38) 이희, 『송와잡설』, "麗朝武擧之制, 雖未詳知. 我朝式年之規, 則寅申巳亥之年, 與文科設初試於京中及各道. 各道有定額之數, 隨其擧子矢數多少而出榜. 翌年子午卯酉之歲, 聚會入格初試之人, 京試射六兩片箭, 騎槍入格, 然後考講 『將鑑博議』·『武經』中一書, 四書中一書, 與 『大典』, 粗通以上者, 矢數與講書之數, 通融合計高下分等, 只取二十八人, 謂之會試. 又以會試之人, 親臨試才, 定其坐次, 謂之殿試."

데, 초시를 보이지 않고, 규정의 제한도 없이 응시자의 다과(多寡)에 따라 선발하니, 1년의 통계가 1천 8백여 명에 이르렀다. 지금까지도 무사가 말을 제대로 제어하지 못하는 자나 활을 제대로 쏘지 못하는 자를 반드시 '경진년 무과'라고 기롱한다. 이로부터 무과 또한 경시되었다.39)(『송와잡설』)

○ 세조 때에 무과 1천 명을 선발했는데, 임금이 말석으로 합격한 자를 불러 이르기를, "지금 세상에 재예가 너보다 떨어지는 자가 있느냐?" 하니, 답하기를, "다음 방(榜)의 장원은 그 재예가 곧 신의 아래에 있는 자일 것 입니다." 하였다. 임금이 크게 웃고 그 사람을 썼는데, 뒤에 과연 그 직무에 합당하였다 한다.40)(『지봉유설』)

○ 정덕(正德)41) 경진년에 과거를 설치하여 무사 1천 명을 선발할 때, 호사자 (好事者)가 말하기를, "무사가 소를 타고 달리며 활을 쏘았으나 맞지 않았으 므로, 소를 멈추고, 그 화살을 빼어 다시 쏘니, 시관이 소리지르기를, '저 거자(擧子)는 어째서 소를 멈추고 있느냐?' 하니, 거자가 답하기를, '소가 방금 오줌을 누었습니다.' 하였다." 한다.42)(『어우야담』)

위에 인용한 『송와잡설』, 『지봉유설』, 『어우야담』은 모두 세조시대 경진년 무과에 대하여 기술하고 있다. 『지봉유설』에서는 세조와 무과 합격자와의

---

39) 이긍익, 『연려실기술』 별집 권10, 「武擧」, "至光廟卽位之六年庚辰, 巡行四方, 所到之 處, 必設武科. 不爲初試, 不限規矩, 隨其多寡而取之. 一年通計只一千八百餘人, 至今以 武士之不能制馬, 不能彎弓者, 必謂之曰, '庚辰年武科也.' 自此以後, 武選亦輕矣.(松窩 雜說)"

40) 이긍익, 『연려실기술』 별집 권10, 「武擧」, "世祖朝, 取武科一千人. 上召居末者, 問曰, '今世復有才下於汝者乎.' 對曰, '後榜壯元, 是才下於臣者.' 上大笑, 擢用其人, 後果稱職 云. 芝峯類說."

41) 광문회에서 간행한 『연려실기술』에는 '中宗'이라고 되어있는 것을 『어우야담』(신익 철 외 역, 2006, 돌베개)의 이본대조를 참조하여 '正德'으로 바로 잡음. '正德'은 중국 明代 武宗의 年號(1506~1521)이다. 조선에서는 중종 1년부터 16년까지이므로, 경진이면 중종 15년에 해당하여 세조 때와는 시기가 맞지 않는다. 유몽인의 기록에 착오가 있는듯하다.

42) 이긍익, 『연려실기술』 별집 권10, 「武擧」, "正德庚辰年, 取武士一千爲及第, 好事者稱 之曰, 武士騎牛, 馳射不中, 則駐牛拔其矢, 再射之. 自試官所傳呼曰, '彼擧子何以駐牛?' 答曰, '牛方溲.' 時廟堂引居末者. 於于野談."

문답을 통해 무과시험의 남발이 가져온 폐단을 단적으로 풍자하고 있고, 『어우야담』은 이미 유명무실해진 무과시험장의 현장을 해학적 장면을 통해 고발하고 있다. 반면『송와잡설』은 제도규정의 변화에 대해서 구체적으로 기술한다. 세조 6년에 가는 곳마다 무과를 시행하여 1년에 1800여명을 선발했다고 했는데, "무과 문맹손(文孟孫) 등 1813인에게 급제를 내려주었다. 그때 무과 시험을 치른 자가 많아서 3천여 인에 이르니, 8곳에 나누어서 시험을 보게 명하였는데 귀화한 야인(野人)들도 응시를 청하여 허락하였다."라고 기록되어 있다.[43] 또한 3000명이 응시하여 1813명을 선발하여, 역사상 유래가 없는 이 무과시험으로 인해 '경진년 무과(庚辰年武科)'라는 신조어가 생겨났음을 밝히고 있다. 이 신조어는 당시 유행하여 속담으로까지 회자되었다. 이에 대하여 "우리나라 말에 짝이 안 맞으면 반드시 경진년 무과에 오르지 못한 것 같다고 하였는데, 신사년에도 장가들지 못한 놈이란 말과 같은 뜻이다. 대개 경진년 무과는 매우 많이 뽑았고, 신사년에는 연경을 다녀온 역관이 처녀를 뽑아 올리라는 명령이 있다고 잘못 말하여 경향에서 일시에 여자를 시집을 보냈다."라고 하였다.[44] 이희는 '경진년 무과'라는 신조어가 당시의 비정상적 상황을 가장 상징적으로 보여주고 있다는 점을 인식한 것이다. 흥미적 요소를 가미한 『지봉유설』과 『어우야담』보다 진지하게 사회 정치 문제를 인식하고 있음을 보여준다.

이러한 이희의 자세는 선조시대를 기점으로 무과제도의 폐해가 노정되는 현실을 기술하는 데에서도 여타 필기와 분명한 차이를 보여준다. 이긍익이 이 문제를 다룬 부분을 살펴보면『송와잡설』의 기술이 매우 특징적임을 보여준다.

---

43)『세조실록』권21, 세조 6년 9월 병술.
44) 趙克善,『冶谷集』卷9,「三官記」,「耳官下」, "諺數不偶者, 必曰, '是猶庚辰年不登武科', 辛巳年不娶妻者之類也. 盖庚辰武科, 極爲廣取, 辛巳因驛官歸自燕京, 謬言有揀選處女之命, 中外一時競嫁女子."

○ 성종·중종 때, 별거(別擧)의 법규는 반드시 육량(六兩)의 화살로써 20보 밖에서 말을 달리며 쏘아 네 번 맞추고, 강(講)에서 조(粗)·통(通)에 입격한 연후에 방에 참여시켰기 때문에, 선발된 무사는 모두 뛰어나 쓸 만했었다. 만력 계미년(1583)에 니탕개(尼湯介)가 변방을 침입하니, 병조판서 이이(李珥)가 국경 방비와 출병에 대한 계책을 건의하여, 드디어 별거를 설치하여 무사 6백여 명을 선발하였더니 매년 선발한 자가 각기 수백 명에서 내려가지 않았다. 선대의 과거 법규가 이에 이르러 여지없이 무너져 잡색 군병 중에 약간의 궁술을 아는 자면 모두 과거에 참여하게 되었다. 그러나 왕궁을 시위(侍衛)하는 갑사(甲士)·별시위(別試衛)·정로위(定虜衛)의 부류 및 외방 각 진영의 기병·보병·수군에 새로 선발할 정원은 많이 비게 되었다. 임진년에 임금이 서쪽으로 행차하여 관서(關西)와 해서(海西)에서 연년이 무과를 시행하였고, 계사년 가을에 전주(全州) 무군소(撫軍所)·영남 원수부(元帥府)와 각 도에서 선발한 인원이 매우 많았다. 계사년 환도(還都)한 뒤로 정유년에 이르기까지 5년 동안에 여러 차례 과거를 시행하였는데, 글을 강(講)하지 않고, 다만 화살 한 개를 맞춘 사람까지도 모두 선발하였으니, 명색이 과거이지 실상은 군적(軍籍)과 같았다. 방을 게시하던 날에 어사화를 머리에 꽂고 홍패(紅牌)를 손에 든 사람이 미투리를 신고 도보로 가는 자 또한 많았다. 뽑힌 사람은 더욱 많아졌으나 장수 재목은 더욱 부족하였다.[45](『송와잡설』)

○ 선조 계사년에 영유(永柔) 행재소(行在所)에서 무사 2백 명을 뽑았는데 이때에 국가의 법이 엄하지 않아 공사 노비들도 시험장에 나가 과거를 몰래 본 일이 있었다. 이항복(李恒福)이 객과 마주 앉아 종을 불렀으나 응답이 없었다. 이항복이 말하기를, "이 고얀 놈이 필시 과거보러 간

45) 이긍익,『연려실기술』별집 권10,「武擧」, "成·中兩廟之朝, 別擧之規, 必以六兩二十步 騎射四中, 講粗通然後參榜. 故所取武士, 皆燦然可用. 至萬曆癸未, 北虜尼湯介寇邊陷 城, 其時李珥主兵, 建議爲防戍赴戰之計, 遂設別擧取武士六百餘人, 而逐年所取不下各 數百人也. 祖宗朝舊遠科擧規法, 至此蕩然矣. 雜色諸軍之稍解操弓者, 皆得參焉. 而王 宮侍衛甲士別試衛定虜衛之類, 及外方諸鎭, 騎步兵水軍新選之額多闕. 壬辰倭賊之變, 大駕西行, 關西與黃海連歲設科. 癸巳之秋, 東宮所駐全州撫軍之所, 嶺南都元帥之府, 與各道所取甚夥. 白癸巳大駕還都, 至丁酉五年之間, 累設大擧, 不爲講書, 只取一矢之 入格. 名爲科擧, 實同軍目. 新恩放榜之日, 戴花執牌着繩鞋而徒步者, 亦多. 取人愈多, 而將才益乏."

것이로구나." 하니 만당의 객들이 크게 웃었다.(『어우야담』)

○ 선조가 평안도로부터 연을 돌려 오는 길에 연안(延安) 관사에 들려 성을 지키는 장사들을 시험하여 친림한 가운데 급제자를 선발하였다.

○ 군병들에게 조총(鳥銃)을 학습시키고 이를 무과의 여러 기예 종목 중에 넣도록 명하였다.

○ 성혼(成渾)이 소(疏)를 올리기를, "우리나라 사람들이 과거를 가장 중히 여기오니, 마땅히 각 도에 특히 무과를 보이되, 방비가 가장 긴요한 곳에는 2~3개 장소에 나누어 설치, 널리 평안도의 예와 같이 선발하여, 숨어 있는 자들도 모두 나아가 입격하도록 하면 정규 군사가 될 것이요, 그 나머지도 적중한 화살의 수효를 각기 성명 아래 거주하는 향리와 함께 기록하여 전과 같이 누락되지 않게 하면 또한 징발할 수 있는 군사가 될 것입니다." 하였다.

○ 계사년 겨울에 광해군(光海君)이 동궁(東宮)으로서 전주(全州)에 머물러 무사 5백 명을 뽑았다. 이때, 전국적으로 기근이 심하여 굶어죽은 시체가 길에 가득하였는데, 남쪽 지방으로부터 과거에 응시한 자들은 쌀 닷되[五升]로 급제를 매수하였다.(『어우야담』)

이때, 전주에서 알성과(謁聖科)를 베풀어 문신 11명과 무신 1천 6백 명을 뽑았고, 권율(權慄)도 명을 받들어 합천(陜川)에 가서 무과를 실시하여 무사 9백 명을 선발하였다.(『일월록』)

갑오년에 이순신(李舜臣)이 장계를 올려 무과 백 명을 뽑으니, 이를 '주사급제(舟師及第)'라 이름하였다.(『일월록』)

○ 임진란 후에 무과의 선발이 매우 많아서 한 방에 뽑은 숫자가 많은 것은 수천에 달하였다. 혹 활을 잡을 줄 모르면서도 참여한 자가 있고, 혹 천한 신분이면서도 참여한 자가 있어, 통 털어 수만 명이나 되었다. 대개, 사람들로 하여금 의욕을 북돋우기 위함이었으나, 실용에는 도움이 없었으니 과거의 명목이 너무 천해졌다.(『지봉유설』)

이긍익은 『송와잡설』외에도 『어우야담』, 『일월록』, 『지봉유설』 등의 기사를 인용하여 임진왜란 전후 무과제도의 변천사를 다루고 있다. 모두 대체적 내용은 무과시험의 급속한 팽창으로 인하여 노정되는 병역제도의 모순에 대해 기술한 것이다. 이긍익이 이 주제를 다루면서『송와잡설』을 가장 앞자리에 배치한 것은 그만큼 주요한 맥락과 핵심적 개요를 객관적이면서도 세부적으로 설명하고 있기 때문이다. 여타 필기와 비교해 보면, 이 문제에 대하여 이희가 얼마나 깊은 관심을 가지고 있었는지를 알 수 있다.『어우야담』은 노비들도 주인 몰래 무과에 응시하였음을 해학적 필치로 설명하거나, 흉년에는 양식으로 무과급제를 매매하였음을 고발하고 있다. 그밖에『일월록』이나『지봉유설』역시 단편적 사실을 논하고 있어『연려실기술』의 전체적 맥락에서 본다면『송와잡설』을 보조하고 있는 역할을 하고 있다. 이긍익은 위『송와잡설』의 기사를 인용하며 뒷부분을 생략하였는데, 생략된 부분은 다음과 같다.

> 왜란 이래로 앞서 과거에 합격한 자가 무려 수만 명인데, 그 중에는 한량(閑良)·사족(士族) 이외에, 서얼(庶孼)·공천(公賤)·사천(私賤)·백정(白丁) 따위도 참여하지 않은 사람이 없었다. 뽑은 사람은 많았지만 장수의 재목은 더욱 부족했다. 용렬하고 어리석어 거의 모두가 활도 당기지 못하며, 글자 한자도 모르는 자들이었다. 이들로써 굳세고 사나운 적을 막고자 하였으니, 국사를 꾀하는 자가 생각지 못한 것이 심하도다.[46]

위 글은 이희의 우국의식이 필기의 글쓰기에도 관통하고 있음을 보여준다. 이희는 임진왜란을 직접 경험하면서 조선의 국방과 병역문제에 심각한 모순을 발견하고, 당시의 정책 입안자를 비판하고 있다. 그는 다름 아닌 율곡 이이이다. 이이는 임진왜란 이전 '십만양병설'을 주장하며, 군역 확보를 위해 신분제의 제한을 풀어주는 정책을 추진하였다. 선조 16년 4월 1일 상소에서 "서얼과 공천(公賤)·사천(私賤) 중에서 무재(武才)가 있는 자를 모집하여 스스로 식량을 준비해서 남도(南道)와 북도(北道)에 들어가 방수하게

---

46) 이희,『송와잡설』, "賊變以來, 前出身無慮數萬, 閑良士族之外, 庶孼公私賤白丁之類, 無不與焉. 取人愈多, 而將才益乏. 殘劣愚駭, 不能彎弓, 不識一字者, 比比皆是. 以此欲禦强悍之賊, 謀國者, 不思之甚也."

하되, 북도는 1년, 남도는 20개월을 기한으로 하여 응모자가 많도록 하는 한편 병조에서 시험을 치룬 뒤 보내게 하소서. 그리하여 서얼은 벼슬길을 허통하고 천례(賤隷)는 면천(免賤)하여 양인(良人)이 되게 하며 …"[47]라고 새로운 군정 정책을 건의하여 선조의 윤허를 받아 시행하였다. 이희는 이이에 의하여 무과의 규제가 철폐되며 양적으로는 폭발적으로 늘어났지만 결국 현격한 질의 저하를 가져왔다고 비판한 것이다. 이희는 동인으로 서인 이이와 대립하고 있던 사이이다. 1583년 동인계 언관은 이이가 군정과 관련하여 '전천만군(專擅慢君)', 즉 독단적으로 군정을 처리하여 임금을 속였다는 죄로 탄핵하였고, 당시 대사헌이었던 이희도 동조하여 이이를 탄핵하였다. 훗날 기록에 따르면 이희가 당시 선조의 노여움을 사 장흥부사로 좌천되었다고 전한다. 이희는 무과문란 외에도 "명종 때에 이르러서는 심의겸(沈義謙)과 이이가 함께 국론(國論)을 맡아 어진이를 등용한다는 핑계로 문음(門蔭)으로 뽑는 규정을 만들어, 오직 자기가 좋아하는 사람만을 마음대로 등용하니, 선대의 옛 제도가 크게 바뀌고 벼슬길도 점차 혼잡하여졌다."[48]고 비판하기도 하였다. 이희가 무과제도에 대하여 왜 이토록 진지했는지 시사하는 대목이다. 또 이희는 다른 글에서 조선 국방을 책임지는 장수의 자질이 전대에 비하여 형편없이 하락한 현실에 대하여 한탄하며, "장수의 재목이 부족함이 이 지경에 이르렀으니, 하늘이 이 나라를 회복시키고자 하지 않아서 그런 것인가? 아! 탄식할 일이다."[49]라고 하여 군정의 변화가 결국 나라의 명운을 바꾸었다고 인식하였다. 따라서 이희는 무과제도의 변천에 대하여 실증적으로 접근하여 비판의 근거를 확보하였던 것이다.

이와 같은 비판의식은 다른 곳에서도 발견된다. 『연려실기술』별집에 인용된 『송와잡설』에는 당대 사회의 퇴락을 지적하며 해이해진 기강에 반성

---

47) 『선조수정실록』 권17, 선조 16년 4월 임자.
48) 이희, 『송와잡설』, "至明廟朝, 沈義謙李珥共執國論, 托於用賢, 始開蔭取之規, 唯其所好, 隨意登用. 祖宗舊制大變, 而仕途漸至混雜矣."
49) 이희, 『간옹우묵』, "將才之乏, 至於如此, 天之不欲恢復而然耶. 吁. 可歎也."

을 촉구하는 내용을 적지 않게 담고 있다. 다음은 「금령(禁令)」에 수록된
내용이다.

(가) 선대에는 사대부의 옷 빛깔은 토홍(土紅)을 상등 빛깔이라 하였다.
대개 붉은 흙을 물에 담가서 찌꺼기는 버리고 정하게 만들어서 준비하였다가
아교를 타서 물들이는데, 그 빛이 찬란하였다. 우리나라 풍속에 토홍직령(土
紅直領)이라는 것이 이것이다. 말세(末世)에 와서는 천한 하리(下吏)들도
모두 홍화(紅花)로 물들인 빛을 입는다. 홍화는 '이시(利市)'인데, '이시'라는
말은 그 값이 중하고 귀하다는 것이다.

(나) 또 당사(唐絲)를 섞어서 짠 베는 곱고 쫀쫀하여, 짜기가 어려워서
공력이 백 배나 든다. 재상 외에 당하관(堂下官) 이하는 착용할 수 없음은
국법으로 금하던 것이다. 가정(嘉靖) 병진년(1556) 여름에 승문원 정자(正字)
정담(鄭磏)이 일과(日課)를 마치고 집에 돌아가다가 종루(鐘樓) 거리에서
사헌부의 금난리(禁亂吏)에게 걸렸다. 정담은 죽은 정승 정순붕(鄭順朋)의
아들로서, 젊은 나이에 명망이 높던 문관이었는데 법을 집행하는 관리가
오히려 용서하지 않았으니, 국법이 엄하였음을 알 수 있다. 수십 년 이래로는
하천(下賤)한 무리가 모두 무늬 있는 비단을 입어도 나라에서 능히 금하지
못하여 참람한 습속이 바로 여기까지 이르렀으니, 아! 탄식할 일이다.[50]

(다) 왕궁의 법전(法殿)은 남향(南向)을 하는데, 그것은 정사를 듣고 조회를
받는 바른 위치이기 때문이다. 그러므로 정부(政府)와 추부(樞府)·6조(曹)
여러 관청이 모두 광화문 밖에 벌여 있어 동쪽에 있는 것은 서쪽을 향하고
서쪽에 있는 것은 동쪽을 향해 있다. 한갓 관청만 그런 것이 아니다. 사대부의
사가(私家)나 대청마루도 모두 동향이나 서향으로 되어 있어, 감히 남향으로
하지 못하는 것은, 비록 집에 있을 때라도 분수에 넘치게 남쪽을 향해 앉을

---

50) 이희, 『송와잡설』, "祖宗朝士大夫服色, 以土紅爲上色. 蓋以朱土沈水, 淘去其滓, 精鍊
爲備, 和膠染之, 則其色爛然. 國俗所謂土紅直領是也. 及其末世, 下吏之賤, 皆着紅花之
色, 紅花乃利市也. 所謂利市云者, 言其價重也貴也. 且唐絲交織之布, 細密難成, 其功百
倍. 宰相之外, 堂下官以下不得着, 持國法所禁也. 嘉靖丙辰之夏, 槐院正字鄭磏, 仕罷還
家至鍾樓街路, 見犯憲府禁亂吏, 磏乃故相鄭順朋之子, 年少有名文官, 而法吏尙不饒
貸. 國法之嚴, 可知矣. 數十年來下賤之輩, 皆着文綺絲羅 國不能禁之, 習俗之僭濫一至
於此, 吁可歎也."

수 없어서였다. 도성(都城) 안에, 고가 세족(故家世族)의 집들이 바둑돌같이
벌여 있고 별처럼 흩어져 있으나, 모두 북향하여 있었는데, 중종 이후로
기강이 점차 해이해지고 인심이 나날이 사치스러워져, 분수를 어기고 예도를
넘는 일이 끝이 없어 집의 좌향(坐向)이 남인가 북인가는 따지지도 않았다.
세도(世道)가 점점 못하여지고 인심이 예전 같지 않다는 것을 알 수 있다.[51]

위의 글에서 이희는 의복이나 가옥에 나타나는 기강 해이의 현상을 비판하
고 있다. 단순한 견문의 기록을 넘어서 사회현실에 대한 비판의식을 분명하게
드러낸다. 『연려실기술』에서 (가)부분은 생략되고, (나)부분만 수록하였는데,
원래 『송와잡설』의 기사에는 옷감의 색이나 제조과정까지 상세하게 기술하
고 있다. (다)에서는 가옥의 방향에 대해서도 상세하게 설명하고 있다. 의복이
나 가옥은 국가적 기강의 문제로서 진지하게 인식하였으며, 그에 따라 그의
기술은 실증적으로 기록되었던 것이다. 결국 그의 비판의식은 필기의 글쓰기
를 객관적이고 정확하게 기록하도록 이끌었던 것이다. 바로 이 점이 『송와잡
설』이 다른 인용서들과 구별되는 특성이라 할 수 있다.

IV. 맺음말

이희의 필기작품인 『송와잡설』과 『간옹우묵』은 16세기 필기문학사에서
주목해야할 작품이다. 기존 필기류가 포괄하고 있는 내용의 다양성을 두루
갖추고 있다는 점에서 필기 장르에 대한 이희의 인식은 여타 필기와 유사한
성격을 보여준다. 그러나 기존연구에서도 지적하였듯이 야사로서의 성격을

---

51) 이희, 『송와잡설』, "王宮法殿南向, 聽治朝饗之正位, 故政府樞府六曹諸省, 皆列光化門
之外, 在東者西其向, 在西者東其向, 非徒公府然也. 士大夫私居之室, 其廳事則皆或東
或西, 而不敢南向者, 雖處家之時, 不得僭分而面南也. 都中故家世族之室, 碁布星羅,
皆是北向. 及中廟朝以後, 紀法漸解, 人心日奢, 犯分踰禮之事, 無有紀極, 則家舍所向之
南北, 不暇問也, 可見世道之漸降而人心之不古若也."

강하게 지니고 있어 "엄정한 사관을 가지고 기록한 역사물"이라는 평가를
받기도 하였다.[52] 이러한 특성은 유사한 주제를 다룬 타 필기작품들과 비교하
여보았을 때 더욱 선명하게 드러난다. 이긍익의 『연려실기술』에 수록된
작품들을 상호 비교하여 세 가지 특성을 추출하여 보았다. 역사에 대한
비평적 인식태도는 매우 풍자적 방식으로 기술되는 특성으로 나타났다.
동일 인물을 다룬 여타 필기작품들과 비교하였을 때 가장 예리하게 핵심적
사안을 간파하여 드러내고 있다. 이러한 풍자가 가능할 수 있었던 것은
이희가 당대 정세와 인물관계에 대하여 매우 세부적으로 묘사하고 있다는
점과 연관된다. 매우 사소한 장면이나 이야기라고 하더라도 그 속에 당시의
정세와 인간상이 담겨있다고 본 것이다. 또 한 가지 분명한 특징을 보여주는
것은 다른 필기류에 비하여 당대의 문물제도에 대한 실증적 기록을 많이
남기고 있다는 점이다. 당대 사회현실에 대한 비판의식은 객관적이고 정확하
게 제도의 변천과 사회현상을 관찰하게 만들었고, 실증적 자세로 필기를
쓰게 했던 것이다.

　이상의 타 필기작품과 비교하여 드러난 이희 작품의 특성은 그가 비평적
관점에서 역사와 현실을 인식하고 있다는 점을 보여준다. 필기란 원래 양반
사대부층이 사랑방에서 나누던 담론을 기록한 것이다. 담론의 요인 중 중요한
것은 상호간의 흥미라고 할 수 있다. 어떤 분야의 이야기를 다루던 기본적으로
흥미를 끌어야 이야기의 대상이 될 수 있기 때문이다. 그러나 이희에게
흥미는 보다 진지한 정치사회에 대한 비평에서 생겨났던 것으로 보인다.
그는 직접 언관으로 재직하면서 공론의 중요성을 매우 강하게 인식하고
있었다. 그는 유가 지식인의 위상에 대하여 다음과 같이 말하였다.

　　사군자(士君子)가 이 세상에 살아가면서 즐길만한 것은 의리(義理)이고,
　　중시할 것은 명절(名節 : 명예와 지조)이다. … 뭇사람들이 손가락질 하며
　　비난하고 역사가들이 실상을 기록해 꾸짖을 것이니 가벼이 여길 수 있겠는가?

52) 김영봉, 앞의 논문.

우리 선비들이 의당 성찰해야 할 일이다.[53]

유가 지식인은 시대의 평판과 역시 기록을 중시하게 될 때 자신의 도덕성을 담보할 수 있다고 말한다. 즉 이희에게 필기는 하나의 흥미로운 이야기를 쓰는 것을 넘어 도덕적 인간과 건전한 사회를 위한 진지한 성찰의 글쓰기였다. 바로 이러한 특성이 16세기 정치관료가 필기문학을 담당하며 나타나는 현상 중 하나가 아닐까 추론해 본다.

---

53) 이희, 『간옹우묵』, "士君子生於斯世, 可樂者義理, 而所重者名節也. … 衆人指點之誚, 史氏記實之誅, 其可忍乎? 吾黨宜省之. … 衆人指點之誚, 史氏記實之誅, 其可忍乎? 吾黨宜省之."

『송와잡설(松窩雜說)』과 『간옹우묵(艮翁疣墨)』의 선본(善本)인

『간촌송와문견잡설(艮村松窩聞見雜說)』에 대하여

『송와잡설』과 『간옹우묵』은 본래 하나의 책으로 추정되고 있다. 이중 『간옹우묵』은 지난 2011년 한국학중앙연구원에서 번역본으로 출간된 바 있고, 『송와잡설』은 민족문화추진회(현 한국고전번역원)에 의해 『대동야승 (大東野乘)』에 기재된 판본을 바탕으로 영인 번역되어, 현재는 인터넷으로도 쉽게 이용이 가능하다.

이 두 개의 저서는 잘 알려진 것처럼, 여러 개의 이본(異本)이 전하고 있으며, 아울러 본래 하나의 책이었던 것으로 추정된다.

그런데 『대동야승』의 판본은 가장 일찍 유통되기는 했어도 그다지 선본이 라고 할 수 없다. 현전하는 『대동야승』은 필사본으로 전하던 것을 1909~1911 년 사이에 조선고서간행회에서 신활자본으로 편집하여 출간한 것이어서 원형을 잃었고, 오자(誤字)도 많기 때문이다. 또 다른 판본인 『패림』본은 『대동야승』본과 내용이나 편차(編次)에 있어 거의 일치하므로 같은 계통으로 볼 수 있다.

한편, 이본 중에서 잘 알려지지 않은 2종의 『문견잡설』이 국립중앙도시관에 필사본으로 소장되어 있는데 두 개의 이본 가운데 표제가 『간촌송와문견잡설 (艮村松窩聞見雜說)』(청구기호 BC-古朝56-나47)이 주목된다.[1] 이 필사본은

『송와잡설』과『간옹우묵』의 내용이 혼합되어 있는 매우 중요한 이본(異本)으로 파악되며 다른 이본과 몇 가지 형식적인 차이를 보여준다.

『간촌송와문견잡설』의 기사 순서를 보면,『송와잡설』은『대동야승』본이나『패림』본과 기사의 순서가 많이 다르고,『간옹우묵』의 기사는 군데군데 떨어져 있지만 순서는 현행『간옹우묵』과 동일하다.

이『간촌송와문견잡설』은『송와잡설』이나『간옹우묵』의 선행본으로 새롭게 조명되어야 할 필요가 있다.『간옹우묵』이 세상에 알려지게 된 것은 김려(金鑢, 1766~1822)가『한고관외사』에 실은 것이 중요한 계기가 되었다. 김려는 시골 서당에서 4권의『간옹우묵』을 얻었는데 여기에는『송와잡설』의 내용을 포함한 것이었다. 이때 그가『송와잡설』에 실리지 않은 내용만을 발췌하여 2권으로 정리한 것이 지금 전하고 있는『간옹우묵』이다.[2]

김려가『간옹우묵』전체를 다 싣지 않고 발췌한 것은 이미『송와잡설』을 수록한 뒤였기 때문이다. 또 워낙『송와잡설』이 세상에 널리 알려져 유통되어 그 자체로 이미 하나의 독립성을 가지고 있었기 때문이기도 했다.

그러나 김려가 "『송와잡설』과『간옹우묵』중에 어느 것이 원래 정한 이름인지는 알 수 없었으나 그것이 본래부터 한 책이었고 원래 두 책이 아닌 것은 분명하다"라고 언급한대로 그가 시골 서당에서 얻은『간옹우묵』은 원래 한 책의 모습 그대로였을 가능성이 높다. 지금 소개하는『간촌송와문견잡설』이 바로 그러한 형태를 보여준다.

이『간촌송와문견잡설』의 구성을 면밀히 검토해 보면, 기존의『송와잡설』이 선본(善本)이 아님을 보여주는 사실을 발견할 수 있다.

---

1) 또 다른 기록은 13행[글자수 부정, 30여 자](청구기호 B2-古朝56-나83)이다. 이 기록은 류성룡의『운암잡록(雲巖雜錄)』과 강신의『진흥군일기(晉興君日記)』와 함께 수록되어 있는데 요약된 발췌본이어서 자료적 가치가 떨어진다.

2) 정밀하지 못한 작업때문인지는 몰라도『간옹우묵』을 기준으로 국가의「근간을 뒤흔드는 뇌물죄」(11화),「황희의 도량」(28화),「청렴을 일깨우려한 김정국의 편지」(48화),「고려의 명망을 탄식한 승려 선탄의 시」(74화), 4개의 단편이『송와잡설』과 중복된다.

첫 번째로『송와잡설』"趙判書士秀 登文科第一等 …"으로 시작되는 기사 다음에는 "黃衡亦名將也 官至刑曹判書 好觀書史 不拘小節 嚴毅沈重 鈴下畏之 …"라는 단편이 이어진다. 여기서 '역(亦)'자는 앞에 문신인 조판서를 언급하고 있으므로 흐름이 자연스럽지 않다.

반면에『간촌송와문견잡설』에는 무신(武臣)인 황형(黃衡)에 대한 단편 앞에 "田霖國朝名將也 稟性果敢 過於剛忍 然淸節冠世 …"라고 시작되는 이야기가 배치되어 있다. 명장(名將)에 대한 이야기기가 연속되어 '역(亦)'자의 쓰임이 한층 자연스럽다. 반면에 동일한 전림(田霖)에 대한 단편이『송와잡설』에는 한참 앞쪽에 등장한다. 현전하는『송와잡설』이 후대에 재편집되면서 순서에 주의를 기울이지 않은 것으로 해석해 볼 만한 부분이라고 할 수 있다.

두 번째로 선본(善本)임을 증명하는 또 다른 중요한 부분으로는『송와잡설』 "慈山公嘗戒子女曰 …"이라는 단편에 나오는 내용이다. 이 기록은 자산공(慈山公)이 종들에게 인정을 베풀라고 자녀들에게 경계하는 내용이다. 그런데 여기서 주인공을 자산공으로만 기록할 뿐 누구인지 자세한 인적사항을 알 수 없다. 자산공 기사는 이곳 한 군데 뿐인데,『대동야승』본에 근거한『송와잡설』에는 인물 주석이 없으므로 아무런 단서가 없다. 다만『패림』본은 예에 따라 '慈山公 似是松窩從祖判官稏[자산공은 송와의 종조인 판관 이치(李稏)인 듯 하다]'라고 주석을 달고 있다. 그런데 여기서도 주석을 달면서 그 근거가 희박하여 '사시(似是)'라고 추정하였을 뿐이다.

이를 분명히 확인할 수 있는 기록이『간옹우묵』에 보인다.『간옹우묵』 「원보륜의 검소한 행실」 29화의 단편은 "元慈山甫崙, 余之外王父之皇考 而耘谷公之曾孫也 …"[자산 원보륜은 내 외조부의 선친(先親)으로 운곡 공의 증손이시다]로 시작되고 있어 원보륜(元甫崙)의 검소한 성품을 소개하는 내용이다. 이희의 종조(從祖)가 아니고 외조부의 선친, 즉 외증조인 원보륜인 것이다.

이렇듯 주서에 착오가 나는 것은 저자가 직접 주석을 붙인 것이 아니고, 후대에 다른 사람에 의해 기록된 것임을 분명하게 말해준다.

그런데『간촌송와문견잡설』의 기록에는『간옹우묵』의 원보륜의 검소한 성품을 소개하는 단편 다음에 『송와잡설』의 "慈山公嘗戒子女曰 …"이라는 기록이 곧 바로 이어져 있다. 앞의 단편에서 자산공에 대해 상세히 이미 밝혀놓고 있었기 때문에 이어지는 단편에는 '자산공'으로만 시작해도 괜찮았던 것이다.

이상과 언급한 2개의 사례는 『간촌송와문견잡설』이 『대동야승』『패림』의 판본에 근거한 『송와잡설』에 선행(先行)하는 선본(善本)이라는 것을 어느 정도 뒷받침해주는 사실들로 해석해 볼만한 부분으로 생각된다.

『간촌송와문견잡설』은 기존의 해제에서 이본을 언급하면서 거의 주목하지 않았던 기록이다. 앞서 살펴본 사실들에 근거해 보면, 이 기록은 『송와잡설』과 『간옹우묵』의 원형에 가까운 이본이 될 수 있는 중요한 자료로 판단해 볼 수 있다. 앞으로 이 자료에 대한 소개를 통해서 더욱 진전된 연구가 진행된다면 『간촌송와문견잡설』의 선본(善本)으로서의 가치가 더욱 드러날 것으로 기대해 본다.

---

* 본서(本書)의 부록인 『간촌송와문견잡설』의 내용은 이미 『송와잡기』, 『간옹우묵』이 번역되어 있으므로 별도의 해석은 싣지 않고 국립중앙도서관에 소장된(청구기호 BC-古朝56-나47) 원문 이미지 파일을 전제하는 것으로 한다.

* 『간촌송와문견잡설』에 대한 해제는 김영봉(2013, 「송와잡설(松窩雜說)의 필기문학 상 위상에 대하여」, 『송와 이희 연구(松窩 李墍 研究)』, 원주학술총서 제16권, 82~88쪽)의 선행 연구에서 발췌 요약했음을 밝혀둔다.

村松窩聞見雜[...]

民千里不同風百里不同俗此古今之恒言也其在中國千
原廣野田墅無際[...]千里然後風氣不同百里然後習俗
有異也春秋[...]三國府[...]之不同考諸詩可見矣我國則
不然水無千里野無百里[...]之間高山疊[...]一村之內
大江相[...]山之內外水味之[...]一[...]言江之南北風氣之
或順或逆廢[...][...]然則風氣之[...]習性之民[...]雜[...]
[...]中國[...]禮[...]技藝[...]

文物盡捲而東都于平壤初至睢盱被髮語音不通畫地
成字始得通情教之以簠簋以食籩豆以祭生者有養死
者有葬男婚女嫁亦皆有禮設八條之教興仁義之化〻
盜為良変夷為華井田遺制宛然猶存至今千有餘年東
民之知三綱五常之德存君臣父子之道得免於禽獸者
皆箕子之化也雖家〻尸以祝之豆以觴之猶未足以報
其德也
天有十日人有十等上自公卿下至輿臺尊卑之序貴賤
之分天經地義固不可紊也至於我國公私賤之法實非

聖　政均是同胞之民而勒為臧獲拘以世傳陷之賤
類不齒士族甚無謂也然箕子以三人之聖自中國而來
立中國所無之法豈無所見而然哉蓋東方山形水勢迂
曲而險阻人心習尚剛偏而巧黠莫肯從令反覆難制非
可朝令而夕禁亦不可草薙而懲悪故如奸盜贓賊之類
後為其家奴婢使各統構以興於変之化以致外戶不閉
之盛自此以後遂為東方赫世不易之大法家家有君臣
之義人〻知上下之分國之逆臣家之反奴與之同律至
今數千餘年遵守不変禮讓之學刑政之美非他外國之

中華之或以小　義而愛之為　物猶有異　以　非有德者　以　北不同色者多　南方尋常之物　但以南來北去之　皆樂　潮南為有此　由俗革因俗成化　化之義者　以禮義之　今有教化之　人皆以禮　以人皆以　國之人皆　中國之道而同　中故　有者　亦不一　此之一乎　適足為大亂而已　可以行　也

觀之我國人心若邊塞之風俗以德野教之味漢魚之圍群之人我　巧然不可化之　安有不化之　必以德化之人　山鷄狗之藪皆　為而且多　猶　形皆　来　物　内皆　清色者多　有異

中國人心言恐言加以我國訓人之好頑不思禮讓好　為慢倍　以以　以養　畜　甚　他方如此　甚　可　惟也

於見童之　必性至於　児童妻孥　如吾子弟等之言語恐　其風山之　其牛馬　可見乎　余嘗聞諸先正此　靖陵之初

부록 | 『송와잡설』과 『간옹우묵』의 선본인 『간촌송와문견잡설』에 대하여 225

絞於湖南之靈光萬頃寺地而遂博遇桀於四方云東

城治西俗邇達營登之謂王達之所登也字陸禹大如鳥歸祖仕

山上平廣大可坐百餘人有列泉雜壘旱不渴世傳匾山之南此野人

秦封鎮臨之處也龜朝五百年之文物禮法子爲鳥入

原城城橫截之譯至以達叢林寺共民俗之郡野甚美於林繇

原中獻陵龍潛之日守祥東有禪想寺之南三四里之微計

　　　　　　　　　　　　　　　　　　　○　　　

有龍祕其上有臺嚴薛山而五獻陵有時淡丹啥泳於

嚴上登士後命戌搆陵臺巨訥而居民以嚴擒祥烏爲

大宗臺壬辰山時誠陵寺臺教湯而臺嚴猶然而五爲歲五

○聖閣知可居而能成大登者天下未學有也此修仁也不符鳥也

臺者之道而去五誠不去五誠而能成大登者天下未學其大盜

所謂以五者爲誠乎五者仁義禮智信也盜者欲符五者然則合之

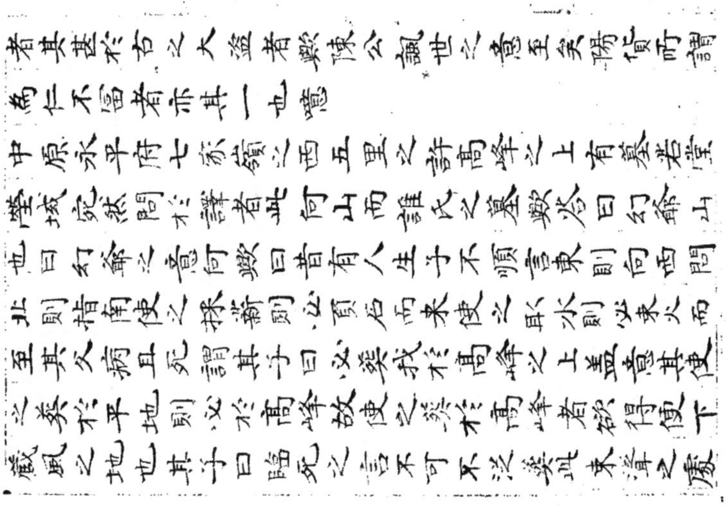

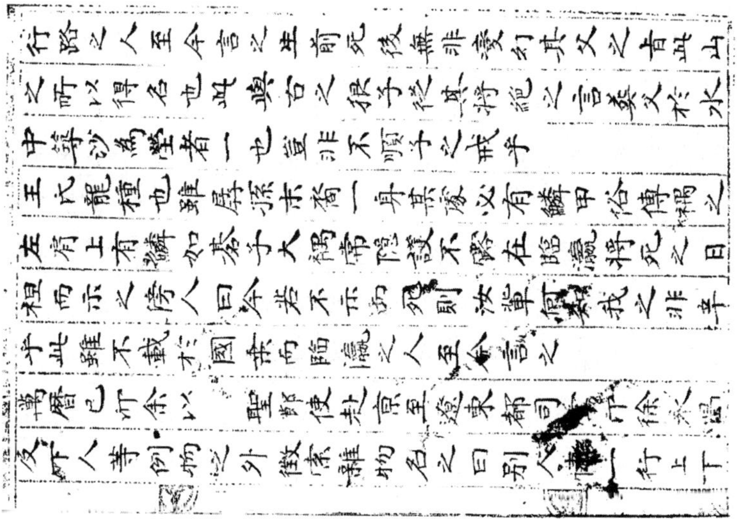

頃謁行富偉充其秋獨物兵馬雲龍不使列物宮下之人

亦無三尢求余数来之不乙至此京虚五河錯聞座之能龍

為工科給事中王致祥所彈碑公獨以烏山東千里之權要

列将之於日芹珙無劲高為云程亦以為馬公之賢廬金遐無不揚之竟為罷龍

矣去未有法星使雷公下去誅討鲁樊之甚者雷公肇戒一

恶之小而為之不已則終至於積而不可掩必有威升震崇

之禍善小而行之不已則終至於積而達可行必有尊崇

康濟一番之美盡嶄原之患由於積之不撲凡內之功成乎

廉之一節持小善而已在君子固不足稱也然廉恥者惡

雖有美有他如此敢蓋亦自愛神明一榮鶴十載之下獨不

劫然流芳千遺臭其在當時尚有餘路之相鶩吾景者何恥何

風泉然流芳遺臭其在當時尚有餘路之相鶩吾景者何恥何措清

何慮何濟

觀而發露而其情有其影也能謀勉強貌者其

不雖不觀其影也能謀貌者其心其

人不發露而其之也謀其內實故同升於豈美口其

蔵狀於巧如其影則其形不必觀也此君子觀人之法也

人臣之罪大至於不尊不察矣盡受迎主意以固其寵龍

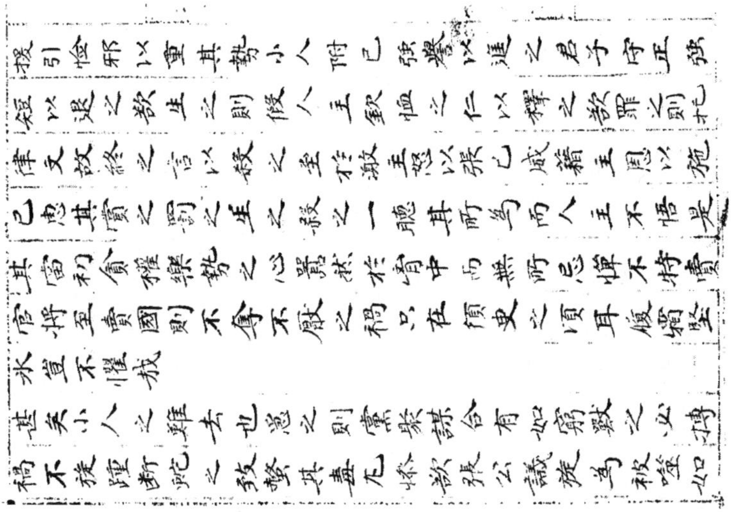

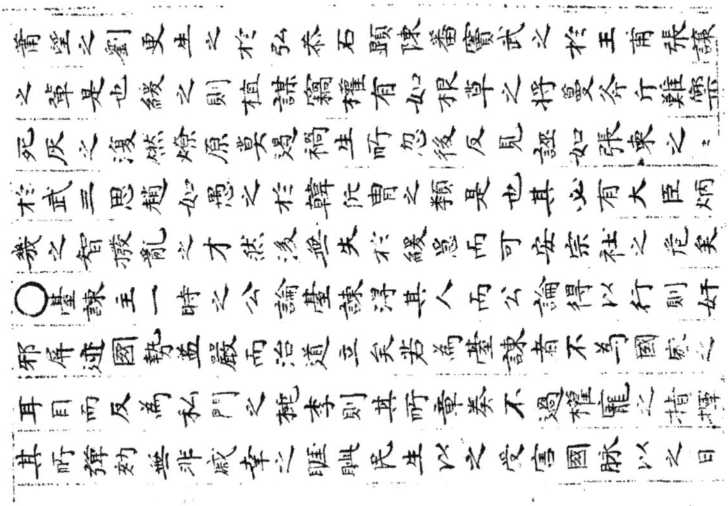

表昂〻增亂呼唱街里人皆指之為某氏之爪牙某門之
鷹犬豈非可愧之大者乎
古之明主必慎守贓法不少撓貪贓法不嚴而能保其國
家者未之有也漢之光武寬仁之主也雖則然於數十學
徒守關請哀終不貸歐陽歙之罪而竟死獄中非獨光武
然也唐宋諸君之稍知治道者亦莫不然在我　祖宗之
世朝廷清明私邪不行此　英成兩朝之治後世不能及
也至于　中廟之初雖經燕山昏亂之後國家典章猶存
公議未泯士大夫之貪汚被譏者皆不得側跡於朝著之間

而私用浩文紘一倡者未免為終身之累其為法禁之嚴
可知矣自六七十年以來權奸繼踵紀律蕩然貪婪之習
日以益盛見棄公議受人指點者昂〻呼唱從他笑罵無
復愧恥非徒不為舉法糾之反與相效而從臾之也如此
而民生之不困宗社之不亡豈理也哉
人君之德莫大於明〻以照奸則百邪不能遁其形其於
進退用捨之際有何難乎然不以德為明而以察為明則
反有所累而為害大矣誠其志正其心視於無形聽於無
聲恭默摠攬賢愚自分是非不眩此乃德之至而明之極

也若特其英亂役其苛察專以耳目聰發奮御群僚或借
聽於左右或求知於近習僻〻蹊〻顚倒錯戾其爲妨政
害治有不可勝言矣
帝王之法皆本於人情必原於人情而順於天理然後不
悖於行而無譏於後世矣我國之法其不可曉者有二焉
女之貞潔雖極可嘉而年少寡女一切禁錮使嫁之子論
以淸道是果近於人情乎宦者爲物非男非女腐朽宜穢
實非人類而娶妻居室有同平人妻或不謹罪以失行是
果合於天理乎違情悖理莫過於此恐非聖人之法也

鹿李進士元天錫余之外王父之高祖考也號耘谷文章
富贍學問該博居原州之弁巖村州之東北五里許有寺
曰靈泉 獻陵龍潛之日嘗投宿棲息而從詩於公〻之
啓沃良多蓋平昌郡 穆祖之外鄕而考妣陵在於三陟
府 獻陵有時往來三陟也及卽位馹問公之存否其沒
已久而公之子洞存焉召至使殿侍授基川縣監聖主不
忘甘盤之舊如此寺之廢棄不知幾年而三塔宛然至今
猶存
賞罰者人主之大權也人主之賞罰惟出公義而不以私

莫賞罰一人而天下之人莫不懼為善者勸而為惡者戒於是治之君稱賞而勸戒其賞罰而知其治亂之所由豈可不公不義哉而觀人能

莫罰一人而天下之人莫不怵於影響之鼓舞束世之王教其為惡者盡其義哉而觀人能

意則貴一人而天下之人莫不懼之字罰有功者盡怠煩其刑敕慾怒其應而為惡者盡其義戒而能

耗服聩民心我先生樂李崇仁都建博等皆司馬同穆收隱時謂馮公廉往相見多有唱酬之什公聞庭禍度謂江澤大書

持書曰國家以先王之子為辛陀之子驟為庶人放之江
華仍有詩云祖王信筵應乎天餘澤流傳五百年分棟假
真何不早汝兮之鑒照邢然及聞昌慶之江華褐自江華
移江陵仍賜死有詩云先王文子各兮雜萬里東西天一
緩使一身為庶類兮心千古不邊移公褐昌宮文子為先
王而題詩哭之

士大之所貴者名節也富貴為得名節雜係軒冕累夫有
時後來名節一失終身不可復得而貌寒花淀晚節者此乃士
親公有詩云莫為老圃秋容淡要清節晚節香

君子之警衆也

陳圓南有言曰名者今古之美器造物者深惜之余觀
古及今能終始不操名譽者有幾人共是故君子務
在己之實也君子不獨造物之所吝而不致其內則有
名譽之虛名者外之不致其內而無以充其實也是知有名譽
耻也木不雕難也在外之所致其已無以充其實也是知有名譽者
名者有實之賓君子之所深惜無源之水無根之
人也而衆不喜大美者以陋面目之致則不知有人之致則不
觀之者非不知陋面而目之羡則曰

美者以其面目之無可美也以無可美之面目取衆人之
笑海如此人之顑頷可羡威儀有自君子觀之不過一陋面而
已此君子所以必文博威儀之節也

夫知爲人子者淺淺可以爲能使人欲世子之愛於學也
君之事君者曰此持君我也而樂我慶諫何也曰有父在則禮然
美其二曰此持君我也而樂我慶諫何也曰有君在則體然
美其三曰此持君我也而樂我慶諫何也曰長也則禮然
美昔者成王祠位幼不能在于周召禮政抗也子之法

於伯禽使成王知父子君臣長幼之義焉此萬世不易之
定法也
世子於一國非君非臣將承國家之重而上有君父之尊
下有師傅之嚴與群僚遜讓者也必盡其忠如大舜之
事帝尭篤於孝如文王之事王季受師訓如成王之敬周
召然後可以無負於他日之宗社一有未盡其道則師傅
之負皆失其官而太平之業難乎望矣此自古輔導東宮
之所以難也
耘谷公聞都統使崔瑩被刑有寓歎三詩一云水鏡埋光
柱石頹四方民俗盡悲哀共然功業終歸朽確有忠誠死
不灰紀事青篇曾滿帙可憐黃壤已成堆想應杳杳重泉
下掛眼東門憤未開二云獨立朝端誰敢干直將忠義試
諸難為從六道黠黎望能致三韓社稷安同列英雄頹更
厚未亡邪佞骨猶寒更逢亂日誰為計可笑時人用事奸三
云我今聞訃作哀詩不為公悲為國悲天運難能知否泰
邪基未可定安危銛鋒已折嗟何及忠膽常孤恨不支偶
對山河歌此曲白雲流水惣悠悲
春亭卞季良過崔瑩墓詩奮威匡國鬢星星學語街童盡

山德大樂永秋子死未應共片一名藏
退而褐前祀清家裔府朝清祚越擊遮君山魯見
支牢而下獨之璧之後時其恐都事都者將日手下莫縮
羊而帶布以繼不足繼之引而穴恣恐後從生長以繼之經

夕貢顧辰而延山之今留連連臺乃墳之中江校之云致有通言自家甚夭未僧魯
數日一運有年臺蔓塚之今分中家血之藁以只且平不致云越學子祖君山曾

江枝則則者觀之文齋觀所峯若是執知未詭二也葵之
人椎經由子君而者之呼令天之運時於開退達之長天子者之
語論曰子君乃禁之尼之令天乃運就若吾之運時於退達人小子君
容不可退盤退難遠流小隨詭所無潔日再其及可之退勇達聞有片
夫子無動君子觀之論曰君子諸也由君子呼而再其其甚殺其不至所無陳赤日有
子大夫素勤動君子觀論語曰諸君也主孔子枝棟去明神其為令靈以東在祠有

者雖在飲食之末必有所取法焉故以是達之

仁廟即位中廟山陵終早館學儒生等請沒賢良科
阮章三上曰伏隆仁廟于筆批答曰汰等后有善之科　先王教育論所非
之澤亦非之是自有朝廷建言是非則浮沒美期於是非則後
諸生之內遍遂先王之政爲決安反至　早遂之日持令後
料叙藏

麃人之朝惟以臨沒爲重以郎等不習民事不知治道
不被世六品者遂以李至朅年作序以文官之遙今初
視民之官雜以委送朝令若是時武舉所取以官庫亦得以觀厚
至見矣至郎將之爲字更武懿所取四人而已從民心
百年間熱民安業阮庆宜官列邑官庫之令而親民心
我朝祖宗以來亦有武升勿委內地令以觀厚
靖陵甲年以後權邑持誕運築樂悉恐恊人肥己所不至民
年少武官遂鈗色

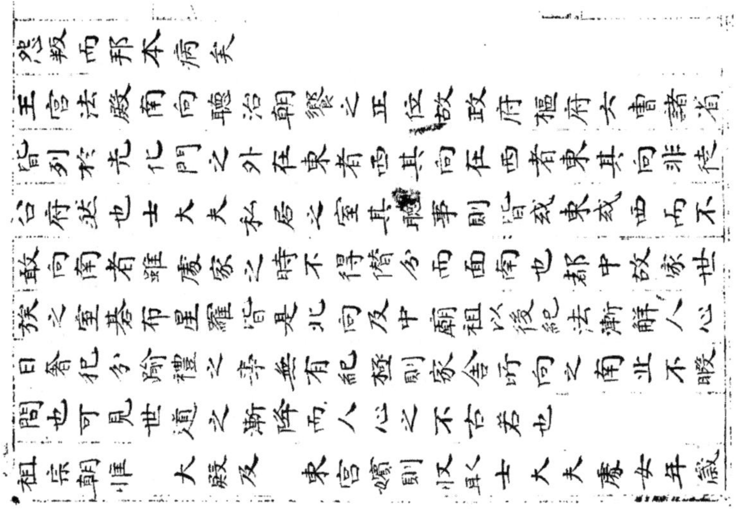

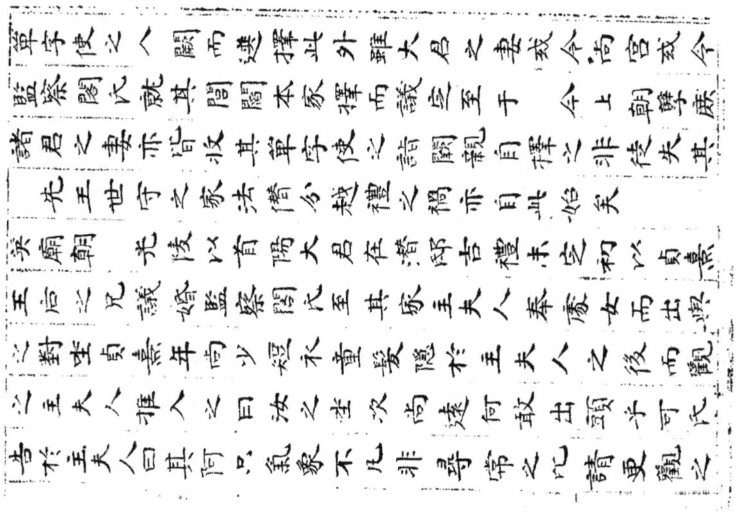

嘉歎不已入闕啓之遂與定禮可氏知人之鑑至今稱
之
祖宗朝宮中阿只氏出避之處必於宗室或內族之家故
諸君及翁主等避接之事閭閻之人絶不聞知至于　今
上朝宮中可氏與別監等操縱謂某方某地最吉某日某
時可往某家不意來到士族之家付標於外門督令即日
出去主家倉皇家產器用什物未及收藏顚倒棄去罔致
蕩失者多矣又不能久留一處或數旬或半月輒復移他
騷擾之弊怨無不及而　聖上不得聞知可恨也已

天生一世之人才猶足以濟一世之事天下有天下之士
一國有一國之士十室之邑必有忠信春秋列國雖稱小
之邦皆有可衛社稷之臣則才不借於異代之言豈不信哉
○世之治亂興亡雖感於人事之得失氣數之屈伸而天
之所以愛護民生而欲安之心則未嘗暫弭故雖不能使
之常安而或至於亂必且豫出能弭是亂之人以擬於後
歷觀古昔一時卓犖之士縱不得展盡所蘊以安民生而
施措之術規畫之方其兆皆見則天未嘗不愛民而世未
嘗無其人也然以我東方今日而觀之倭賊之兇鋒慘矣

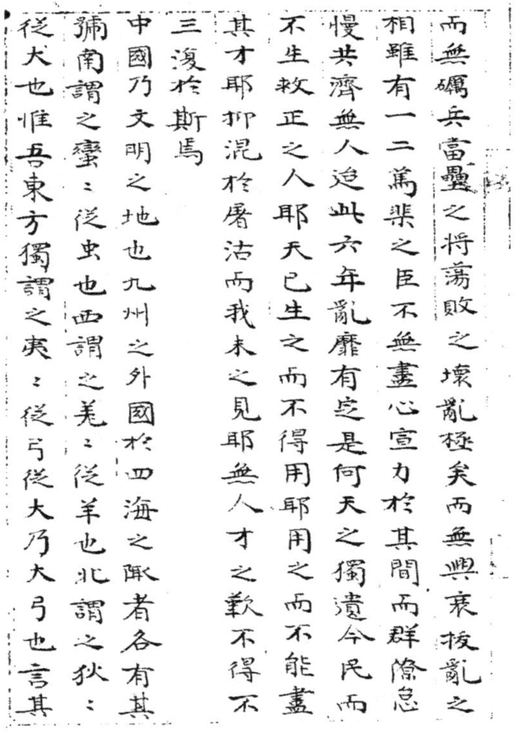

而無礪兵富壘之將蕩敗之壞亂極矣而無興衰撥亂之
相雖有一二萬柴之臣不無盡心宣力於其間而群憸怠
慢共濟無人迫此六年亂靡有定是何天之獨遺今民而
不生救正之人耶天已生之而不得用耶用之而不能盡
其才耶抑混於屠沽而我未之見耶無人才之歎不得不
三復於斯焉
中國乃文明之地也九州之外國於四海之陬者各有其
稱南謂之蠻〻從虫也西謂之羌〻從羊也北謂之狄〻
從犬也惟吾東方獨謂之夷〻從弓從大乃大弓也言其

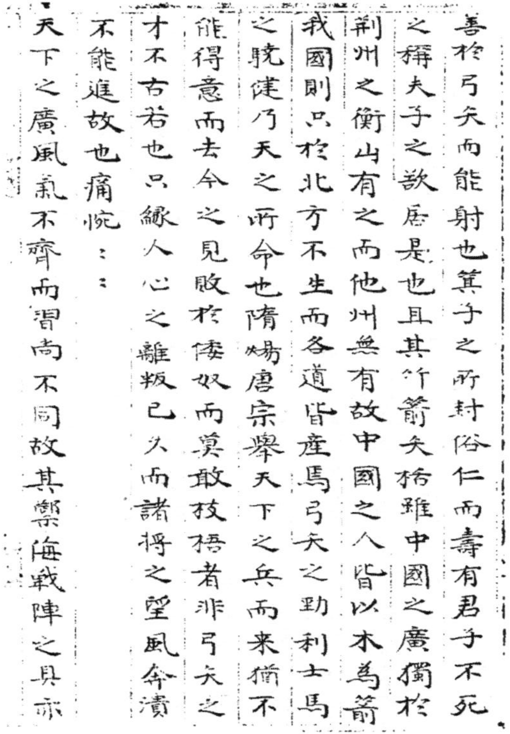

善於弓矢而能射也箕子之所封俗仁而壽有君子不死
之稱夫子之欲居是也且其竹箭矢栝雖中國之廣獨於
荊州之衡山有之而他州無有故中國之人皆以木為箭
我國則只於北方不生而各道皆產焉弓矢之勁利士馬
之驍健乃天之所命也隋煬唐宗擧天下之兵而來猶不
能得意而去今之見敗於倭奴而莫敢枝梧者非弓矢之
才不古若也只緣人心之離叛已久而諸將之望風奔潰
不能進故也痛惋〻〻
天下之廣風氣不齊而習尙不同故其禦侮戰陣之具亦

随方各異中國有中國之技夷狄有夷狄之技春秋列國
如秦楚之堅甲利刃齊晋之旗旄劍戟韓魏之廣輪輻轄
燕趙之鉤棘長鎩是也勁弓強弩發無不中我國之長技
也妙於炮丸慣於槍劍倭奴之長技也善用兵者諱我之
長誘彼所短懼我之短挫彼所長奇正相乘因敵制勝此
孫武三駟之法也若厭我之鷙暴彼之新則邯戰之步其
可建乎盍胃我長兼彼所能固無不可然以余觀之兩軍
交綏風馳電擊追雲逐雨不暇呼吸當此之時進退揮槍
之術俯仰弄劍之法必無所施只可學鳥銃而他不必效

之也
祖宗朝以兩司署經為重故凡初授職而當署經者必待
兩司署出然後謝恩肅拜今則亦必謝恩然後署經未知
此例始於何時也蓋先署以公議為大先謝以君恩為重
兩無所妨然今之以未署經而行公者謂之謝前出仕云
則右意之猶存可知也
祖宗朝紀綱高張典章燦然士大夫皆以不貪為寶小有
苞苴之及門則人皆指目已亦知愧若撻于市昇平日久
廉恥道喪乃以多取為快善事為能或多方吹毛推之於

穽中或游辭掩瑕引之於膝上皆不得不由於賄賂之多
寡噫士風如此國家之不亡幸也
春坊下番入侍之貟於世子所受之書與其左右講論之
辭出而追記書於單字以呈政院轉啓上殿乃舊時規例
也　仁廟在東宮幾三十年聖學日躋三時書筵之外又
有夜對又有不時接見下番寫於追記持筆硯入侍如
上殿之有史官也一日賓客任權告於　東宮曰書筵之
言有所遺漏固無所害而替筆入侍乃　上殿事也逼於
上殿之事雖小不可僭也自此持筆硯入侍之事遂廢

不舉也
先祖稼亭戊戌生年十三屬於諫院外郎時國家無事拾
遺之官每以會飮爲事名之曰曲會嘗於夜會一貟先唱
曰長夜不長詩酒夜諸僚皆不能對稼亭謂曰是不難也
即應曰遠山非遠畫圖山座客不覺驚歎每出入必與之
同鞍自此知名
稼亭年三十六中征東省鄉試第一名入元朝遂擢制科
前此本國人雖中制科率居下列公所對策大爲讀卷官
所賞置第二甲授翰林國史院檢閱官至中書省左右司

先祖牧隱戊辰建正元年辛巳松堂先生金先載摯試學

公年十四中詩科戊子國子監生貢赴都入學己丑在學

已夏寅制終五月玄陵問科蓋蕭先生李齊賢和言撃楊

牧先生洪彦博同知貢擧公中擧一人秋中泛東省撃一

名美初置於知制語以外國人雜之品置等二名援應秦翰

林文字同知制誥書國支院編修官公諸言曰吾父子登楊

干韓山也

東國之有韓山也

之道文於中國公應聲曰雞鳴狗吠之聲達于四境歐公
一日文諭云持盈人海知多海盡議公曰小邦人中國亦始
見大文獻有傳持歐公未封曰坐并觀天曰小天義言孝句
歐公於書海外傳詩歐公之聽明朝廷之上有吾道東天之語公誰
牧隱於高麗恭讓王己巳十二月校調出居長湍庚子四

村庵歲昌五月遠至清州獄水謫家寓還至長沙云
月甲辰曰後朝廷講也賢尹有月陽自杼陽移驪興居月止於此事命之
之碧沙驛其冬赦還韓山公不諱安居一慶太祖屢以手書呂之
公不污己赤幅人親大祖下謫相對待以故舊之太祖知不可留安出中

부록 | 『송와잡설』과 『간옹우묵』의 선본인 『간촌송와문견잡설』에 대하여 245

門相揖以別丙子之夏公懇求避暑驪興月喃村五月初
三日自碧瀾渡乘舟泝江有護送中使亦來初七日至驪
興清心樓之下流蘇子灘公沒於舟中公之沒人多疑之
盖麗氏之子孫多於舟中見處此皆鄭道傳趙浚等之術
也衆人之疑不能無也痛哉
牧隱畫像藏於濟用洞宗家乃烏紗紅袍犀帶而權陽村
著贊麗季立朝時像也余之在槐院時有傳雅士子謂曰
聞諸先正革命之後公常着草笠白衣細條爲居喪之服
其遺像在於都中覩見之云余廣問而不得見居常服膺

未能忘也今於賊變之後大姓巨室相傳文獻之具蕩然
無餘余之未見白衣之像決矣可歎
黃翼成公喜在麗季爲積城訓導自積城向松京路遇一
老翁牽兩牛一黃一黑者而耕馬方脫耒郭息於林樾之
下公亦休馬於其側與翁相語問曰翁之兩牛皆肥大而
壯實其耕治之力亦無優劣乎翁趍進附耳低聲而答曰
某色者優而某色者劣矣公曰翁何畏懼於牛而如是隱
語乎翁曰甚矣爾之年少而未有聞也畜物雖不通人言
人言之善惡則皆知之若聞以己爲劣而不及於他則中

心之不平豈異於人乎甚矣爾之年少而未有聞也公聞
之不覺瞿然其平生謙虛之量自翁之一語而成蓋此之
將亡君子之隱於耕稼者翁其一也
黃翼成爲首相將詣政府有一老翁衣裳襤褸曳杖而前
字翼成而謂曰我今要見而來君何往乎公駐車答曰適
有公事不久當還君到吾家討飯姑留翁至公之家謂公
之子弟曰爾爺令我到家俟之仍飯而來如其言饋之訖
而公還與翁同入一室屏人數日爾汝相語其所論議之
爲何事則雖家人子弟亦莫知也翁將去謂公曰近來根

饌俱甚君可周乎公略以數種置諸案令丘史擔之從公
所往而與之翁渡路深未至冠岳山底迤邐而上至山腰問
丘史曰汝朝食乎曰未也公曰前途尚遠不可不食而行
仍指山下人家曰彼家之主吾與之素厚汝往以我言求
食必厚餉之我姑坐此樹下待汝之還矣丘史至其家傳
翁之言其家叱曰所謂翁者誰歟汝何爲者而求食於我
乎舉杖逐之丘史茫然還至翁之所留之處則翁與所擔
之物皆無有竟莫知所往也
黃翼成嘗　英廟有爲之日制禮作樂論大事決大議曰

念一日家婢相闘喧訴於公之前而訴曰某女與我相抗所
思負薪而其於家事之大小皆不閒移時一婢至公之前仰而訴曰某女
訴亦曰甚矣叔氏之言亦是也讀書不輟終無分辨歸一之語
決之所向廟之律遠幹都事慶之緯

小地無言次曰狗年去弱冠略無懼色自若顧謂都
事曰爲無它命亡理曰小顔詭吉子其母曰死不雜也父阮後殺子牽抗
事聽之狗人朝之義擒當從一而決倀有一妹年將就行於矣間
他日鋒浅爲賤隸誅婦人出從容爲閒東方伯凡於孝子烈女之閒

都事必元宗憲孝子碑此巡之日遇兩滯路澤公至其事馬以

拜見都事撝謙直之閒謂之曰都事
都事承鋪地而拜之阮見拜先以為不拜猶可也而先
亦拜予答曰賣一升可笑也

李相公克培顏德清望重於時其孫克墩亦在宰列須
以貪婪取讒一日克墩謂公曰某日吾辭之初愛也家人將
外門見庫下有新蔴初烝掛於短墻之上公能隱直告曰司僕
曰此蔴出於何處而從誰得於洗踏而送去夹公怒曰司僕
寺官員有相知者使用於洗踏夹公知政府直向其家人問

寺之蔴而去其馬法之嚴可畏而祖宗朝宰相如此共民安
顧而去其馬而畜食庫車食清不盡盈子
火能於人家僕四拜食無二味子弟退居鄉朝共庫除安職呈辭不俗不
元慈山甫論余之外王文之皇考而扬谷公之孫禄之外一物不
取於人謂卽席也不喜進取早退居鄉朝共庫除安職呈辭不俗不
書卽自少至老常置案上其後素之郞鄉人至今稱之

慈人情同然藏獲之輩自幼至老逐日所役者無非他人之
山公事豈能事之致勤于汝輩德當憐護勿多詬怒也聞者以
公嘗戒子女曰勤于自己之事而需於他人之役者
為名言

鄭本川子之際收為多言幼汝之事長成之日不遠而老大之人
遯丸如謂如達鄉邑德供事不可用於少輩而自取羞辱也
溫謙恭達鄉邑德供事不可用於少輩而自取羞辱也
余國功以主齒之徒步者則雖年少總角必下馬而過焉公非
勝之外王考也登陸公為堂上公之出入於鄉必過馬其
翁之以特恩陸公為堂上公之出入於鄉必過馬其
韶考也登武科流本川縣監其
五曰勿為多言

自幼汝為成子汝勿多言其恭遜之德盡於一鄉宜其享
享福而多子孫也

元忠順衛順祖兵使仲祜之子有隱德鄉人民敬之生五
男兩女二子登文科判書公年四十六時夫人服喪在堂上兩子為女而居焉
蔭官追贈公為判書公年四十六褥事緯之在汝而未緯者布等之上
凡夫人所用女工之事緯之一庫堅閉封鎖其兩女之銷長汝等幼汝
擇而未鎖者皆脈之曰此皆汝母勤于澤之物以汝等幼汝
封裹之大令阮銷長汝等所為之事普真過於此而汝母
救藏之此亦稍長汝等所為之事普真過於此而汝母

生平致勤於居家當務之急汝等之所觀省而取則也嗚
呼公之治家之嚴悼亡之仁訓孤之方可謂兼盡之矣
余之曾王父奉化公寛仁謙厚平生無疾言遽色初授廣
興主簿两為尼山奉化邑宰皆以恤民為務嘗戒子孫曰
凡為人上者所管下人如有罪重可治者勿為遽決使可
留禁若至經宿則渠情可得而吾之怒亦解無倉卒傷人
之患矣吾輩佩服未嘗暫忘
鄭校理鵬善山人也以清節自牧門絶苞苴之物時柳子
光以敵愾佐理功封為武靈君婪貪自恣氣焰傾朝公以

表親之故雖不廢問安之禮婢子之往必以熟素牢結其
臂着署而送返則解之欲其覺痛急往急来不使遅留於
彼家也公之入直擧家絶食公之夫人求貸於子光家子
光欣然謂曰親戚之義在於相恤而校理過於剛愎吾豈
恝然乎即納米於俻盛醬於缸令丘史載之騾子而送之
公出直見其玉粒之飯問其所得之處夫人直告之公推
案笑而起曰入直之朝買沱滓作粥饋我〻知其忍窘而
不為措置是我之失也非家人之過也遂裁書於耐久准
其所用并與本米而還之其困窮不變如此

鄭文翼公光弼在己卯年間為首相 中廟因災異延訪于思政殿左右迭進各陳弭灾之策韓忠進曰聖上雖勵精求治鄙夫敢據首相之位灾變之作必有所由而治道之成不可望矣及退賓廳右相申用漑作色大言曰新進之士面斥相臣此習不可長也公顏色自若揮手止之曰渠知吾輩之不怒故發此言也若小有忌憚雖勸之必不肯也於吾固無所損而年少敢言之風不宜摧抑之也用漑服其言而聞者以為有大臣之量

鄭文翼公當清流將設賢良科也三司亦並請之公獨以為不可曰賢良之名雖善在三代之下固不可為也 中廟不聽及諸賢斥死之後所立善政一切反之擧朝請罷賢良科公亦以為不可罷也 中廟謂公曰設科之初擧朝皆以為可而卿獨以為不可設也今之將罷擧朝皆以為當罷而卿亦獨以為不可罷也卿之所見每與時議相反何歟公對曰臣於當初固言其不可為也今旣設科給牌除職安可罷乎一設一罷國家政令不宜如是之顚倒也 中廟亦不聽公之所言雖未見施於前後而直截難拔之氣眞無愧於古之大臣者矣

相公用洗自以大偶多大於其文潯為盛吾道盜弄
施慶之雜發於倉卒無以應受投人於廳上曲樑之階盒冠
寧之不得將去有小吏指示所在之後竟為所害公及
長勵文死於賊名必欲欲報雖文結淩裕源眾供成吾道審
知小吏而納雜名一曰其人以事未京寓於中路人家公
時為舍人與裕源奉此俠芥徒步而徒使裕源招出以若
以官事相告語者公自其後所以殺之而去主家及同行
人終莫知有何故而為何人之所云也

斡難在七十之後猶以聲彼娛及遭母憂年近人十自歎
初崔錦山充成扶人也以禮文靈喪三年一不到家人莫不稱歎以
使得養為務不喜進取其母嘗病時方寒沍而面壁公生而假睡
致此乃充成之娃清之所傳或云充成之記必成囡其文嘉結
病疾致病舅自未取效之事也
忠州西南一舍之外有供波村流民夫妻來居數年矣

不乃也德即應以前和求刊該淩葉若及失喬結

靖甲寅之冬至月之夜怱虎破門而入噬其夫其妻出
門端名同書雜隙以人手持虎口決阮救吾夫是則不可持去也
腰與虎終夜相闘虎乃進乃退天將明忽乃棄其妻服會
下隣人依古之烈婦而隣保皆吾知也
通川郡邑內有節民父月晦日適其日風雪甚嚴將者所奪之牛空鞍

獨沒其妻嫁擅意其焉毁所嘗奉徒芎之至于中甚之
路其夫涑復蘇而事亦衣簿事其妻即辭來含前托卦
英望釣而往永於於缺首而死翌朝在家二三小兒加辛酉
攢徨誅隷於方伯申之朝廷其孫而後其家事在萬馬癸酉
乎閒也
盧祖捲相公守慎端蘇齋大諭子孫烈其爾兒愼有時徒見公盧
必海中雖加教國月克愼欲逐公曰汝歸則克愼將行我獨行公必

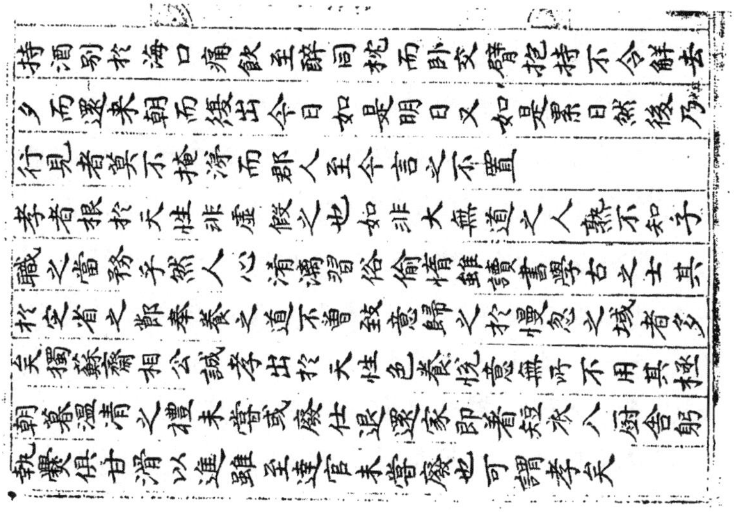

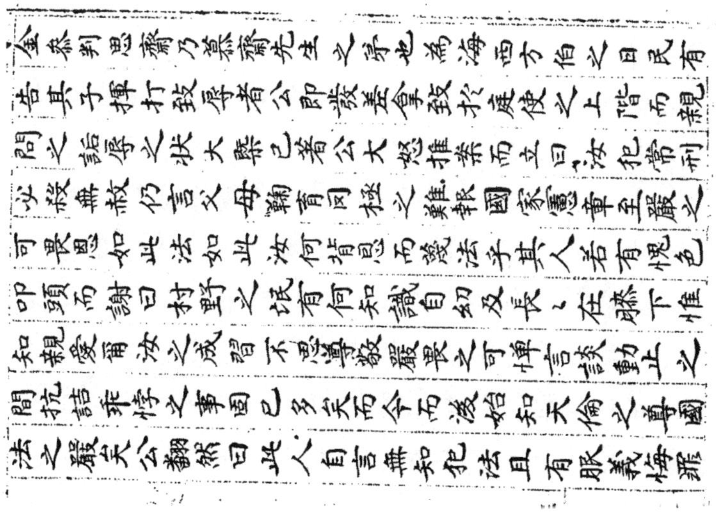

之誠安忍枝之此而可後陳元非法意也逢救之其人後卒為

孝子此乃王興不霸陳元而化之之慶也

甲高臺興於小學士之流而夫人尹氏子雲之緒至光廟丙子之

難人於閒三不在同等公問三問其歷揣序編見夫人傳日興成朝門洞關而夫生

於兄於標今爭聞三問等公問三問李樹事已發意君必與之問筆相尋不壹如女

政問之及而日決不國君之獨為生遠也公愧屈恨然若

無所容

李判書

妃之金而卧夫人問曰聞朝廷起然起上他日子朝廷將置世子於死公國

已賜死夫夫人悟報復於甲子間公之子孫豈盡無餘亦

既而無謗而有此擧措子無報復於甲子間公之子孫守貞而殺盡無餘乃也

地而有東亦見之智實非諸臣之所能及也

亦教亡夫人先見之智實非諸臣之所能及也

佐之時公以代序承旨持篤而去其多公遷家興夫人同廢

世之夫人其民其官之女也成廟朝將罪廢

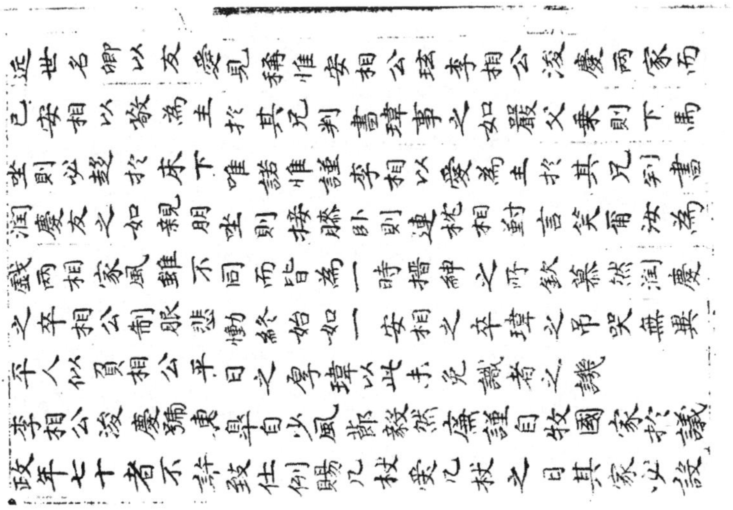

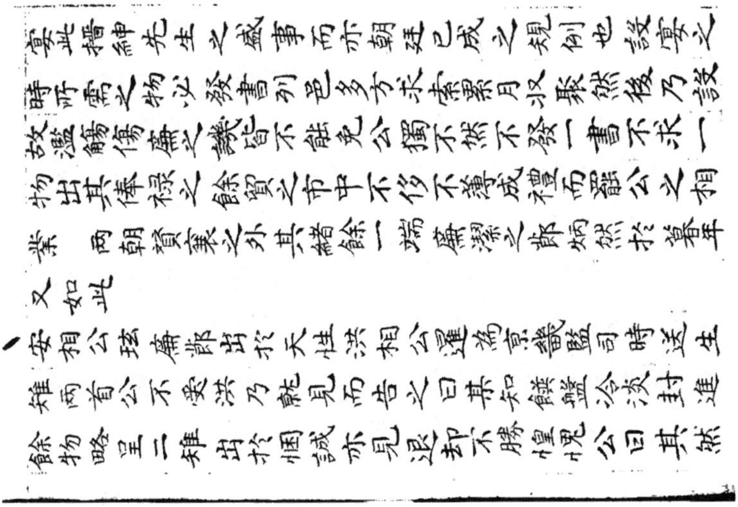

況他人乎之詞少之
取朝一介不取之小
以奉修稱於儕輩須
之望聖賢貴味反其進茶乃以
一噬而盡之公和飯
而竟不能馬汗出流浹背

全都嘗德龍宇雲夫軒轅長者清德為聞公聚於南楼震
其家藏獲之餘財産之豐為人所稱公於分財之日使夫之
人從於院成文泰而未公不書展有其前上位而器者香
而已其役此多貴之數終不問也

西方乃物貨之所聚雜小邑之等皆有分小之物況其城古
都其在全盛之時一道人物之繁彩嘗納財貨之充物焉
留守者緩泳循例使成銅自其獨束其身相公都憂宴大於兩方
期之內所捧諸之物列藏一庫而秋毫不與相干由方乙
人之病卧家莆之際能以志帥氣不爲病所使非學道者
守者不能也李弼善命字者獲春先祖牧隱之後也學松
嘉蕱先生之門其行己接物動以古人爲法 仁廟在求
言之曰以文學陞衙善久侍書延公深於性理之書无精

學仁廟敬重之及其疾病也 仁廟朝之遣中使問錢然
之公雖昏劇厲必俱冠帶出外廳前容拜跪俟人使見禮鎮川
之使容而不知病之難救也 中使出門未久公除然
其所學之正所守之確沒可見矣學使松於所居鎮川
稿書院以備其向嘉之意焉
臨滅過痛訴大纊三人相次而病先者未起後者復卧再
嘉北適痛最後一年竟至於死兩年相謂曰吾三人以同去
之人同赴千里同卧一嘉同病相救速相爲命渠擭不幸
縣滅軍士三人忘其姓名於焉壬戌年間以抄軍戊子

殯于絶域生而同来死而棄歸吾等情理實所難忍遂各
脫所着之衣歛藏於戍幕之後及其罷戍而還兩人相遆
負之間關遠路糧絶足重十生九死彌月始還其父旣痛
其子之死又感負来之恩葬埋之略備酒果欲邀兩人而
致謝兩人終不肯曰吾等非有所爲而爲也若受一飯之
報則當初相恤之意歸於虗地竟不往也上舍咸始和見
余言之如此
余之外王父元上舍□縣嚴毅寡言平居雖一家子弟不
能仰視外妣之喪至期兩舅氏將欲從禮文爲脫衰草笠

白衣之制公曰世俗因父在爲母期喪之說有是制也我
在汝等不可爲汝三年乎喪人若脫衰服而不在墓
幕則有不可忍見之事多矣固非喪人也舅氏不敢違是
雖激於末俗之虗文不情而然也其嚴於訓子孫謹喪制
之意可見而亦近於吾夫子與易寧戚之教也
牧隱天資明睿學問精博尤深於理學忠君愛親之念至
老不衰形於辭色現於詩文爲文章操筆即書如風行水
流略無凝滯浩浩滔滔如江河注海而辭義精到格律高
古掌國文翰多更變故險難之際能修辭命屢見嘉歎及

公眩示忌公者典文始以表辭見青於皇訶則公之文章

智識有補於世如此恭啓錄與致敬而不能盡用其言後

長百僚而去然羨麗充經濟之學卓犖大抱天也標樣德洛

言勤後容善欲不形主角不露大居寵利而不見其驕盈

曉達也雜而不見其負積編纖非序主組非榮公之操存

守屢亦可謂難矣不拔者矣乃權陽村之詞也

牧隱之中禍之廢居江華也公以微服尋往者之有封勑於
隱於鹿李議立新君之際獨以當立前王之子亦懺於
詩云人情邦於物無情觸境牽求漸不平偶向求離美滿

面真黃花對僑湖明文云龍沙漢之又林風表草速雲落
紅折浮黃花誰上壽海西十里美行宮又有勑於詩詩云
彩枝離娟稿煙料之春之之意可見矣老是知書甲子門
碧君柳帶潤色韓山牧隱家其
前貢成菊齋先生學明該傳應對敬給年二十四中司馬
之愈黜命等時院支有金山后為紙色乃以名山金色紙
為題公即揮筆日紙色金山名蘭在政院蒙令日勿蘭匀
右山金色紙承宣等其不歎賞

景濂先生行事樂善為己卯諸賢之領袖平生為學以誠
為主慶事端的不為苟問諸賢市死陵公亦罷罷退居于
驗興之利湖博孝數名以泛提二十年慶約之中專以小
訓校陶甄為務諸生之執經問耕者自遠而至凡於大小
詠歌見物為興無恐君德國之情晚節遠朝遠典文衛客
事大文隣之畫皆出其手起草之時獨人書至閑戶謝客
國誠受恐怖冷衆日然後脫筆藏故其文典雅明快見海推
中朝修後之繼其任者非徒學力不達無至誠為國之心以
莫大天朝表奏之制皇之枝寺等輕恐之間此所以人材

日下而文不古若也

鄭文翼公為群小所搆罷黜于德懸朝夕甘謂有所未
其一日官人獲於前山脫走處抜人於寄之於蘗
子弟等以為天賜而其逐捕之談饌進之立門檻侵阮不為納
罪人倫食進上之物亦有涎也發差錢之門循知所為
誅山行而浮之文不能賓之於場市舉家遠知所持之人以為
適公之親族住宇校陵邑者僑送一局役其所持之人
門蔭之官解其恐及公遠鉤然其聞之不國其伴公以為力
之官牀於權勢而亦出偶然非其情也不宜深責力

護後叔而終不得也

鄭文澤公嘗爲龜城望墓於世而安老特感其達改
禧陵李公爲妓公乃敖也樂朝事之請置重與散廟聚會
群臣於闕庭使各獻議二臣外皆曰可後　中朝持　祖
之達鼠子金海府以與求来郡接境乃公之本貴爲縣令綱
鑒在馬公略備捕果令子等使而拜掃時武夫爲縣令
聞之欲取媚於安老乃大言曰鄭其以派謫居是乃庶人之
只可祭其考姚而已豈可遣其子等祭遠祖於慈境之上
子多羞僥李案枝驅逐使不得捕迹公之子等在境上

望而祭之而遠縣令以郷府等與罪人同心容護子等其
公派亦還重構以他事送聞於京所請通其任其父安老枝死城
公乃還朝後爲京所呈上而縣令之論聞摘在公以爲尚有
主聞文不可久滯即令徑其所指而適送縣令之姦謫焉不
喜於悚德之伴而公辭解色子等事亦不發言故朝廷不可及
也飯聞知於改品陸臓終保爵祿公之感德真不可及經
史田㷀國朝名將也京性果敢邊于閫之然清冠世博通
時炊三同志上寺讀朱文至春橋橘話班師憤通三
賟與三一同志上寺讀朱文至春橋橘話班師憤通三

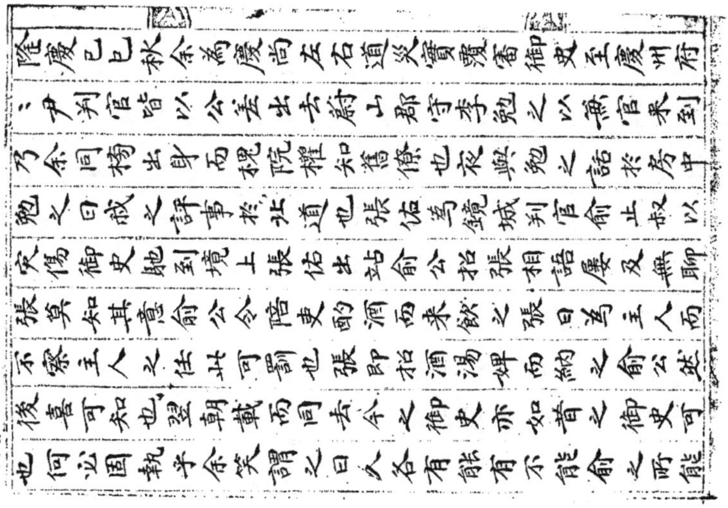

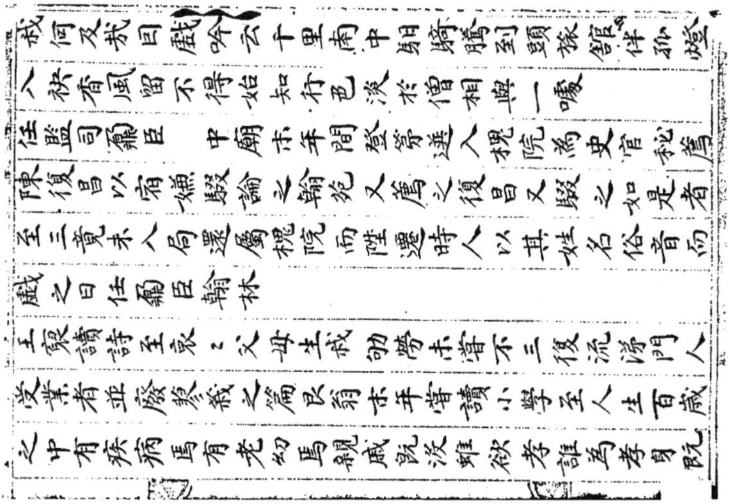

耆父雖欲慟誰爲慟故孝有不及慟有不時不覺掩卷而流涕終日慨悵不能自定聖賢之言感人之深如此

國恤三年之内八音遏密若於王侯之喪則臣子朞年之服已闋猶可聽樂而未叅於宴樂之場者以人主方在憂恤之中臣子情義有所不敢而然也今我 仁聖王后之喪朞雖已過而祥制未盡故内自京城外至列邑皆不敢擧樂余之發行之後各官之接遇非不至也雖以海西箕京兩方伯之悃款猶無異色之物擧案行酒皆用小童至安興館與兵使主倅會話之夕始有妓物短衣行酒自[illegible]之後出站之處皆以女人進止至新安歌鼓并奏至龍灣館無異平日豈非邊荒之地其風聲禮法淪斁於俗習而然耶

余之留龍灣也牧使應順邀余與景任及評事李滉點馬鄭賜湖于大門設酌且令酒湯妓四人爲騎射之戲女人騎射旣非他郡之所有而能於馬上搖身揮臂左右顧眄或俯或仰可謂女人中之武夫眞奇觀也

昔有朴孝宗者居忠州膂力絶人少時有族家婢子問安而來坐於柱礎之側孝宗立於柱下潛以一手擧柱納其

次僑於其間而處之婢之卑初不知也又其去也爲徑評走足
而復望有至冉處其爲見物所執惺惡矣之主夫人即按按招招
等兮而解之等示于玉如及樣皮相等物告以而事按按值除諸率起
吹去其及而咳之等示初字初試例必居別而申洛於會試曰將句皆試是
率書別子咭以新弦強弓請悟元試悟自於其力不辭而皆試定
之及其開場悟而脣浮滿雜弱弓不能視之終不見試定
知天給不任則不可以已力取之世明矣

弘文錄會議時初以幾圖為之
都堂弘文之子等時爲氣圖雖心使達
相公史爲加一圖盖公之子德悅時相公時初圖四圖
有相前後殺十年未嘗圖此權行之所以經恐也相時減一圖
爲公圖將畢果無得圖也近者弘文錄樣之子弘立俱以四圖
李相國公故加具子弘大氣象之後左相子暗支曾於言五圖殺少
草及波中其沉流其正次圖之子盖文利美之子
東草又初以約其約圖為限用之源如何求
安分堂次慮慶壬全菴詩施有兩俟一云夫於人也得於

부록 | 『송와잡설』과 『간옹우묵』의 신본인 『간촌송와문견잡설』에 대하여 267

天食餉瓊芝飲玉泉渫雪五精叅列聖喚田千古友群賢
義同南郭猶無迹高似西山又不偏耽討皇王酬歲月始
知天地道終全一云人不堪憂子獨甘亂山深處築茅菴
癸舒笑指雲南北喜怒閑看狙四三萬壑風雷憐夜靜一
林花木樂春酣悠然獨立乾坤外星與論心月與談
言者心之聲而口之所發也耳之所聞者為言目之所見
者亦為言也苟或心旣不正而徒取給於口耳則不但為
傷於誕頗於支而已也其為言之無稽謀之不詢者大矣
益天下之最可信者無如目也而目亦有時而誤見況乎

耳之借聽於他人而其是非毁譽各有不同者乎此不可
不愼其言也
有朴永之稱名者其根脚則余未詳也矯寓于北部俊秀
坊與余所居不遠故有時相見為人穩谿不為圭角亦不
混於俗流嘗以補造草笠為業亦不致勤衣食屢窘不為
屑意能通數學所言多驗中間消息久致茫然至萬曆丁
戊年間欣然來見曰餬口關西幾至十稔今始還京人心
風俗大異於前上自朝士下至韋布皆有傲物自聖之習
士崩瓦解之勢已成今公雖掌風憲年少新進之輩必不

聽信若親我所見則彼
不如退休慮余也服其言而不
續三年未畢後賦之禍至今猶然不識此人何慶去而其
待其云未可知也

李相公濟嚴毅莊直孝友忠信本於天性舉奇如洪鐘
眼光如禁電廉潔無私英敢干學問該博遇事之動當
明廟卒遷之曰敬視用事人之長俱毅然不動朝野
賴以無憂焉本朝賢相黃喜許稠之外郎光弼之後惟公
一人而已

揚言致詰曰臺諫有其陳而撐也相
厚之筆立相咎說補諸朝臺必使其人後為無姑使品庭公而
厚論非掃地是矣非易使賢愚倒植而國家之事靡致於淪胥而
野不可救矣
野人凡毛物進上之時必皆品於所屬將達將隨其多
募之穀各有俵取名之曰上納人情及到京城各該書吏
政院下支亦皆有人情之物遇場丁夘冬余出刺揚州余乘上棗許
之子募其下去野人還於路而同行問曰法之進上乘

藏只
也故
不名
情故
人口
答子
職受
不得
職子
受何以
我曰
之貂受
好物
意望
其得

而受貴賣其物子野人口
受貴布而還矣曰何以不得受
他人則皆給而未給承音故不得受職也此言交指政院
之下之人情皆以為官負受之憂我國人情之弊其害及於遠矣
尹興之人有登科枰學費其正德己卯以進士讀書於驪興之神勒寺
歷標芳歲至公所寓指示相語曰似是儒生也老僧住侍僧

謂曰俱勿雜言今此進士為江原監司之日不達矣故畫
笑可而去其時故草則不雜也坡乃反侮曰人事未可知也
访人偏以欲為都事則其冬登第至嘉靖丙申為本道監司下多原州詩云皖甫
十八作斫湖陵雲嘉靖丁酉為關東提考使自須東此官至臨之

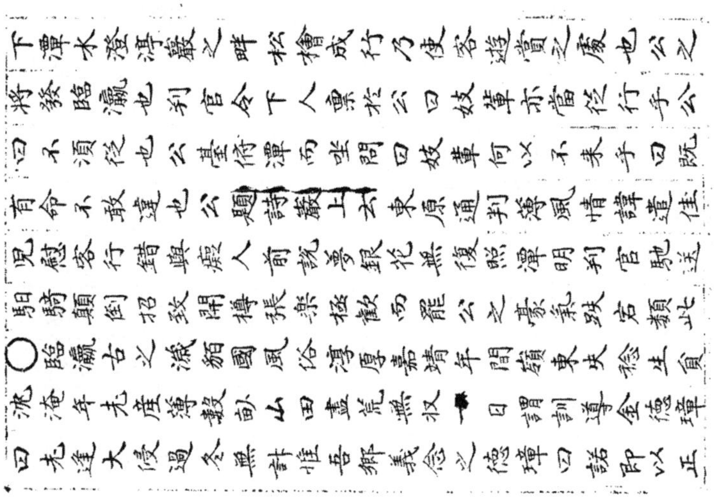

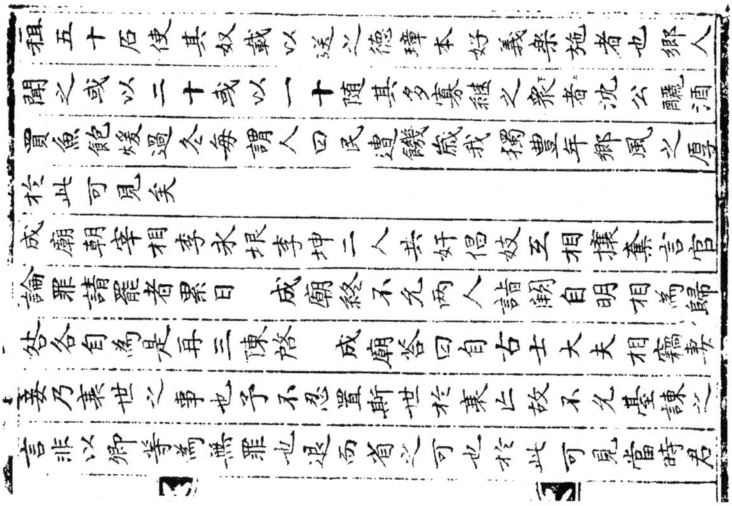

臣之間不當如父子而　聖主一言憮然於食釱之謀至

成廟拜曰罷其職以懲其罪曰久雖之輕重予不及知須詳言之成廟朝朝久擧風愿聖有鑰臾之辮世讒誣之詐
朝廟御便殿引見賜酒接語從容良久而罷引丙司論之罪成廟引丙司使殿而賜酒問
添孫遜御直遷去丙司論其以藩臣之罪召命禮曰上京請
舜孝引見賜酒接語從容良久而罷命禮曰上京請
恩寵聯陸出為藩臾子伯一曰入京甫
聖主一言憮然於食釱之謀至

二曰於適宴成廟謂誠之曰卿為法官人手而予一焉
　　　　　　　　聖主一言規諷而賦惑之意
　廟在褚邸時避寓於閭洞口見有一卿生朝夕過門內
中廟使之勤苦予其自陳姓名仍言此洞之內有支曹書吏詳
我以雛山訓導而予未知議若授此簡必成所願勿復勞苦予卒受簡
　　　　深矣

中廟御極之文有其所言道也

正反之施之其書而其所言訓道也

朝廷久不召其書辭有召呼言施之文有

也不家傳教此子之子書而爪為餓山訓道

亦象議其書辭有召呼言施之則乃爪為餓

花蕆議其人政中廟傳教召招問之則乃

蘭生傅簡花蘭人格中廟院辟招問之則

物之後生傅簡花其人政院辟招問

初不知之修生

而退卽伎之修生

卽譯纂謀則忌之問花其人格

特命除之

御史

補臣新授之負謝

仁廟任未營之

臣而謂之營傳蓋

書臣字非獨順懷時然也

不補臣新授之負謝

見者曰不補臣新授之負謝

師傅有僚之進見者曰不補臣新授

世子時師傅有僚之進見者曰不

順懷世子時師傅有僚之進見

思花來曾不書臣字非獨順懷時然也

其禮亦然凡春坊之官不曰來曾之臣而謂之營傳蓋

上有君長之國無二尊故也今花湯欺之初勅政若不先

祖宗累朝遺行之規只據五禮儀補臣之文遂爽其禮凡

宗累朝遺行之規只據五禮儀補臣之文遂爽其禮凡

達見之負必爲補臣謝恩擧筆及文書之間當書臣字盡義

乙甲諸賢講究禮文補有隆殺非不知五禮儀補臣之文

而其時不書臣字其花攷定論議必有成說而今未得見

也章非根也

宗室興原君臺性豪邁以懷洒聲故自娛其朋儕間往來

書札亦無不能等花宗學會講之曰扷其小學首篇為而徒

謂曰我性多也只文小學序文古書小學首曰字給不有功司

不祿貪多也

海不能強勉其死世殊君氣象可想矣
南師吉篇珠人也屢中擇朕通陰陽諸書又善於天文學
望氣曰原州東南有王氣人皆不信至於辰之夏先海君居在州之始
秦南一會之地孫伊谷也而其墳墓俱在其慶至其人始
服其術之精也
祖宗朝設官分職官有司統職有所掌大會約政府則
屬於六會官盛任事不差無備如有所言因軍賓之事則

後會舉其所屬各司有責成馬大則人啓取曰小則決於
大臣委任專事各盡其職紀綱不案歷治道有緒平乎日必新
文悟悟成習綜攷之後紀律攷揚百度事訓斷不責後司務立於
手設都監軍劝曰糧餉曰綜要曰後覆其訓練曰聽用難記於
局焰煏轉成衝門補瑞設局態多事寬無統悠悠迂遠非人事之不
皆以一品衙其成效乎復之朝日盡迁至未人事之何
盡責由於天毀之未至而然也痛惋奉句

燕山荒亂之極朴元宗成希顏柳順汀三大將以異姓之
鄉行伊霍之事舉義任五聖以成　中廟四十年太平之治
勳在社稷功孝後世三人之中成希顏尤以文臣取重於
世然帝顏取燕山後宮等至於擧居慶君者天也天可逃
手所事之君將至於國則維綱宗社不得不肅而其化一机
不可忍也帝顏所成之功不當輕建不可而時負之忿盡于天
樣如此等事可興事君也赦後～～
龍潭一江相備如帶句此以西語音不通有以龍臂雉掌

常說語必憑吾言達於末句慮嶺之地至都員觀末年人
於中國其前尚而然也
遠東者山之地有王錦臺在路傳一馬場許墾深邃城
牆廣大生時詔勅之業神道謀碣我國非不能華語也
而凡其后手后馬之顏亦皆備誅等聞我國使臣之供未及
今見之乃天順祖達東都督府之事也非岳時謂如求友
之玉祥也何足以觀之乎

盧濟仲揖一字行可號全菴居原州之彌羅村晩等精舍
於州之西面慶荘白雲川上名四十一亭金参議魯有記
中企齋有十三詠少時學於企齋之門天性頴悟博覽強記
觸處洞然氷壺秋月覺我形穢温雅端重近於有道者氣
象亦近世志學之高士也盧相思愼之曽姪孫而涉於學
派未冠叅別擧爲有嫌者所中自此遂不更赴年三十六
而逝凡所交遊無不痛惜臨絶題詩屛上云孜々亦近道
勉々欲爲仁鹵莽功雖薄中無一點塵企齋有挽詞云雲
林城市竟悠々學得全心背外求筆絶草玄添寂寞塵留

穿榻罷藏修慶荘十一亭誰主鳴鳳千年山更幽從此青
楓行路黒桐花寺裏儻来遊
盧全菴訪余到親家余棲山房家君挽宿設酒盧見余送
別友人詩用其韻寄来云有意相過宿無心豫送人初欣
陪杖屨未覺久情親經史青燈夜壺觴白月春憶昔談砭
砭清曉唓瘂頻其後重九日余尋盧到其家公適上塚而
還有長律其頸聯云鄭曰直成元直過襄陽非是德公廻
自以爲得意云
余之亡友繕工正金和吉能詩造語温雅而清新家在尚

州歲在庚申年間公將自漢江乘舟至中原而還故鄕時
余先受由覲親於原州之地公贈余云嶓溪流與漢江連
一葉吾乘上漢舡君至溪頭泛下須句想應容易到吾前
牧隱偶題詩「云玄陵將相幾人存壁上圖形亦已昏多
病牧翁頻仕已至今經濟獨松軒「云松軒忠義薄雲天
漢絳唐梁與比肩欲識太平真氣象閉門高枕得安眠「
云安眠喜我已無爲浮世功名絶不思只恨多生餘習在
時時遇興卽題詩
牧隱自詠詩「云老翁身似晏嬰長含瑟還同點也狂縱

得乞歸何處去桃花流水渺茫茫「云把筆當年學作文
巧偷豪奪竟云云如今流出膏中耳早識艱深獨子雲「
云子思當日作中庸極口稱揚乃祖風世美韓山文字耳
只今詩句尚難工
牧隱室人至詩「云少年遊宦各天涯夢裏相逢話所思今
日那知是前日縱然心喜又心疑卽事詩「云田字窓臨口
字庭炊烟朝暮鎖虛廳出門可是舒長嘯滿眼冠山分外
青
佔畢齋過寧海府有懷牧隱三絶「云無價亭中和氏璞

觀魚臺下北溟鯤自從擺袖遊燕薊雲夢區區不足呑一
云滄海東頭不識儒千年間氣只愧蘇先生一出爲人瑞
從此丹陽草木枯一云師友淵源絶前後青丘人物盡陶
甄如今始過軒車地恨不同時一執鞭
佔畢齋聞鄉家書堂有賊破壁盡竊書冊而去有詩云平
生賺聚經千卷公擇山房敢擬乎踪跡頻同探上客詩書
非是口中珠學之爲己猶相恕賣以永財豈我徒不謹垣
墉與扃鐍惟當深罪守家奴
花潭徐處士感懷詩云五行交變氣中正東海吾鄉地一

區孔聖孟賢終古乏皇風帝治至今無衣冠整得於臺特
禮樂何曾與夏俱經有哲人時輩出不有兵戹定窮途又
有謝慕齋惠扇詩云一陣清風寄草堂據梧揮處味偏長
須知一本當頭貫始信千枝自幹張形操氣來能鼓吹有
感無底忽通凉不須拂洒塵埃泊竹枝相將雲水鄉
企齋次徐花潭謝金慕齋惠扇詩云百花潭工手一堂庭
草春深翠且長安樂只應師邵氏清狂非故效琴張教成
白鹿規將熟栽得青衿行亦凉聞說古都文獻盛自慚全
未擧窮鄉又有花潭挽詞云好古悲生晩探源味道真然

糠継塩壁食糲任顏貧身卧花潭久名編竹簡新斯人今
又沒何處善爲隣
牧隱登浮碧樓詩云昨過永明寺暫登浮碧樓城空月一
片石老雲千秋麟馬去不返天孫何處遊長嘯倚風磴山
青江自流又有詩云麟去白雲窟龍歸芳草洲江山如昨
日有客獨登樓此等詩乃華使之所歎賞也又有三月二
十日與二同年會話詩一聯云九十日春餘十日卅三人
榜只三人又有述懷詩一聯云身爲病敵難持久心與貧
安已守成此亦衆人之傳誦也

高麗恭讓王時王昉趙胖還自 大明曰禮部召臣等語
之曰爾國人有坡平君尹彛中郎將李初來訴于帝言高
麗李侍中立王瑤々非宗室乃姻親也瑤與李侍中動兵
將犯上國宰相李穡等以爲不可即皆誅竄其在貶宰相
等遣我來告天子仍請動天下兵來討乃出彛初所記姓
名以示之臺諫請鞫彛初之黨逮繫李穡等于清州獄遣
門下評事尹虎等鞫之諸囚皆不服忽雷雨大作前川暴
漲毁城南門直衝北門城中水深丈餘漂沒官舍民居殆
盡客館門前有鴨脚樹數十株獄官蒼黃攀樹以免事聞

未嘉有慇公同不言流云詩有村權陽之擇聞大王

始知天道古今同

未冠拜群英文子冠堂名題詠云東國文章集大成稼事

山川等秀芳芍適古且問河人繼世自從文子發科後天下

恰知此邑名

世傳於抄書中見有唐詩絕云

余嘗於潭邊靈峰成教手仄自其英

昭蒙樂群蘇絲陰中海秋雨彈綿弓聲向雲推束勤春雷

傳魚述之詞雜不詩其是吾真有輝之名畫也

膳橋須下馬有路

夤樂紅未暮先投猗聞鶴東有天此曰人幸灌送其弓遠

行而言也其訓戎之由分水續之東其潤有人渡河言其所渡

邊束冤北河過雨木深余舍橋束馬停邊路遼而行路道渡

者人也載咸徑縣軍人驢馬一匹洛於產下倒死於餒貴也

消見其生見其死者仁人之使之生還余心之也可羹也

中達見其生之物不能護以全之之使之生還余心之可

國有生之物不忍見其死者仁人之情也雖口螯而類也

膳言秋

八渡河之北有番洞余嘗以為中國之只有山稍而燕至

280

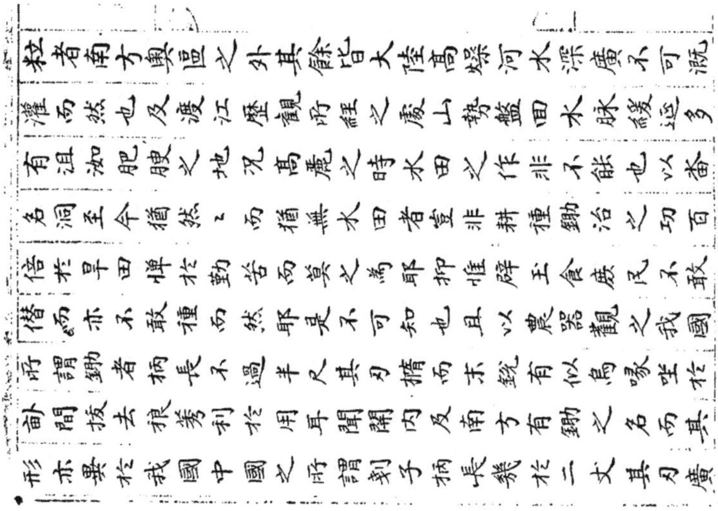

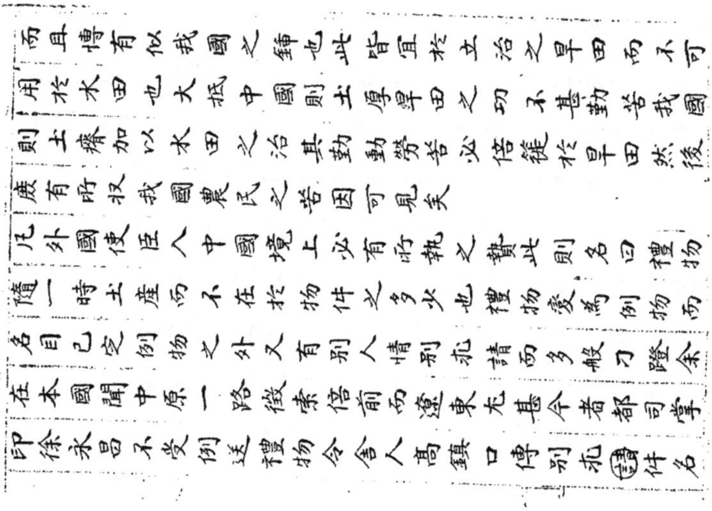

目録硯十子余後一時譯官等鞋否公學問深遠操履方直早年衰室慮其兒輩之失所

絹花小紙人参卅十竹白等黑麻各卅匹輪器一部畫
硯十面硬多三張花地之元葉白粒十等其餘油花紙地絹
子余郭之可種魚物鎮曰呼謂青者都司光受例物持去
令後進則臺甲必以大棍定之物花行亦多不好事怪然
如持等鞋合充穀而不足之余以行素給之然後復怪
有譯官合而不以令怒我而於一行

不為後要亦不畜安素然獨居二十一年待其母兒又一恨以草
姻嫁前君不成知令新活計殘泉公之表室之年乃三十七也
眼到老然計卅除年但憑架上推千卷己於婚嫁無遺恨
錢方得安然句也公向盡不通與中企齋蘇頡成顏湖陰蔣
李先生命輔嗣孟誦安分學於溪君天恬隸聰
過人博覽強記無畫不通與中企齋蘇頡成顏湖陰蔣
多於一時而揚以公為博物云為輕邰歷玉堂博堂
上中年慶滯流於閑於時而揚以公為訓詩後進為事士子之久葉

斯文先成毅以格朝廷而六十七年同知撥嘉善陸持可奇

長興府城內客居于峰庭北有壯元峰世傳高麗時親見元凱
文凱又桷之其母曰汝若爲母赴擧逐上寺盡數年櫂魁科嗣至今居焉元凱曰天而今文凱
壯元爲僧名爲榮則當爲母眞非投緣文揚不難矣元凱曰
之意懶我向紅塵其後數年櫂魁科官至翰林又後年文凱
有詩云流水喧如怒高山默似嗔兩名今日

亦崔魁科元凱有詩云黃金搒首名七桂兎科子亦爲
汲汲千萬古未稀有事一家生得三龍頭又母年元凱復爲
出出世傳耕牛無痛草倉鼠有餘糧蒻事分前定浮生空自忙
是維不知爲何人之詩亦可爲貪官饕之不字分者之戒
也

震末詩僧禪坦曉過松京東城門外朗鷄拜有詩其末聯
云千村耦谷同官多斷尾雄鷄時失斷尾鷄坦自比彭
其國家之將亡爲象人不能知也

崔公淑精在集賢時韓公明澮爲西帥而去一時文士俱
會難亭約以韓事爲用終以韓字爲韻衆莫能成句崔公
後至坐定語之故使賦之公朗吟曰君王喜得無雙信西
賊驚聞有一韓滿座服其精敏

企齋贈別堂姪申元亮赴任杆城郡詩云楓嶽東来嶺隔天
古城牢落海雲邊永郎遺跡丹書在應結三千作地仙又
云一萬峰巒又二千海雲開盡玉嬋娟少時多病今傷老
虗負名山此百年又云追懷勝跡發長嗟三十年来一夢
過跡雨落霞鳴玉路馬蹄曽踏海棠花

企齋題洞山驛亭詩云逢島茫〻落日愁白鷗飛盡海棠
洲如今始踏鳴沙路四十年来舊夢遊又題崔同年鏡浦
別墅詩云沙村日暮扣柴扉夕露微〻欲濕衣江路火明
聞犬吠小童来報主人歸又題安城郡樓詩云當年潦倒
過春城杖節重来意未平沽得濁醪知有主杏花村路不
分明

趙進士昱字景陽號葆真菴晩節卜築於龍門山下亦稱
龍門居士能文清節一世之高士也朝廷特擧爲報恩縣
監赴任未久即謝病而還嘗訪原城盧處士不遇有詩云

慶狀川上日料時文馬門前問牧兒報道主人京洛去一
天風月恨無詩

尹詞提學曇身爲爾束方伯也臨瀛進士高礎達公之司
馬同年也兄弟三人有兩親設壽邀請公爲上客此曰將
會同年四而先生宇今亦二人也公之詩云坐敬邦是擧
歡情一樂人間未有榮三等兄弟雙鶴髮四同年會兩先
生知君此事史閑清

尹詞提學曇身次酒泉縣清慮樓詩云我無青債當春山

香霧涇漆童生惺鷹字十行隨月遠車勝一曲人雲鬟政
餌連日架花醉欲筆江樓客意閑可惜酒泉客今已酒愁邊
雙雙不棄疑又題珠兩譯詩云夫人洞棄主男不曾產老姫川酒
遠有碑魚則酒東未朽譯名珠近慶地名也
金齋菩週原州鳴鳳山桐華寺題僧軸詩云桐花未洛鳳
曾馬鳳去桐枯寺有名千載容表僧擁老其山古寺不勝
其僧請詩一句公即揮筆贈之云今未鳴鳳山中宿多其

真珠簾使君迎矣有僧

巡歷之勞矣余笑其無理曾不掛念焉是歲七月以司諫
呈告遆爲繕工正八月初十日命召爲慶尚左右道災傷
覆審御史本部列邑最多道路寫遠馹馳困苦之中若到
佳山好水之處如見故人不覺軒眉轉眄屢顧而不能別
也其中醴泉庭院之陰翳晋山矗石之爽塏靈山邑居之
森密寶林洞之幽險恍然若曾所歷者皆前日在玉堂夢
中真面目也而庸卜巡歷之言至是驗矣是知人之行止
得失皆有前定而不假人爲於此可見矣
萬曆丁丑之春余免艱宿於艮村書堂夢到一處官府邑

靜邑居依山而村落稀疎路上白鶴高頸跂足而立及覺
恍然箴之肯中而不能忘也是歲之秋余以病丐外得授
楊州牧使楊州別號鶴城雖在京城一舍之外而余未嘗
一至其府也及其赴任官舍邑居宛然如舊遊歷而秉鶴
橋三字刻之於石立於路左矣余攬轡躊躇而不覺追感
是亦前定之一奇事也
嘉靖丁酉龔天使時鄭湖陰爲遠接使隨韻即荅少無窘
束其桃花夫老馬詩云望東宮中鹿爲馬走入桃源避虐
秦背上落花吹不散至今猶帶武陵春大爲龔公所稱

南門洞有士族富婦曰其先世多畜貨財其羅綺樓
閣甍等物別藏於一木櫃其重十餘緘縢局鐍不相
上廊下摩盜聞之欲取有一賊壯全十三人櫃中使之封
顧者晝遮無至家沉眠率管下著熊肉揣之精突百
合而閉於中主毋明場武登態物揣中家下為所思
之賊去者於地賊清身楊賦之曰揣情庭作脅突出敗

大賊良以為幸天明崇
閤倉寶之物必有所禍而不盜
閤通之物未嘗將失免異真可謂大盜旣
孫襪按術如此王政之本意也撫摩之
一物以為度誡尼至於此古之不多民生安所措之
巫迎言術之難測惡穩勸善人欽恤之刑官猶恐恩良民
無一名之賊謀誅罪異名取身叱由此法之不可啟之
則空而去之賊諜謀臭鉏亂輕弓聖人乏古之刑官猶恐良民
思盜賊中屬思於盜而罪名曰災寶賣由傷起楊恐良民
積視此致長於治稱命之搖官猶恐良民
標任致者也輔家稱治之具而器罪名曰災官猶
住督者也迹殘肌擿法令之
下而犯法令之做

其可孌乎

伯也其一寵音枝
部晉箇名庭

二公噂逐二
公愕逐
山大野之形言曰
風

顏南與盉名
颯隨臨湫隂污陋不可形言曰風
颯颯物遝還定之徼

南之松檜麗觶獻之
間無邊山

語乃曰顏南院矣
晙之下濆之可以螫臨湫

其一寵盛妓故以顏南爲最座有一
妓曰已置矣秋兩

於本道觀之皆不如商之下溝溟
潤雲生之南遝留情於商雨

都縣以吾丘斷處之可以生
斷慶之可以生

勝在荒無竹樹柳有誃行至于松院曰

滕望至此邊迤馬徐行至于松院曰

羅曰松院各有勝院

故已經各有松院

所羅曰君言至此

其子足而氣何時其可孌乎

壁堂同枕
報無祥曉起相別馬有忽忽之分

而已院
伸頻顏顧度鐀之後爲日興顏南曾無遝于二公爲

別兵龐荒野之棒之

斷港至今非松院之勝遝則顏南盉名而
倭平二公之人之

顏顧了了於松院之勝事之言則顏南盉晶名而
遝於顏南盉晶名而優爲吾爲人

樹上致至于今聞都事之勝遝之
處也盉居水夫李一貞

張景不相接豈
居水之廬也

欲斫不相謂曰今不得定也

之人冠之由故於乎曰先知之子歲
私牧元有功爲舴通倭語興倭華相傳余招一貞問曰豈不知之子歲
州嶼怠站乃倭人水路往來之
言豈子不得定也

監司丁風禧遠郡事安重吉徒行為束臨
監流下都事始留其時候使平調淵向京到泊浴食
任已丑之春

子提去會位後以譏艦艦酒有不如武結縛下人到地都事吾擧所食之謂
於三四年之內當大衆入來國王使之來多請鷹犬

則必於三四年之內當大衆入來國王使之來多請鷹犬

與雜物諸標試汝國之有自於其慎
答枝若汝國鳥無枝則即以即理汝等若聞善者有惡者如汝國之自於其避善為
物我戰未能往隱也人與有功綸先收使信我國之甲兵守一路多有淺
若吾車使之情言其言可也有羅若非產語於其半慎

290

海之氣至者也
中也

喜者也
利及日發甲
書公遍洛陽
濟為江原
贈詩云

春風殘雪何處不思君

或有欺敝
賊棘而渡海慶
兵當初不殺有一如平
辰壬調湖之言
至菁始信當初不殺

我國人心皆逐逐取而
中國之遠遠達一日所
過行徒步之人賤十
為主凡行祿之過去
馬非等常過無處
等以枝富為十
順取而詞徒步之人
不以枝富等常斬刿十
遍洛陽飲琴孟何處
花下峯盂不思君
方伯之日留情於原
原城西馬行分觀
彼此東西書不分
少枝其名曰他
之過去衡之未
人而衡之不愛綠

左右本獻盛少無踏循切之慶余曰人境之後三
中敎戒初令為邑而前行辛徒猶以斫執之善析路之遷
所以壤林戒時為田主兩見持以訴余亦多有之斷路之慶有
平詠歸使臣之數來此其令一也一析之慶有方
井遺址觀其隆制小於南城合德門外十里之家而方曰井

直不斜井田形於其時漲減公明東由之欽緯民家墻外有井曰井
子之井口有而甲潤其深不可測當時人家之所經緯之路皆方曰井
無慶不有十數之下或填臺不修或循多居民之所而食而有井曰井

此屬以革子馬名弩呈言說子之一潄去國之慈而矣
見愛於遺民有云名公之於甘常者邪余問於於之下史
曰井田之制溝澮之分必無大小而田形或廣或挾何鄉
者谷曰時裁改歲其其加以經界必狸臺損侵奪迹而田
曰府把業所載結負輕重則無大小均于如一故負同田
藏者至今以侵畔爭訟矣云

余嘗聞趙京之月之程靈綫也至於今曰反獲恐之受
城未為譜之痛可完事為靈乾糧不必多可有者省之愛
可譜者偽之痛可完事偽靈也至於今曰反獲恐之受

九重之命朝天子之庭使實畜馬加以中原一路徐索曰
甚我國之人其所飲食又與此人不同適十里若備馬三之
眼根或曰知大盜之萬里之行者札今余物故外方之行不同
誰亦有且潤遺從語所送不強一物故外方之行不同
而余性至十餘柄一路虛行未俗分諸事官又徒行簡同子
偟至太過通到藏州路以未俗分諸軍官又徒行渡江以人情備
為太所路通事使之節用無俗分諸事官又徒到像人情備

例各應留北京四十餘日其所用不爲不多而尚不啻甚
嘗聞赴京之使雖色求請之外別備帽之多者或至十千或
至數萬猶患其不數於用也以今觀之未知何所用而然
也 抄
深河驛之西馬坡河之東有險關此乃宋與遼金相爭之
地金得之則鐵馬堅甲可以長驅宋失之則平灤等州不
能守也人言始皇使蒙恬築長城以險關爲限是大不然
非但無城基可見亦非從關限隔之處也三汊河以東謂
之遼東曰險關至三汊河幾八百餘里若止於險關則史

民一不曰起臨洮至遼東也觀其形勢參以己意蒙恬之
時以石門嶺爲限恐無疑也或曰始皇一登蹕車之後扶
纔見殺蒙恬伏劍功未秦而禍已至險關石嶺想亦當時
之未及畢也余曰史記及諸書俱無徵役之言而趙高之
設蒙恬也猶以告功不時爲罪至於二世之末年猶且發
閭左之民赴漁陽之戍則安有從之未畢於當時乎或者
又曰始皇之荼毒生靈極矣而至于今賴之若其有道之
世守在四夷則城之有無不必問也如或不能長治至於
搶攘則三里之城七里之郭猶當謹守以御暴客況化外

天驕之橫樂豊無傍斤誘陳而為闢防之道守勞一時之
人而安萬世之民不可謂之非天意也始皇羅崇反慶之甚
豈能達天而成此臣後子其言近理姑存之
全安老嚴熱屠于豊德邪閱壽千赴京而感見安而謂
之曰以令三許而沈兵報許確沈彥慶千欲遠朝之意但未涉其路而朝先
也欲謂馬將何事許洽許沈彥雪已卯輔沈彥兔安矣安老源知朝

令當令從帝而沈共寵國論若此人等也安老曰三許源

之欲馬將何事許洽許確沈彥雪已卯輔沈彥兔安矣安老源知朝

論而問此之遠朝之意可淡允見人必
聞之乃曰或與壹憨思一敬射此烯馮伏其宛不可雪浮之
以為君安老之遠朝則宣可以憑啊夫也托以輔之不可
於言沈字院其壹友馬聽使或為勳朝沈或熱或許顯而誅
馬言千亦運方闞之大博盍卯綱濁甚微載
國執千感相溥之禍運奉至於此可畏之甚也
同怒祠祿逐韋此人挨陳千殺之牮小

余之萬齊已卯社凉之日慮終爵相公謂余曰今乃順天初

到北京留五河館二十六日浮見順天府物擧之也發

一百三十五人別名馬下詩經五十有二鳳州府縣官告信標

以事經禮綠狀名則九禮經六也其試取之規令告信標

二十有八春秋則以爲兩算席各成一兩興使不相通舉試曰

加及所決餅茶之物無不備置涸究之共七爲供誤試

經五此試曰揚初出而入對問對策皆言之如此爲試揚五經
揚初出日二間之始爲初擧及會試取三百三十三人右文
問則對策也序班言之必問也麗氏五取三十三曰甲試取文
對問而三揚則序也已而初擧及會試只有三擧一取三十二
主承等文終揚三揚乃不過國朝明示必有二年至英廟朝右文
德論林十二日大除亦可在三甲之後亦你前朝退初無定甲
敏載中九日十人其問其制及我朝武道武
揚則初於人別無淺之知在其後時擇武
搜髮本有問之人及詳我朝武
書四月試之規擧科始時擇武
一曉之殿試事方久外而臨
之及之科之人之規

부록 | 『송와잡설』과 『간옹우묵』의 선본인 『간촌송와문견잡설』에 대하여 295

規別成遂又朝廟此之目牌然紅賜人若干試制學舉為始至蔓學至遇漸衛

至瀋曼至燕山又中廟朝濫鶻極矣至明朝廟朝又之

外別試試通計之規武宜赴會試武宜赴陝試武年之

曰各舉或一月均年均表歲限其曰曰三舉

秋若四分不眾多士惟以表幾數句日日獨刻別諸

不吾三丙便燈高舉年門大閒士皆奔波誦謁楊馬

一日之年大通之軋經製眾述之法漸不必於庭試一歲

青諸眼皆是紳之祝通具而林下遠學之徒不不得輿諸

後滿紳絕綱之祝而林下遠學之徒漸不至庭試一歲不得輿

然後考講將鑑博議武經中一書四書中一書與大典粗
通以上者矣數與講書之數通融合計高下分等只取二
十八人謂之會試又以會試之人親臨試才定其座次謂
之殿試至　光廟即位之六年庚辰巡幸四方所到之處
必試武擧不爲初試不限規矩隨其多寡而取之一年通
計共一千八百餘人至今以武士之不能制馬不能彎弓
者必誚之曰庚辰年武科也自此以後武選亦輕矣然
成中兩廟之朝別擧之規必以六兩百二十步騎射四中
講書粗通然後叅榜故所取武士皆傑然可用至萬曆癸

未北虜尼湯介寇邊陷城其時李珥主兵建議爲防守赴
戰之計遂設別擧取武士六百餘人而逐年所取皆不下
谷數百人也　祖宗朝舊遠科擧規法至此蕩然矣雜色
諸軍之稍解操弓者皆得叅馬兩王宮侍衛甲士別侍定
虜衛之類及外方諸鎭騎步兵水軍新選之額多闕矣壬
辰倭賊之變　大駕西行關西與黃海連歲設科癸巳之
秋　東宮所駐全州撫軍之所嶺南都元帥之府與各道
所取其數甚夥自癸巳　大駕還都至丁酉五年之間累
設大擧不爲講書只取一矢之人名爲科擧實同軍目新

以未多賤才曰丁
亦侵才曰丁
者步徒而縄鞋
而外糜摩公私賊才能譽
之疾勞思慮不能譽
者亦私賊才能譽
之殘劳思慮不能譽
弓不識之甚也

國家用人之道文武而科出身之外主負進士則以爲速
而用之勢子順孫之典文行之士則以爲遠退而畔之而至
於文任可當不明門地早賤有不浮倾於東西班印臧的擇之
牧叙故其保候不明門地

流至明廟朝沈羲謀李珥軌國論北於用歝始開無
取才之規惟其所分則又因陵賊湯亂之後鄉曲衆賤行伍亷二
漸平官府之隸或以私之尊武以義兵武以軍功武以納稟亷
以納奴或以運根武以遣將子分武武以戰止子爭武以危
泛子分無統根楽之之之象此其一也
智事無視其實而只傳其語者如伭茶時之類是也
古語之無其實而只傳其語者如伭茶時之類是也
之負俱是章官本府不生之曰重長之爲城上而者會諸

298

殿中於其處只分臺而罷謂之茶時言其啜茶而罷也
祖宗朝或宰相或下僚有奸濫掊克貪汚不法者則諸殿
中乘夜茶時於其家近處數其罪惡書之白板掛于門上
以荊棘塞其門牢封着署而去其人遂廢錮於世不復側
於衣冠之列永爲棄物故逢造次搏擊之患謂之夜茶時
此言至今猶然
余於萬曆癸酉新正以左承旨受暇覲母于原州之地
聖上下書于監司洪春年曰左承旨李　侍余日久屢效
勤勞八十餘歲老母在原州地卿其題給食物以示予意

上又御書賜橘五十此物雖不合於老親然来自滄海
何進于母以榮君之賜也奎章二十七字並與五十仙果
而賜之擎出金門臣隣動色懷歸鄉家慈顔感泣以余無
狀家被　聖眷甘滑珍貴之物便沓而及門　恩榮之盛
簡策罕傳古人所謂君恩重於太山此身輕於一葉者其
我之謂乎穌齋盧相公題其帖後云自古求忠必孝門侍
臣何事顧飛雲九三溲汗堯言出半百團圓陸果分幾歲
鄉關佳氣望經旬几奮異香聞婆娑與有商顔老麋粉無
由答　聖君蓋公亦有慈親屢被　聖上恩賜故並及之

歲在青狗之仲春也甲戌冬余遭兩丁丑免艱癸未以都
憲言事得罪出守長興府乙酉遞還原州村舍仍退處者
數年公以領相有病引告在家追感昔日玉堂相從之意
仍用前韻云憶昔追趍金馬門俄成覆雨更翻雲行違是
命何須較貧儇皆天不必分芻簡治功猶悉著清修苦節
却嬌聞從誰作傳并歸畫世〻人思御李君鵝溪相公李
汝受次其韻云馬邑東韓積善門吾先稼牧有仍雲死生
忠孝元無異輕重君親詎堪分秋掖罷紆黃橘　賜夜烏
啼徹紫宸聞清分又被緦齋賞三字相傳御李君沈相守

慶次其韻二首云十擊黃橘出天門陟岵何煩望白雲不
是侍臣年例賜非同方朔細分君萱堂忽聳歡聲動閭里
爭嗟異數聞悅若蟠桃降王母擬將千歲報明君又云一
麾南去隔金門魂夢尋常向五雲長憶御香衣上襲未忘
恩橘袖中分三年瓜熟民思借五袴謠興國自聞不損功
名到卿相冊心終始荅吾君　宸翰輝煌龍騰鳳翥錦綺
十襲將傳子孫為百世無窮之寶藏之北部俊秀坊敉廬
而壬辰倭賊之亂　御帖及兩相之詩並為灰燼痛惜失
守之恨尋常介〻于懷終身不能忘也

贈戶曹判書金君，順初余之視院儒像，儒也，爲人志信君子。人也爲原州牧使，壬辰倭賊之變，出於不意，公國脈州兵。爲遷藏東南㑳守西路之計，余以跡㑳召勤王使駐兵于州，以軍之後子短，又純律時三年。靈權架州之書，於樂志。藏原倉公城，城民兵淸散山麓之間，余不能辭業。有東海之地，公書於樂志。枚南浦流佐伎郞時獻强若詩書閙書有人。

空雙戍直寔成有志後族云。
元覌宜有好吳遠知金㑳熟如公凜凜弟鄕恩乾王梁深相山河從。
元身好遠知悠切載承文舊天宿同期末同。
涙盈襟。

찾아보기

302

저자 논문게재순

김정신 연세대학교 국학연구원 연구교수

오영교 연세대학교 역사문화학과 교수

원재영 연세대학교 역사문화학과 강사

이철희 성균관대학교 동아시아연구원 수석연구원